Redis와 Node.js를 사용한
웹 애플리케이션 개발

클라우드 시대 웹 서비스의 확장성을 높이는

Redis와 Node.js를 사용한 웹 애플리케이션 개발

조슈아 조하난 지음 | 김기성 옮김

지은이 소개

조슈아 조하난 Joshua Johanan

현재 인디아나 주 사우스벤드에 거주 중인 웹 개발자다. 5년의 웹 개발 경력이 있으며, PHP, 파이썬, 자바스크립트, C# 등으로 여러 사이트를 개발했고, 가장 선호하는 언어는 파이썬과 자바스크립트다. 이 언어들을 쓰면서, 젠드Zend 프레임워크, 장고Django, 닷넷 MVC 등의 MVC 프레임워크를 사용하게 됐다.

이 책에서도 알 수 있듯이, 조슈아는 자바스크립트를 활용해, 백엔드에는 Node.js를 사용하고, 프론트엔드에는 백본Backbone, 리액트React, 제이쿼리jQuery, 순수 자바스크립트 등 여러 가지 라이브러리를 사용했다. 현재 건강 보험 기관에서 C#으로 웹 사이트를 개발하는 일을 한다. 이 회사에서 하는 일에 화려한 최신 브라우저 기술을 쓸 수는 없지만, 유지보수와 확장성에 관한 개발 능력은 요구된다.

이 책은 첫 번째 저서이며, http://ejosh.co/de에서 조하난이 정기적으로 올리는 글을 볼 수 있다.

책을 쓰는 동안 도와준 아내에게 고맙다는 말을 전하고 싶다. 또 책을 쓰는 대부분의 시간에 내 발치에서 놀아주던 덱스터와 기즈모에게도 감사한다.

기술감수자 소개

해리슨 다메 Harrison dahme

샌프란시스코의 풀스택full-stack 소프트웨어 엔지니어로 토론토에서 태어나고 자랐다. 학습에 대한 열정과 모험심이 강하다. 토론토 주립 대학에서 인공 지능 전문 학위를 수여했고 프론트엔드와 백엔드, 앱개발, 시스템 설계에서 다년간의 경력을 보유하고 있다. 취미는 서핑과 암벽타기, 스키, 산악자전거 타기다. 소셜 미디어 계정은 @IsTheBaron이고, 링크드인 아이디인 hadahme로 그에게 연락할 수 있다.

스벤 크라이스 Sven Kreiss

뉴욕의 데이터 사이언티스트로, 소립자 물리학을 전공했다. 스코틀랜드의 에딘버러 대학에서 석사로 졸업하고 NYU에서 박사로 졸업했다. 응용 통계학 소프트웨어 툴 개발에 관한 논문을 작성했다. 이 툴을 사용해 2012년 스위스에 위치한 유럽 입자물리 연구소CERN에서 ATLAS 조합 물리학자들과 힉스 입자를 발견하기도 했다. 또한 상호 데이터 분석과 시각화의 오픈 소스 툴인 데이터벤치Databench를 만들었다.

그에 대한 정보는 www.svenkreiss.com에서 자세히 볼 수 있으며, 트위터 계정인 @svenkreiss에서 팔로우할 수 있다.

앤드류 롱 Andrew Long

캘리포니아 주 샌프란시스코에 근무하고 있는 사업가다. 대중적인 컨슈머 앱의 프론트엔드 및 백엔드 서비스를 개발한 경험이 있다. 현재 홀Hall에서 소프트웨어 책임 엔지니어로 활동 중이다. 이전에는 드롭박스에 인수되기 전인 오케스트라Orchestra 플랫폼의 메일박스Mailbox 앱을 만들었다. 또한 팜Palm에서 WebOS 플랫폼에 맞는 모바일 기술을 개발했다. 팜이 HP에 인수된 후 공식적으로 첫 페이스북 태블릿용 앱을 만드는 데 일조했다. 트위터 계정은 @aslong이고, www.andreslong.com에 들어가면 자세한 정보를 볼 수 있다.

책을 쓰는 동안 항상 지원해주고 격려해준 캐서린에게 감사의 말을 전하고 싶다.

자리 티모넌 Jari Timonen

소프트웨어 업계에 10년 이상 종사해 온 소프트웨어 전문가다. 복잡한 사업 분야를 이해하고 실제 운영에 반영하는 데 리더십을 발휘해 성공적으로 팀을 이끌었다. 사업 아키텍처를 구축하고, 소프트웨어를 설계하고, 프로그래밍했다. 초기 경력은 재무 분야지만, 현재 이동통신 회사에서 서비스 설계자로 일한다. 짝 프로그래밍pair programming을 하면서 새로운 기술을 습득하고자 한다. 취미는 가족과 시간 보내는 것과 낚시, 운동, 무선 조종 헬리콥터 모형 날리기다.

다음과 같은 세 가지 자격증을 보유하고 있다.

* Sun Certified Programmer for Java 2 Platform, Standard Edition
* Sun Certified Developer for Java 2 Platform
* Oracle Certified Master, Java EE 5 Enterprise Architect

옮긴이 소개

김기성 (kskim80@gmail.com)

서울대학교 응용화학부를 졸업하고, 서울대학교 컴퓨터공학부 대학원에서 박사학위를 받았다. 2007년부터 2009년까지 티맥스소프트에서 근무하며, 티베로 관계형 데이터베이스 개발에 참여했다. 박사 과정 동안에는 대용량 그래프 데이터를 처리하는 기법을 연구했고, 현재는 비트나인의 연구소장을 맡고 있으며 새로운 그래프 데이터베이스 엔진 개발에 몰두하고 있다. 에이콘출판사에서 출간한 『HBase 클러스터 구축과 관리』(2012)와 『정보 스토리지와 관리 Information Storage and Management』(2014)를 번역했다.

옮긴이의 말

성공적인 웹 서비스의 개발을 위해서는 서비스의 확장성이 매우 중요합니다. 서비스를 찾는 사람이 많아질수록 서버의 부담이 증가하게 되고 결국 웹 서버나 데이터베이스의 부담이 증가해 서비스 제공에 차질이 생기는 경우를 매우 많이 봐왔습니다. 최근 Node.js와 레디스에 대한 관심이 매우 커지고 있는 현재 상황은 이 기술들이 이와 같은 확장성 문제를 매우 훌륭하게 해결한 솔루션이라는 사실을 방증합니다. Node.js는 비동기적 이벤트 처리 방식을 사용해 웹 서버의 확장성을 획기적으로 개선했으며 개발자에게 친숙한 자바스크립트를 언어로 사용해 그 인기는 굳이 설명하지 않아도 될 것입니다. 또한 레디스 역시 데이터베이스 솔루션의 인지도를 반영해 순위를 발표하는 DB-Engines.com의 전체 데이터베이스 순위에서 10위(2015년 5월 기준)를 차지하고 있는 것을 보면 현재 레디스가 얼마나 주목을 받는 솔루션인지 알 수 있습니다. 따라서 이런 시점에서 이 책의 출판은 매우 반가운 일이 아닐 수 없습니다.

이 책은 웹 애플리케이션을 밑바닥에서부터 하나하나 개발해 가는 과정을 통해 독자가 자연스럽게 확장성 있는 웹 애플리케이션의 개발을 위해 필요한 기술을 습득할 수 있도록 인도합니다. 많은 예제와 풍부한 설명을 통해 누구나 쉽게 내용을 이해하며 따라갈 수 있으며 웹 개발에 필요한 다양한 Node.js의 모듈과 관련 툴에 대해서도 배울 수 있습니다. 웹 애플리케이션 개발에 관심이 있는 사람이라면 이 책을 읽으며 개발 과정에 부딪힐 수 있는 여러 가지 이슈들과 이를 해결해나가는 여러 방법들을 접할 수 있는 소중한 경험이 될 것입니다.

목차

들어가며

Node.js는 확장성 있는 앱을 만들 때 시작하기 매우 좋은 도구다.

비동기 I/O 방식이기 때문에 서버(예를 들면, 아파치)를 블록킹하는 것보다 더 많은 요청들을 동시에 수행할 수 있고, 이는 비동기 이벤트로 처리할 수 있다. 함수 호출은 블록을 발생시키지만, Node.js는 콜백으로 응답한다. Node.js를 토대로 확장성 있는 애플리케이션을 만들게 해주는 라이브러리들을 사용할 수 있다.

레디스Redis는 확장성 있는 애플리케이션을 만드는 데 필요한 주요 빌딩블록이다. 레디스가 Node.js에만 특화된 것은 아니지만 Node.js를 매우 잘 지원한다. 레디스는 앱을 실행하는 웹 서버들 간의 공유 메모리 역할을 한다. 레디스는 각 프레임워크에 대한 바인딩이 있는데, 이는 본문에서 다룬다. 바인딩은 각 프레임워크의 데이터 저장소를 만들 때마다 환경 및 시스템 관리 측면에서 오버헤드가 발생하는 문제를 해결해준다.

이 책에서는 레디스와 Node.js를 하나로 통합해서 이해하기 쉽고 직관적인 프로젝트 가이드를 제시해준다. 그리고 첫 아이디어에서부터 배포하는 과정까지 애플리케이션을 만드는 전 과정을 알려 준다. 1장부터 7장까지는 개발 도중에 생기는 구체적인 문제 사례나 이슈를 다룬다. 8장에선 개발을 최적화하는 방법을 배운다. 9장과 10장에서는 구축한 사이트를 아마존 웹 서비스에 배포하는 과정을 다룬다. 또한 애플리케이션에서 발생하는 문제를 해결하고 디버깅하는 방법도 다룬다. 본문에선 한 가지 프로젝트만 다루지만, 각 장은 특정 기능이나 특정 주제별로 분리돼 있으므로 원하는 장만 읽어도 상관 없다. 그렇지만 1장부터 읽는 것을 추천한다. 처음부터 하나의 사이트를 만들기 때문에, 각 장 간에 연결성이 있으므로, 순차적인 학습이 중요하다. 코드 샘플 대부분은 다른 상황에서도 활용 가능하다.

개인적으로 자바스크립트로 백엔드를 개발하는 것은 새롭게 느껴진다. 처음 Node.js에 대해 듣고, 백엔드에 자바스크립트를 쓴다고 했을 때 처음 내 반응은 "뭣 때문에 그렇게 해야 되지?"였다.

나는 서버쪽 언어의 대부분(PHP와 루비Ruby, 파이썬Python, C# 닷넷)을 썼었다. 웹 서버도 여러 가지(아파치, IIS, 내장 서버, Unicorn, Gunicorn 등)를 써봤다. 모든 최신 웹 애플리케이션이 자바스크립트를 사용한다는 이유 때문에 문법이 다른 언어에 대한 경계심을 갖게 된다(예를 들어 루비와 자바스크립트를 비교해보라). Node.js는 자바스크립트 모드에서 벗어나지 않고, 기존과 같은 설계 패턴과 같은 툴을 쓰게 해준다. 설정할 것이 많지 않다는 사실에 기쁠 것이다. Node.js 앱을 만들고 실행하면 된다. 이런 특징들로 인해 Node.js가 최고의 웹 애플리케이션 및 프레임워크 서버이고 내가 좋아하는 이유이기도 하다.

이 책의 구성

1장. 익스프레스를 사용한 백엔드 개발 익스프레스를 사용해서 페이지를 보여주는 것을 배운다. 익스프레스는 완전한 기능을 갖춘 웹 애플리케이션 프레임워크로 소량의 코드를 작성해도 여러 가지 기능을 쓸 수 있게 해준다. 또 이를 확장해 만든 탄탄한 미들웨어 시스템도 갖추고 있다. 미들웨어는 템플릿과 세션뿐 아니라 폼 데이터도 작업할 수 있게 해준다. 1장에서 애플리케이션의 토대를 만들고, 2장부터는 활용할 것이다.

2장. Socket.IO를 사용한 확장 웹소켓을 사용해 실시간 애플리케이션을 만드는 방법을 보여준다. 웹소켓은 사용자가 실시간으로 교신할 수 있게 해주는 동적 웹페이지 발전의 다음 단계다. 2장에서는 익스프레스 모듈로 만든 세션에 Socket.IO 모듈을 적용하는 예제를 보여준다.

3장. 사용자 인증 제대로 동작하는 로그인 페이지를 만드는 법을 보여준다. 여기서 패스포트 프레임워크를 사용해 인증 함수를 만든다. 패스포트는 여러 프로바이더와 연결할 커넥터를 만드는 데 주로 쓰인다. 커넥터들은 OAuth나 OAuth 2.0을 구현한다. 여러 OAuth 프로바이더를 대상으로 커넥터를 직접 구현할 필요 없이 각 라이브러리가 처리한다. 로컬 패스워드를 안전하게 저장하는 방법도 알게 된다.

4장. RabbitMQ로 메시지 큐잉하는 법 메시지 큐Queue를 다룬다. 메시지 큐는 확장성 있는 애플리케이션의 필수 사항으로, 애플리케이션을 분해해서 복잡성이나 스코프를 처리할 수 있게 해준다. 4장에서 이에 대한 예제를 다룬다. 또한 사용자 각자의 메시지 큐를 만들어서 함수에 연결하는 방법도 알려 준다.

5장. 애플리케이션 데이터 저장소로 레디스 사용 레디스에 정보를 저장하고 회수하는 방법을 배운다. 레디스 데이터 스토리지 엔진은 관계형 데이터베이스와 다르기 때문에 꼭 배워야 한다. 관계형 데이터베이스처럼 생각하면 문제가 발생할 수 있다. 애플리케이션을 만들 때 주로 쓰는 커맨드뿐만 아니라 레디스가 메시지 큐를 수행하는 방법에 대해 배운다.

6장. 바우어를 사용한 프론트엔드 의존성 관리 애플리케이션의 프론트엔드 개발을 시작하는 방법을 배운다. 프론트엔드가 없는 애플리케이션은 없다. 여기서 쓸 프레임워크에 대해 알아보고, 왜 그 프레임워크를 사용했는지 살펴본다.

7장. DOM 이벤트를 위한 백본과 리액트 사용 프론트엔드의 중추 역할을 하는 백본을 다룬다. 브라우저에서 자바스크립트를 수행할 때 중요한 것 두 가지는 DOM 조작과 이벤트 응답이다. 실시간 이벤트의 리스너를 만드는 방법과 페이지와 상호 작용하는 방법을 배운다. 백본과 리액트로 지속 가능한 코드를 만들어 이를 수행한다.

8장. 애플리케이션 개발을 위한 자바스크립트 사용 사례 더 나은 자바스크립트 코드를 작성하는 법을 배운다. 스크립트 언어인 자바스크립트는 실수를 많이 해도 실행이 되는데, 이는 장점이기도 하고 단점이기도 하다. 하지만 종종 세미콜론을 빼먹거나 런타임 오류가 발생한다면 잘 학습해둬야 한다. 이는 반복되는 빌드 시스템을 만들어 해결한다. 여러 모듈을 보고 어떤 모듈은 코드에 적용하지 않을지 배운다.

9장. 배치와 확장성 로컬호스트 주소를 삭제하는 방법을 배운다. 배치할 때 실수로 어떤 단계를 빠트리는 경우가 많기 때문에 배치 스크립트를 제대로 만드는 것은 중요하다. 한 개 이상의 서버에 배치하는 법과 배치할 수 있는 여러 환경을 만드는 법을 배운다. 서버가 여러 개 있으면 수평 확장이 가능하므로 서버를 추가하기 쉬운 장점이 있다.

10장. 디버깅과 문제 해결   함수 호출 상태를 알아보는 방법에 대해 설명한다. `console.log()` 함수를 여러 군데 사용해 디버깅하는 것은 어렵기 때문이다. 또한 프론트엔드와 백엔드에서 메모리 누수를 탐지하는 법을 배운다. 크롬에서 자바스크립트 디버깅을 해봤다면 10장의 내용에서 많은 도움을 받을 것이다.

준비 사항

컴퓨터와 편집기만 있으면 된다. Node.js는 크로스플랫폼 형식이기 때문에 윈도우, 맥 OS, 리눅스에서 사용 가능하다. 어떤 텍스트 편집기를 사용해도 좋으나, 이 책에서는 서브라임 텍스트2를 사용한다. 통합개발환경으로 JetBrains와 PyCharm을 사용하는데 Node.js 모듈을 설치할 것이다. PyCharm, WebStorm, JetBrains의 IntelliJ IDEA는 모두 크로스플랫폼 형식으로 쓸 수 있다.

Node.js의 최신(글을 쓰는 시점) 버전도 필요할 텐데, 현재 v0.10.26이다. API가 바뀔 수도 있으므로(이전에 바뀐 적 있음), 그 이후 버전에는 문제가 발생할 수 있다. 각 노드 패키지의 버전은 처음 설치하고 사용할 때 알 수 있다.

약간의 배경 지식으로 필요한 것은 Node.js에 대한 친숙도와 앱 개발 경험이다. 책을 읽으면서 여러 가지 프레임워크를 살펴본다. 각 프레임워크를 깊숙이 알 필요는 없고, 이 책에서 배우면 된다. 콘솔(맥 OS X이나 리눅스, 윈도우)에서 실행하는 법과 소프트웨어 패키지를 찾아서 설치하는 법도 배운다.

다음은 단원에서 쓸 여러 기술의 버전을 요약해 보았다.

- 각 장은 개발에 필요한 npm 패키지들의 리스트를 알려 준다.
- 4장, 'RabbitMQ로 메시지 큐잉하는 법'에선 RabbitMQ 3.2.3 버전이 필요하다.

- 5장, '애플리케이션 데이터 저장소로 레디스 사용'에선 레디스 2.8.6 버전이 필요하다.

- 9장, '배치와 확장성'에선 파이썬 2.7 버전 이상 혹은 파이썬 3 버전 이상을 설치해야 한다. 배치 스크립트 작성에 사용된다. 파이썬 문법은 직관적이기 때문에 잘 할 필요는 없고, 필요한 부분은 알려 준다. SSH 클라이언트도 필요하다. 맥 OS X에는 파이썬과 SSH 클라이언트가 설치돼 있다. 리눅스에는 SSH 클라이언트가 설치돼 있고, 파이썬도 기존에 설치돼 있을 텐데, 윈도우엔 두 가지를 모두 설치해야 한다.

- 10장, '디버깅과 문제 해결'에선 구글 크롬을 사용한다. 웹 개발을 해 본 사람이면 이미 설치했을 가능성이 높다. 크롬을 설치하지 않았다면 구글에서 무료로 쉽게 다운받을 수 있다.

개인적으로는 맥 OS X을 사용하고, 터미널로는 iTerm을 사용하며 소프트웨어 패키지 설치 시엔 Homebrew를 사용한다. 명령어는 이 환경에 맞춰 실행할 것이다.

이 책의 대상 독자

이 책은 중급 자바스크립트 개발자에 초점을 맞추고 있다. Node.js를 사용해서 애플리케이션을 만들어본 적이 있음을 가정하고, 프레임워크들도 사용해봤을 것이라 가정한다. 각 프레임워크를 살펴보고 어떻게 이들을 조합할지를 설명한다. 이 책은 자바스크립트로 백엔드와 프론트엔드를 만드는 법을 알려 준다. 백엔드나 프론트엔드 둘 중 하나에만 능숙하다면 도움이 많이 될 것이다.

편집 규약

이 책에서는 독자의 이해를 돕고자 다루는 정보에 따라 다음과 같이 글꼴 스타일을 다르게 적용했다.

문장 중에 사용된 코드, 데이터베이스 테이블 이름, 사용자 입력 등은 다음과 같이 표기한다.

"clearCookie를 사용해 응답 객체에서 쿠키를 쉽게 제거할 수 있다."

코드 블록은 다음과 같이 표기한다.

```
//변수 선언
var bodyParser = require('body-parser');
//세션 다음의 미들웨어 스택
app.use(bodyParser.json());
app.use(bodyParser.urlencoded({extended: false}));
```

코드 블록에서 특별히 강조하고 싶은 부분은 다음과 같이 굵은 글씨체로 표시한다.

```
routes: {
    login: '/account/login',
    logout: '/account/logout',
    chat: '/chat',
    facebookAuth: '/auth/facebook',
```

커맨드라인에 입력하거나 출력된 내용은 다음과 같이 표시한다.

```
# npm install express --save
```

화면에 출력된 대화상자나 메뉴 문구를 문장 중에 사용하는 경우에는 다음과 같이 고딕체로 표기한다.

"App Details(앱 상세보기)를 클릭해 애플리케이션에 대한 정보를 수정할 수 있다."

 주의해야 하거나 중요한 내용은 이 박스로 표기한다.

 참고사항이나 요령은 이 박스로 표기한다.

독자 의견

이 책에 대한 독자의 의견은 언제나 환영이다. 좋은 점 또는 고쳐야 할 점에 대한 솔직한 의견은 앞으로 더 좋은 책을 발행하는 데 큰 도움이 된다.

독자 의견은 보낼 때는 이메일 제목란에 구입한 책 제목을 적은 후, feedback@packtpub.com으로 전송한다.

만약 독자가 특정 분야의 전문가로서 저자가 되고 싶다면 http://www.packtpub.com/authors를 참조한다.

고객 지원

이 책을 구입한 독자라면 다음과 같은 지원을 받을 수 있다.

이 책에 사용된 예제 코드 다운로드

www.packtpub.com에서 책을 구매할 때 사용한 계정으로 모든 팩트출판사 책에 대한 예제 코드를 다운로드할 수 있다. 온라인이 아닌 곳에서 구매했다면 www.packtpub.com/support에 방문해 등록하면, 이메일을 통해 예제 파일을 받을 수 있다. 에이콘출판사의 도서정보 페이지 http://www.acornpub.co.kr/book/redis-node에서도 예제 코드를 다운로드할 수 있다.

컬러 이미지 파일 다운로드

팩트는 책에서 쓴 화면과 다이어그램의 컬러 이미지가 실린 PDF 파일을 제공한다. 컬러 이미지는 결과물의 변화를 쉽게 이해하는 데 도움을 준다. 컬러 이미지 파일은 https://www.packtpub.com/sites/default/files/downloads/4480OS_ColoredImages.pdf에서 다운로드할 수 있다. 에이콘출판사의 도서정보 페이지 http://www.acornpub.co.kr/book/redis-node에서도 이미지를 다운로드할 수 있다.

오탈자 처리

내용을 정확하게 전달하기 위해 최선을 다하지만, 실수가 있을 수 있다. 책에서 텍스트나 코드상의 문제를 발견해서 알려준다면 매우 감사할 것이다. 독자의 참여를 통해 다른 독자에게 도움을 주고, 다음 버전에서 더 완성도 있는 책을 만들 수 있다. 오탈자를 발견하면 http://www.packtpub.com/support에서 errata submission form에 오탈자를 신고해주기 바란다. 내용이 확인되면 웹사이트에 그 내용이 올라가거나, 해당 책의 정오표 섹션에 그 내용이 추가될 것이다. http://www.packtpub.com/support에서 해당 책 제목을 선택하면 지금까지의 정오표를 확인할 수 있다. 한국어판은 에이콘출판사 웹사이트 http://www.acornpub.co.kr/book/redis-node에서 찾아볼 수 있다.

저작권 침해

인터넷을 통한 저작권 침해 행위는 모든 매체가 골머리를 앓고 있는 심각한 문제다. 팩트출판사 또한 저작권과 라이선스 문제를 매우 심각하게 생각한다. 인터넷에서 어떤 형태로든 팩트 책의 불법 복제물을 발견한다면, 적절한 조치를 취할 수 있게 주소나 사이트명을 즉시 알려주길 부탁 드린다. 의심되는 불법 복제물의 링크를 copyright@packtpub.com으로 보내주기 바란다.

더 좋은 책을 만들기 위한 팩트출판사와 저자들의 노력을 배려하는 마음에 깊은 감사의 뜻을 전한다.

질문

이 책에 대한 질문이 있다면 question@packtpub.com을 통해 문의하기 바란다. 최선을 다해 질문에 답할 것이다. 한국어판에 대한 질문은 이 책의 옮긴이나 에이콘출판사 편집팀(editor@acornpub.co.kr)으로 연락주기 바란다.

익스프레스를 사용한 백엔드 개발

1

1장에서는 애플리케이션 개발을 위해 익스프레스Express를 설치하는 방법을 소개한다. 익스프레스는 Node.js의 애플리케이션 프레임워크다. Node.js가 집의 기초라면 익스프레스는 프레임워크다. 익스프레스는 라우팅과 세션, 폼 프로세싱 등의 기능을 제공한다. 익스프레스에 대한 책이 많이 있기 때문에 여기서는 필요한 부분만 다룬다. 노드 프로젝트에서 익스프레스를 사용해본 적이 없더라도 걱정할 필요는 없다. 1장이 끝날 때 즈음에는 많이 익숙해지게 될 것이다. 이전에 익스프레스를 사용해 봤더라도 전에 몰랐던 사실을 배울 수 있을 것이다.

1장에서 다루는 내용은 다음과 같다.

- HTTP 요청을 받고 응답하기
- 라우팅
- 미들웨어
- 템플릿

- 세션 생성
- 폼 데이터 파싱
- 전체적으로 통합하기

Node.js와 노드 패키지 관리자

Node.js는 구글 크롬Chrome의 자바스크립트 엔진을 사용하는 플랫폼이다. 이것은 자바스크립트를 사용해 서버 애플리케이션을 만들 수 있다는 의미다. Node.js의 자세한 내용을 알 필요는 없고 여기서는 설치만 할 수 있으면 된다. Node.js 바이너리는 모든 주요 플랫폼에 대해 패키지로 만들어져 있으며 http://nodejs.org/download/에서 다운로드할 수 있다.

npmNode Package Manager(노드 패키지 관리자)를 사용해 필요한 모든 라이브러리를 설치할 것이다. 대부분의 언어/플랫폼/프레임워크가 패키지 관리 시스템을 사용한다. 파이썬Python의 pip과 virtualenv을 사용해 봤거나 데비안Debian의 apt-get, 마이크로소프트의 NuGet을 사용해 봤다면 익숙할 것이다. 이런 패키지 관리 시스템을 사용하면 개발자가 애플리케이션에서 필요한 의존성을 명시적으로 정의할 수 있다. 우리는 대부분의 노드 패키지를 로컬로 설치한다. 이렇게 하면 시스템과 별도로 의존성을 설치하고 테스트할 수 있으며, 시스템에서 출동이 발생하는 것을 막을 수 있다. 기본적으로 npm은 프로젝트의 루트에 node_modules로 이름 지어진 폴더에 패키지를 설치한다. 파일에서 패키지를 사용하면 노드는 이 디렉토리에서 패키지를 찾는다. 각 장에 있는 코드에는 node_modules 디렉토리 내용을 포함하지는 않지만 필요한 것을 파일에 정의할 것이다. 만일 글로벌로 설치하려면 npm에 -g 플래그를 사용한다. 이렇게 하면 중앙 node_modules 디렉토리에 패키지를 설치해 모든 노드 프로젝트가 패키지를 사용할 수 있다. 이전에 Node.js 프로젝트를 만들어본 경험이 있다면 이것이 새롭지는 않을 것이다. npm을 사용해보지 않은 사람을 위해 명령어를 기록할 것이다.

노드 패키지는 매우 빠른 릴리스 주기로 유명하다. 따라서 독자가 이 책을 읽고 있는 시점에는 어떤 패키지는 버전이 바뀌었을 수 있다. 이를 해결할 수 있는 몇 가지 방법이 있다. 각 패키지와 의존성을 명시적으로 정의하는 npm shrinkwrap를 사용할 수 있다. 또 다른 방법으로는 모든 의존성을 소스에 포함시켜 패키지의 특정 버전을 설치하도록 하는 것이다. 저자가 사용한 패키지의 버전 목록을 보고 독자도 같은 버전을 설치하기 바란다. 예를 들어 익스프레스는 이미 메이저 버전이 업그레이드됐으며(버전 3.x에서 4.x로), 이 버전은 하위 호환성이 완벽하지는 않다.

다음은 앞으로 사용할 패키지의 버전이다.

- body-parser: 1.4.3
- connect: 3.0.2
- cookie-parser: 1.3.2
- csurf: 1.3.0
- ejs: 0.8.5
- express: 4.6.1
- express-partials: 0.2.0
- express-session: 1.6.5
- redis: 0.10.1
- connect-redis: 1.4.7
- connect-fl ash: 0.1.1

어떤 버전이 설치됐는지 확실히 하기 위해 프로젝트의 루트에 package.json이라는 파일을 만든다. 이 파일의 형식은 다음과 같다.

```
{
  "name": "NodeChat",
  "version": "0.0.0",
  "main": "app.js",
  "scripts": {
```

```
    "stop": "echo not implemented",
    "start": "node ./app.js"
  },
  "dependencies": {
    "ejs": "0.8.5",
    "express": "4.6.1",
    "express-partials": "0.2.0",
    "redis": "0.10.1",
    "connect-redis": "1.4.7",
    "connect-flash": "0.1.1"
  }
}
```

 예제 코드 다운로드

http://www.packtpub.com에서 구매한 모든 팩트 책의 코드는 홈페이지에서 다운로드할
수 있다. 다른 방법으로 책을 구매했다면 http://www.packtpub.com/support에 방문해
등록하면 이메일로 파일이 전송될 것이다. 에이콘출판사의 도서정보 페이지 http://www.
acornpub.co.kr/book/redis-node에서도 예제 코드를 다운로드할 수 있다.

package.json 파일은 JSON을 사용해 프로젝트의 속성을 정의한다. 여기서 가장
신경 써야 할 것은 의존성이다. 각각 패키지를 버전과 함께 의존성 객체에 정의했
다. 각 의존성은 특정 버전에 고정돼 있음을 주목하자. 익스프레스 4나 그 이후의
버전을 설치하려면 다음 줄을 추가한다.

```
"express": ">=4.0.0"
```

여기서 문제는 어떤 버전을 설치하게 될지 모른다는 점이다. 따라서 암시적인 것
보다는 명시적인 의존성을 사용하는 것이 좋다.

다음 명령어로 필요한 패키지를 설치할 수 있다.

```
npm install
```

노드에서 익스프레스 사용하기

설치가 끝나면 프로젝트 디렉토리를 만든다. 어디에 만들던 상관은 없으나(이 책에 서는 사용자 폴더에 projects 디렉토리를 만들었다) 모든 파일은 이 폴더의 루트에서부 터 레퍼런스할 것이다. 이를 위해 app.js 파일을 만든다. 여기서의 목적은 간단한 익스프레스 애플리케이션을 만들어 보는 것이다. 시작하기 위해 app.js를 열고 다 음 코드를 추가한다.

```
var express = require('express');
var app = express();

app.get('*',function(req, res){
  res.send('Express Response');
});

app.listen(3000);
console.log("App server running on port 3000");
```

다음 명령어를 실행해 익스프레스 서버를 시작한다.

```
node app.js
npm start
```

첫 번째 명령어는 노드에게 이 파일을 사용해 실행하라고 알려준다. 다음 명령 어는 scripts.start의 package.json 파일에 있는 값을 사용한다. 웹 브라우저로 http://localhost:3000을 열어본다. 어떤 경로로 접속을 해도 다음 화면과 같이 브라우저에 익스프레스의 응답이 보일 것이다.

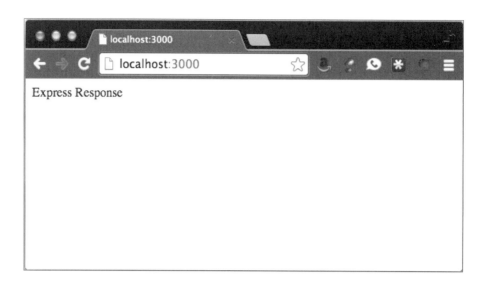

이 응답을 얻기 위해 `app.get` 함수는 정규 표현식을 사용해 경로에 상관 없이 GET 요청을 매칭한다. `req`와 `res` 객체는 요청과 응답 객체다. `res.send` 익스프레스 함수는 응답을 보내기 전에 모든 기본적인 헤더를 추가한다.

익스프레스 애플리케이션은 `GET`, `POST`, `PUT`, `DELETE` 같은 모든 HTTP 메소드에 응답할 수 있다. 이 메소드를 사용해 콜백뿐만 아니라 경로로 전달하는 메소드 콜을 사용한다.

이 방법도 동작은 하나 사실 그다지 유용하지는 않다. 라우트를 정의해야 한다. 이 것은 URL에 매칭되는 특정 HTTP 메소드다. 우리는 라우트를 추가하고 이를 함수에 연결해야 한다. 이 애플리케이션은 라우팅 관점에서는 매우 간단하다. 인덱스 페이지와 폼을 가진 로그인 페이지, 그리고 대화 페이지가 있다. 이 모든 기능을 app.js에 다 넣을 수도 있지만 그렇게 하면 app.js가 곧 관리하기 어려워질 것이다. 대신 라우트 폴더를 만들고 index.js 파일을 추가한다. 이제 폴더 구조가 다음 화면과 같아질 것이다.

```
.
├── app.js
└── routes
        └── index.js
```

routes 안의 index.js 파일에는 다음과 같이 모든 라우트를 생성한다.

```
module.exports.index = index;
module.exports.login = login;
module.exports.loginProcess = loginProcess;
module.exports.chat = chat;
function index(req, res){
  res.send('Index');
};
function login(req, res){
  res.send('Login');
};
function loginProcess(req, res){
  res.redirect('/');
};
function chat(req, res){
  res.send('Chat');
};
```

이것에 따라 app.js는 이 라우트만을 사용한다. app.js는 다음과 같다.

```
var express = require('express');
var app = express();
var routes = require(' ./routes');

app.get('/', routes.index);
app.get('/login', routes.login);
app.post('/login', routes.loginProcess);
app.get('/chat', routes.chat);

app.listen(3000);
console.log("App server running on port 3000");
```

이제 라우트가 깔끔히 정리됐다. 라우트는 알리아스 역할도 한다. 만약 로그인 폼을 /login과 /account/login에서 보게 하고 싶으면 다음 라인을 추가한다.

```
app.get('/account/login', routes.login);
```

관련된 기능은 같은 파일 안에 모을 수 있다. 이 예제는 간단하지만 특정 라우트마다 매핑되도록 많은 파일을 만들 수도 있다. 각 파일은 자신에게 가장 주요한 기능만을 가지고 있으므로 다른 어떤 경로로든 연결할 수 있다.

"라우트가 정의되지 않았다면 어떻게 되지?"라는 질문이 생길 수 있다. 이것은 매우 좋은 질문이며 지금부터 얘기하겠다. 기본적으로 익스프레스는 Cannot GET / notfoundURL로 응답할 것이다. 보통 이런 404 응답을 그냥 두는 것은 좋지 못하다. 사용자에게 잘못된 곳으로 왔다고 알려주는 것이 좋다. 이렇게 하려면 다음 주제인 익스프레스에서 미들웨어 사용하기로 넘어가야 한다.

익스프레스에서 미들웨어 사용하기

익스프레스의 장점 중 하나는 미들웨어를 사용해 쉽게 확장할 수 있다는 것이다. 모든 요청은 미들웨어 레이어를 통해 전달된다. 사실 라우트도 미들웨어의 마지막 기능이다. 응답을 보내면 그 시점에서 요청이 완료됐으며 더 이상 미들웨어 기능이 실행되지 않음을 의미한다.

미들웨어 작성

미들웨어를 만들려면 req, res, next 파라미터를 받아들이는 함수를 작성하면 된다. 이 함수 안에서 요청과 응답을 액세스할 수 있어야 하고 익스프레스에게 미들웨어의 다음 부분으로 이동하도록 요청할 수 있어야 한다.

익스프레스에 미들웨어 레이어를 추가하기 위해 app.use()를 사용한다. 이 함수를 통해 미들웨어 함수를 사용할 수 있다. 이제 404 미들웨어 함수를 만들어보자! middleware라는 디렉토리를 만들고 errorhandlers.js 파일을 만들어 다음 코드를 입력한다.

```
exports.notFound = function notFound(req, res, next){
  res.send(404, 'You seem lost. You must have taken a wrong turn back
there.');
};
```

이제 app.js에 이 코드를 변수 선언 초기 블록 뒤에, 그리고 route 선언 앞에 놓는다. 4번째 줄이다. 코드는 다음과 같다.

```
var errorHandlers = require('./middleware/errorhandlers');
app.use(errorHandlers.notFound);
```

여기서 다음 함수를 호출하지 않았는데, 이는 이 시점에 이 라우트에 매치되는 미들웨어가 없기 때문이다. 사용자가 그들이 길을 잃었음을 알리는 응답을 보내면 된다. 이제 어떻게 동작하는지 살펴보자. 존재하지 않는 라우트 http://localhost:3000/notfound를 입력해보자. 지금까지는 괜찮아 보인다. 알려진 라우트를 입력해보자. http://localhost:3000/. 앗, 응답이 보이지 않는다. 무엇이 잘못된 걸까?

 비밀을 지킨다면 이것이 동작하지 않는다는 사실을 알려주겠다. 미들웨어는 익스프레스에 추가된 순서로 실행된다. 여기서 미들웨어 한 개만 추가했기 때문에 모든 요청마다 실행된다. 이 미들웨어는 또한 응답을 보내고 next() 함수를 실행하지 않는다.

비밀을 지킬 거라 믿기고 한 가지 사실을 더 알려주겠다. 응답을 보낸 후에 next()를 호출할 수 있다. 십중팔구 에러가 발생할 것인데 이는 다른 미들웨어/라우트가 보낼 수 없는 응답을 보내려 할 것이기 때문이다. 결론적으로 미들웨어에서 응답을 보내려면 next()를 호출하면 안 된다. 라우트의 기본 동작은 응답만 보내고 next를 실행하지 않는 것이다.

이 문제를 어떻게 해결할까? 사실 매우 간단하다. notFound 핸들러 앞에 다른 미들웨어를 추가하면 된다. 이것은 app.router 미들웨어인데 모든 라우트를 매핑하는 기능을 수행하기 때문이다. 요청이 정의된 라우트에 매칭되면 해당 라우트에 정의한 기능이 실행되고 응답을 반환할 것이다. 매치되는 것이 없으면 다음 미들웨어가 호출된다. app.js를 열고 app.use(errorHandlers.notFound)를 앞에서 만든 라우트 아래로 옮긴다.

```
app.get('/', routes.index);
app.get('/login', routes.login);
app.post('/login', routes.loginProcess);
app.get('/chat', routes.chat);
app.use(errorHandlers.notFound);
```

이 코드는 요청이 라우트에 매치되는지 체크한다. 매치되지 않으면 다음 미들웨어
인 notFound 함수를 호출한다. 이제 애플리케이션이 기대한 대로 동작한다. 모든
라우트를 로드해보고 404 에러를 발생시킬 라우트를 실행해 새로 만든 미들웨어
를 테스트해보자.

미들웨어를 몇 개 더 추가해보자. 먼저 로깅 미들웨어를 추가하자. 미들웨어 폴더
에 log.js를 만들고 다음 코드를 입력한다.

```
exports.logger = function logger(req, res, next){
  console.log(req.url);
  next();
};
```

app.js에 이 미들웨어를 제일 처음으로 추가한다.

```
var errorHandlers = require('./middleware/errorhandlers');
var log = require('./middleware/log');
app.use(log.logger);

app.get('/', routes.index);
app.get('/login', routes.login);
app.post('/login', routes.loginProcess);
app.get('/chat', routes.chat);
app.use(errorHandlers.notFound);
```

모든 요청마다 URL을 콘솔에 찍을 것이다. 요청을 수정하지 않기 때문에 미들웨
어 경로를 따라 라우트나 notFound 핸들러로 갈 것이다. 로그를 파일이나 데이터
베이스에 기록하도록 할 수 있지만 지금은 간단하게 구현한다(이것이 전조일까? 그
럴 수도 있다!). 요청을 수정할 필요도 없고 응답할 필요도 없다.

여기서는 데모 목적으로 로깅 미들웨어를 만들었지만 익스프레스에 express.
logger()라는 자체적인 로깅 미들웨어가 있다.

다음으로 정적인 파일을 다루는 기능을 추가하자. 대부분의 사이트가 CSS와 자바스크립트를 사용하며 이런 파일은 뷰 렌더링 엔진이 처리하지 않는다(이것에 대해서는 1장의 후반부에서 다룬다). 익스프레스는 정적인 파일을 다루는 미들웨어가 있다. 프로젝트에 static이라는 폴더를 만들고 static.txt라는 파일을 만들어 파일에 원하는 것을 입력한다. 이제 정적인 미들웨어를 다음과 같이 라우터 위에 추가한다.

```
app.use(log.logger);
app.use(express.static(__dirname + '/static'));
```

이 폴더에 있는 파일은 모두 서버가 전송할 수 있다. 브라우저에서 http://localhost:3000/static.txt를 방문하면 파일의 내용이 나올 것이다.

마지막으로 에러 핸들러를 추가하자. 이 미들웨어는 다른 함수 시그니처를 갖는다. err, req, res, next 네 개의 함수 인자를 갖는다. 에러를 첫 인자로 보내는 것이 노드의 관례다. 에러 핸들러를 middleware/errorhandlers.js에 추가한다. 결론적으로 다음 코드를 파일에 추가한다.

```
exports.error = function error(err, req, res, next){
  console.log(err);
  res.send(500, 'Something broke. What did you do?');
};
```

다음은 app.js의 최종 미들웨어 스택이다.

```
app.use(log.logger);
app.use(express.static(__dirname + '/static'));
app.get('/', routes.index);
app.get('/login', routes.login);
app.post('/login', routes.loginProcess);
app.get('/chat', routes.chat);

app.use(errorHandlers.error);
app.use(errorHandlers.notFound);
```

지금은 에러 핸들러를 테스트할 수 없다. 어떤 요청도 에러를 발생시키지 않기 때문에 에러를 발생시키는 라우트를 만들어보자. 다음 코드를 라우트 정의 마지막에 추가한다.

```
app.get('/error', function(req, res, next){
  next(new Error('A contrived error'));
});
```

라우터는 미들웨어의 한 종류일 뿐임을 기억하자. 여기서는 에러 핸들러로 가기 위해 에러를 발생시킨다. 에러를 가진 함수 시그니처에 매칭되는 미들웨어는 새로 만든 에러 핸들러뿐이다. /error로 가면 로깅 미들웨어가 콘솔에 기록하고 다음으로 에러 미들웨어가 에러를 콘솔에 찍는다. 그런 후 "Something broke. What did you do?"라는 메시지를 출력하며 끝난다. 이 작은 웹사이트는 이제 에러를 날려 버리지 않고 모두 로그로 남긴다.

이제 라우트와 로깅, 404 not found 에러 페이지, 에러 핸들링 미들웨어를 가지고 HTTP 응답을 처리한다. 이 모든 것이 app.js 파일의 20줄 정도의 코드로 이뤄졌다. 나쁘지 않은데!

믹스에 템플릿 추가

이제 라우트와 미들웨어를 가진 실제로 동작하는 사이트를 갖게 됐다. 그러나 중요한 것 하나가 빠졌다. 그것은 HTML이다. 응답의 Content-Type은 text/html이다. res.send()가 이 헤더를 추가하지만 응답은 그냥 텍스트다. 다큐먼트 타입과 헤드, 바디가 없다. 이것을 익스프레스가 제공할 수 있는 기능이 있는데, 이것이 템플릿이다.

여기서는 임베디드 자바스크립트EJS, Embedded JavaScript를 뷰 템플릿 엔진으로 사용할 것이다. 많은 튜토리얼에서 심지어 익스프레스의 명령행 유틸리티에서도 기본 뷰 엔진으로 제이드Jade를 사용한다. PHP(자체가 일종의 템플릿 시스템이다)와 파이썬의 장고Django 템플릿, 마이크로소프트의 MVC 레이저Razor 엔진 등을 사용해봤다. 다행히 EJS는 이것들과 매우 비슷하게 느껴졌다. 또한 HTML을 만들기 위해 파서가 필요하지도 않았다. HTML을 작성하고 원하는 곳에 변수를 추가하면 됐다. 이것이 EJS를 사용하려는 이유다.

제이드를 사용하더라도 애플리케이션 설정의 주요 부분은 동일할 것이다. 독자 스스로 템플릿을 만들어 사용하면 된다.

덧붙이자면 익스프레스를 글로벌로 설치할 필요가 없다는 것을 다시 말하고 싶다. 스택 오버플로우Stack Overflow에서 로컬로 설치할지 글로벌로 설치할지에 대한 답변을 찾을 수 있을 것이다. 여기서 하려는 것은 모두 로컬 설치로도 가능하다. 글로벌로 익스프레스를 설치해도 다른 것이 없다. 명령행 유틸리티도 이렇게 동작한다.

./node_modules/.bin/express --help.

익스프레스 명령어 app.set()을 사용해 익스프레스의 뷰 엔진을 활성화시켜야 한다. 미들웨어 스택(app.use()) 앞에 다음을 추가한다.

```
app.set('view engine', 'ejs');
app.use(log.logger);
app.use(express.static(__dirname + '/static'));
```

모든 설정 값은 http://expressjs.com/api.html#app-settings에서 볼 수 있다. 여기서 볼 설정 값은 view engine과 views다. views 설정은 뷰 디렉토리를 설정하는 데 사용한다. 기본 값은 현재 디렉토리에 있는 views 디렉토리다. 여기서는 기본 값을 사용할 것이기 때문에 views 디렉토리를 만든다. 폴더 구조는 다음 화면과 같다.

```
.
├── app.js
├── middleware
│   ├── errorhandlers.js
│   └── log.js
├── node_modules
├── routes
│   └── index.js
├── static
│   └── static.txt
└── views
```

views 아래에 index.ejs라는 파일을 만들고 다음 HTML 코드를 입력한다.

```
<!DOCTYPE html>
<html>
<head>
  <title>Index</title>
</head>
<body>
Index
</body>
</html>
```

다음으로 routes에 있는 index.js의 인덱스 함수를 다음과 같이 수정한다.

```
exports.index = function index(req, res){
  res.render('index');
};
```

노드를 다시 시작하고 루트를 로드한다. 좋다. 이제 유효한 HTML5 문서를 갖게 됐다. 익스프레스는 views 디렉토리(views 설정)에서 index.ejs(view engine 설정)를 찾을 수 있다는 것을 안다. 이것은 잘 동작하지만 그다지 동적이진 않다. 응답에 변화를 주고 싶을 수 있다. 그렇다면 다음과 같이 index.ejs 파일을 수정하고 헤드 엘리먼트를 변경한다.

```
<head>
  <title><%= title %></title>
</head>
```

여기서 사용할 EJS의 주요 기능은 <%= %>이다. 이것은 HTML 문서에 변수의 값을 출력한다. 또 <% %>은 자바스크립트를 실행한다. 일반 자바스크립트 외에도 if나 for 루프도 사용할 수 있다.

이제 뷰에 제목 변수를 넘겨주도록 인덱스 함수에 다음 코드를 추가하자.

```
res.render('index', {title: 'Index'});
```

이제 http://localhost:3000/를 방문하면 탭의 제목이 **Index**임을 볼 수 있다. 이 페이지의 소스 코드를 보면 HTML로 돼 있음을 알 수 있다. 이것도 좋긴 하지만 썩 관리가 쉽지는 않다. 근본적으로 완전히 정적인 웹사이트와 다를 것이 없다. 이제 레이아웃을 추가하자.

레이아웃

익스프레스 3는 각 템플릿-렌더링 라이브러리가 자신의 레이아웃을 구현하도록 했는데, 이는 레이아웃에 어떠한 관여도 하지 않는다는 것을 의미한다. 이것은 기본적으로 views 디렉토리의 layout이란 파일을 사용하도록 돼 있는 익스프레스 2와는 다른 점이다. 인터넷에서 검색할 때에는 익스프레스 2에 대한 정보인지 확인해야 한다. 여기서 사용하는 EJS 패키지는 레이아웃 기능을 제공하지 않지만 이것을 제공하는 express-partials라는 패키지를 설치했다.

익스프레스가 partials를 사용한다는 것을 알게 하려면 몇 가지 설정을 해야 한다. 우선 다음과 같이 라이브러리에 대한 레퍼런스를 만든다.

```
// app.js의 위에 있는 다른 모든 변수 선언들
var partials = require('express-partials');
```

다음으로 미들웨어에 이것을 추가한다. 여기서 주의할 점은 라우트 이전에 있어야 한다는 점이다. 이것은 서버가 응답을 보내기 전에 페이지를 완전히 렌더링해야 하기 때문이다.

```
app.use(partials());
// 다른 모든 미들웨어 함수들
```

마지막으로 기본 레이아웃에 뷰 옵션을 추가한다.

```
// 변수 선언 후에
app.set('view options', {defaultLayout: 'layout'});
// 그러나 미들웨어 전에
```

기본 레이아웃을 설정하는 것은 필수는 아니지만 그렇게 하는 것을 추천한다. 그렇지 않으면 모든 뷰에 대해 레이아웃을 정의해야 한다. render 함수를 사용해 기본 레이아웃(또는 이전에 설정된 레이아웃)을 오버라이드할 수 있다.

```
res.render('index', {layout: 'layout', title: 'Index'});
```

이제 레이아웃 설정을 만들었고 이것을 모든 라우트가 레이아웃을 사용하도록 변경할 수 있다. views 폴더에 layout.ejs 파일을 만든다. 다음 코드를 입력한다.

```
<!DOCTYPE html>
<html>
<head>
  <title><%= title %></title>
</head>
<body>
<%- body %>
</body>
</html>
```

이제 login.ejs와 chat.ejs 파일을 만든다. 마지막으로 각 res.render 함수를 렌더링할 파일명과 제목을 갖도록 수정한다.

```
exports.login = function chat(req, res){
  res.render('login', {title: 'Login'});
};
exports.chat = function chat(req, res){
  res.render('chat', {title: 'Chat'});
};
```

이제 모든 라우트가 유효한 HTML을 반환할 것이다.

이제 레이아웃을 좀 더 예쁘게 만들어 보자. 앱이 사용할 HTML 코드를 추가할 것이며 여기서 사용할 CSS 프레임워크는 부트스트랩Bootstrap이다. 이것은 디자인이 아니라 코드에 집중할 수 있게 해주기 때문에 프로젝트를 시작하기에 좋다. 코스모Cosmo라는 테마(http://bootswatch.com/)를 사용할 것이기 때문에 우리의 사이트는 기본 부트스트랩 사이트처럼 보이지 않을 것이다. CSS 파일을 다운로드하고 static 디렉토리에 css 디렉토리를 만든다. 루트에서부터의 경로는 static/css/cosmo.min.css이다.

부트스트랩 사이트는 폰트와 버튼, 색, CSS 엘리먼트가 동일해서 알아보기 쉽다. 독자가 무언가를 만들고자 한다면 다른 사이트와는 다르게 하고 싶을 것이다. 사용자가 사이트의 외관을 보고 알아보기를 원할 것이기 때문이다.

앞의 작업을 수행한 후의 레이아웃은 다음과 같다.

```html
<!DOCTYPE html>
<html>
<head>
  <title><%= title %></title>
  <link rel="stylesheet" href="css/cosmo.min.css">
</head>
<body>
<div class="container">
  <div class="row">
    <div class="col-sm-4"><h1>PacktChat</h1></div>
  </div>
  <div class="row">
  <%- body %>
  </div>
</div>
</body>
</html>
```

새로운 레이아웃에서의 인덱스 페이지는 다음 화면과 같다.

PacktChat
Index

 프로젝트를 시작할 때에는 부트스트랩 사용을 추천한다. 디자인하지 않아도 괜찮아 보이는 사이트를 쉽게 만들 수 있다. 또 다른 옵션은 져브(Zurb)의 파운데이션(Foundation)을 사용하는 것이다. 디자인 경험이 별로 없다면 이 두 프레임워크 모두 괜찮은 선택이다. 언제든지 디자인 변경은 가능하다.

익스프레스에서 세션 사용하기

익스프레스는 다른 웹 프레임워크와 같은 메소드와 쿠키를 사용해 세션을 관리한다. 쿠키는 익스프레스가 각 요청에 대해 찾을 수 있도록 세션 ID를 갖는다.

익스프레스에서 쿠키 사용하기

최신 버전의 익스프레스에서는 이전 버전의 미들웨어가 많이 제거됐다. 익스프레스 3에서 4로 마이그래이션할 때 주의해야 한다. 여기서는 cookie-parser 패키지를 사용할 것인데, 이미 설치돼 있어야 한다. 이제 쿠키 파싱을 앱에 추가할 것이다. 이것은 미들웨어이기 때문에 다른 미들웨어와 함께 추가한다. 미들웨어는 순서대로 처리된다는 것을 다시 상기하자. 따라서 실제로 사용하는 미들웨어 이전에 추가해야 하며 여기서는 라우트를 사용한다. 이를 위해 미들웨어 스택에 변수 선언과 다른 함수를 추가한다.

```
// 파일 상단에 있는 모든 다른 요청(require)과 함께
var cookieParser = require('cookie-parser');
// 미들웨어 스택에
app.use(express.static(__dirname + '/static'));
app.use(cookieParser());
```

이런 작업을 1장과 2장에서 여러 번 수행할 것이다. require는 파일의 상단에 있어야 한다. 책과 함께 제공되는 코드에는 모든 변수 선언도 함께 있을 것이다. var는 한 개만 있고 각 라인에 require가 있으며 세미콜론이 아닌 콤마가 있다. var 선언이 한 개가 있든 여러 개가 있든 코드는 동작한다. 파일의 더 아래에서 이 새로운 변수를 사용할 것이다. 이해를 돕기 위해 코드의 주요 부분을 책에서 보여줄 것이지만 때로는 많은 양의 코드를 더 추가해야 할 것이다. 책과 함께 제공되는 코드를 참고하기 바란다.

쿠키 파서는 req.cookies에 대한 액세스를 제공한다. 이 객체에서 값을 읽을 수 있다. 아직까지는 애플리케이션을 실행해도 달라질 것이 없다. 아직 쿠키를 세팅하지도 않았고 액세스하지도 않았다. 이제 이것을 바꿔보자.

먼저 요청받은 쿠키를 보여주도록 뷰를 설정하자. views에 있는 index.ejs에서 섹션을 추가한다. 다음과 같이 코드를 수정한다.

```
Index
<div>Cookie passed: <%= cookie %></div>
```

쿠키를 뷰에 넘겨줬다. routes/index.js를 수정해 view 함수에 추가해야 한다. app.set('view options',{defaultLayout: 'layout'})으로 기본 레이아웃을 설정했기 때문에 레이아웃을 지정할 필요가 없음을 주목하자.

```
exports.index = function index(req, res){
  res.render('index', {title: 'Index', cookie: JSON.stringify(req.cookies)});
};
```

이제 브라우저에서 확인해보자. 요청한 쿠키 객체가 비어 있음을 볼 수 있을 것이다. 이제 쿠키를 만들 차례다. 브라우저에서 자바스크립트 콘솔을 열어(나는 구글 크롬을 사용하고 있다) 다음을 입력한다.

```
document.cookie="test=Test Cookie"
```

페이지를 새로 고침하면 쿠키를 볼 수 있다. 요청한 쿠키 객체가 단순히 자바스크립트 객체라는 점을 다음 화면에서 확인할 수 있다.

PacktChat

Index
Cookie passed: {"test":"Test Cookie"}

다음으로 서버에서 쿠키를 설정해보자. 익스프레스에서는 이것을 쉽게 할 수 있다. routes에 있는 index.js 파일의 index 함수에 쿠키를 추가한다.

```
exports.index = function index(req, res){
  res.cookie('IndexCookie', 'This was set from Index');

res.render('index', {title: 'Index', cookie: JSON.stringify(req.cookies)});
};
```

노드를 재시작하고 페이지를 로드하는 것을 두 번 반복한다. 처음에는 쿠키를 설정하고 두 번째에는 쿠키를 읽어 응답할 것이다. 다음 화면에서 두 쿠키를 볼 수 있다.

PacktChat

Index
Cookie passed: {"test":"Test Cookie","IndexCookie":"This was set from Index"}

clearCookie를 사용해 응답 객체에서 쿠키를 쉽게 제거할 수 있다.

```
res.clearCookie('IndexCookie');
```

브라우저에서 쿠키를 제거할 경우 현재 쿠키의 목록을 얻어야 한다. 크롬에서는 개발자 툴에 있다. 우측 상단의 메뉴 버튼을 클릭하고 Tools(툴) ➤ Developer Tools(개발자 툴)를 연다. Resources(리소스) ➤ Cookies(쿠키)를 클릭한다. 특정 쿠키를 마우스 오른쪽 버튼으로 클릭한 후 제거할 수도 있고 다음 화면과 같이 Clear All(모두 제거)을 선택해 모든 쿠키를 제거할 수도 있다.

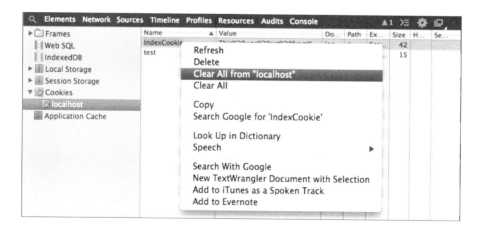

이제 요청과 응답에 쿠키를 추가하고 제거하는 방법을 배웠다. 이제 이 쿠키를 세션에 연결하는 방법에 대해 알아보자.

 여기에서 악성 공격자가 쿠키를 얼마나 쉽게 위조할 수 있는지 보여주길 바랐다. 중요한 정보는 쿠키에 저장하면 안 된다. 예를 들어 사용자의 로그인 유무를 불리언(Boolean) 변수로 저장하는 것은 안 좋은 생각이다. 이제 곧 이런 보안 사항을 어떻게 다뤄야 하는지 설명할 것이다.

세션 추가

세션은 요청에 대한 정보를 쿠키와 함께 저장할 수 있게 한다. HTTP는 상태 정보가 없지만 세션으로 매핑하도록 쿠키를 사용하면 여러 개의 요청에 대해 같은 브라우저라는 것을 알 수 있다. 여러분도 아마 익스프레스가 매우 멋진 세션 미들웨어를 제공할 것이라 예측할 수 있을 것이다.

가장 먼저 알아야 할 것은 세션을 어딘가에 저장해야 한다는 사실이다. 이제부터 메모리 스토어를 사용한다.

다음을 app.js의 상단에 있는 변수 선언 부분에 추가한다.

```
var session = require('express-session');
```

그리고 미들웨어를 추가한다. 다음과 같이 cookieParser 미들웨어 아래에 추가해야 한다.

```
app.use(cookieParser());
app.use(session());
```

express session은 쿠키를 사용한다. 따라서 세션을 사용하려면 쿠키 객체가 있어야 한다.

이제 세션을 사용할 수 있게 됐다. 세션에 담긴 내용을 보여주도록 인덱스 페이지를 수정할 것이다. views에 있는 index.ejs를 수정해 세션을 표시한다.

```
Index
<div>Cookie passed: <%= cookie %></div>
<div>Session: <%= session %></div>
```

세션 미들웨어는 새로운 객체를 요청에 추가하는데, 이것은 req.session이다. 이 것을 middleware에 있는 index.js에서 뷰로 넘겨주자.

```
function index(req, res){
  res.cookie('IndexCookie', 'This was set from Index');
  res.render('index', {title: 'Index', cookie: JSON.stringify(req.
cookies), session:JSON.stringify(req.session)});
};
```

이제 이 코드를 로드하면 에러가 발생할 것이다. 다음 화면과 같은 에러가 발생하고, 세션에 secret 옵션을 추가해야 한다.

```
/
[Error: `secret` option required for sessions]
```

세션 미들웨어에 secret 옵션을 추가한다.

```
app.use(session({secret: 'secret'}));
```

secret 옵션은 세션 ID의 해시를 만들기 위해 인자로 넘겨준 문자열을 사용한다. 따라서 누군가 쿠키를 건드리려고 하면 알 수 있게 된다(요청 위조request forgery라 고도 한다). 사용자가 원하는 대로 쿠키를 쉽게 만들고 삭제하는 방법을 배웠다. 만 일 쿠키에 세션 ID가 있다면, 예를 들어 1234, 사용자가 이 쿠키를 지우고 세션 ID 가 1235인 쿠키를 새로 만들 수 있다. 서버는 다음 요청은 세션 1235로부터 온 것 이라 인식할 것이다. 해시된 세션 ID는 이런 일을 매우 어렵게 만든다. 사용자가 시크릿을 모른다면(secret이나 123456 같은 것을 사용하지 말고 http://randomkeygen. com/이나 http://www.guidgenerator.com/을 사용해 고유한 보안 시크릿을 사용하라) 유효 한 토큰을 만들기 어렵다. 매우 부자연스러운 예긴 하지만, 왜 이런 메커니즘이 필 요한지는 충분히 설명됐을 것이다.

노드를 리로드하고 두 번 새로고침한다. 세션과 쿠키가 만들어졌음을 다음 화면에서 확인할 수 있다.

PacktChat

Index
Cookie passed: {"test":"Test
Cookie","connect.sid":"s:l9vJYsdMJ5DquOUqTDp0HhjD.ZWbMdo/J6oD6qqExIn94TP5PgiInU4wC+Olm76yCjaM","IndexCookie":"This was set
from Index"}
Session: {"cookie":{"originalMaxAge":null,"expires":null,"httpOnly":true,"path":"/"}}

보안 테스트를 위해 connect.sid 쿠키를 제거하고 새로 하나를 만들어 보자. 다음 요청에서는 새로운 connect.sid 쿠키 집합을 얻을 것이다.

세션에 간단한 페이지 카운터를 만들자. 매 요청 시마다 카운터를 증가시킬 것이다. 이것은 미들웨어 함수로 쉽게 구현할 수 있다. 세션 미들웨어에서 이 작업을 해야 req.session에 접근할 수 있음을 기억해 두자. 이 함수를 최종 미들웨어 스택에 남겨두지는 않을 것이기 때문에 인라인으로 작성한다. 세션 바로 아래 스택에 추가한다.

```
app.use(function(req, res, next){
  if(req.session.pageCount)
    req.session.pageCount++;
  else
    req.session.pageCount = 1;
  next();
});
```

페이지를 돌아다니며 로딩해 테스트해보자. pageCount 세션 변수가 각 요청마다 카운트를 해야 한다. 404나 다른 에러를 발생시키는 요청도 마찬가지다. 미들웨어에서 에러 처리 전에 총 방문 횟수를 추가한다. 테스트 후에는 미들웨어를 제거해도 좋다.

여기서 사용한 방법의 한계는 세션을 만든 노드 인스턴스만 세션에 접근할 수 있다는 것이다. 노드 인스턴스를 여러 개 실행할 때에는 메모리 외에 다른 세션 스토어를 사용해야 한다.

레디스를 세션 스토어로 사용하기

레디스Redis는 인-메모리 키-값 스토어다. 레디스를 사용해 세션 ID를 키로 세션 데이터를 값으로 저장할 것이다. '5장, 레디스를 사용한 애플리케이션 데이터 저장'에서 레디스가 무엇이고 어떻게 설치하는지를 다루기 때문에 여기서는 다루지 않는다. 또한 레디스를 우리의 세션에서만 사용할 것이므로 보안 관련 이슈도 다루지 않는다. 그러나 익스프레스 세션 스토어에 어떻게 추가하는지는 설명한다.

여기서는 redis와 connect-redis 두 개의 패키지를 사용한다. 레디스가 로컬에서 실행되고 있으며 레디스의 버전이 2.0.0(이 책을 쓰고 있는 시점에 최신 버전은 2.8.6 이지만 크게 문제가 되지 않는다)이라고 가정한다. 먼저 메모리 스토어의 참조를 변경해 세션 변수가 connect-redis 인스턴스를 포인팅하도록 한다. app.js에서 변수 선언을 변경한다.

```
var session = require('express-session');
var RedisStore = require('connect-redis')(session);
```

connect-redis는 session을 확장한다. 이제 미들웨어를 설정하자. 세션 미들웨어를 다음과 같이 변경한다.

```
app.use(session({
  secret: 'secret',
  saveUninitialized: true,
  resave: true,
  store: new RedisStore(
    {url: 'redis://localhost'})
  })
);
```

같은 시크릿을 사용했지만 레디스 서버의 URL을 사용하는 옵션 객체를 가진 새로운 RedisStore 객체를 만들었다. 이 URL에는 기본 값을 사용하지 않는 경우 사용자 이름과 패스워드, 포트를 지정할 수 있다. 이제 서버를 재시작하고 인덱스 페이지를 로드하자. 인메모리 스토어를 사용했을 때와 완전히 동일하게 작동해야 한다. 다른 여러 옵션도 있다. 이것을 추가하지 않으면 경고가 발생한다.

이제 실제로 어떤 일이 발생하는지 알아보자. 이제 세션이 쿠키로 추적되지만 안타깝게도 서명된(signed) 값이다. cookieParser 미들웨어를 세션 미들웨어와 같은 시크릿을 사용하도록 변경해야 여기에 액세스할 수 있다. 다음과 같이 cookieParser를 변경한다.

```
app.use(cookieParser('secret'));
```

넘겨준 시크릿은 세션에서 사용한 것과 동일해야 함을 기억하자. 세션 미들웨어가 쿠키를 만들고 cookieParser 미들웨어가 이것을 읽기 때문이다. 이제 req.signedCookies를 갖게 됐다. 서명된 쿠키는 모두 여기에 있으며, 이제 이것을 테스트해보자. view 폴더의 index.ejs와 routes 폴더의 index.js를 수정한다.

views 폴더의 index.ejs 파일은 다음과 같이 수정한다.

```
Index
<div>Cookie passed: <%= cookie %></div>
<div>Signed Cookie passed: <%= signedCookie %></div>
<div>Session: <%= session %></div>
```

routes 폴더의 index.js는 다음과 같이 수정한다.

```
exports.index = function index(req, res){
  res.cookie('IndexCookie', 'This was set from Index');
  res.render('index', {title: 'Index',
    cookie: JSON.stringify(req.cookies),
    session: JSON.stringify(req.session),
    signedCookie: JSON.stringify(req.signedCookies)});
};
```

다음 화면에서 서명되지 않은 쿠기가 먼저 나오고 connect.sid 쿠키가 두 번째로 나오는 것을 볼 수 있다.

PacktChat

Index
Cookie passed: {"test":"Test Cookie","IndexCookie":"This was set from Index"}
Signed Cookie passed: {"connect.sid":"0DMsXhobExvbCL3FFeYqRGWE"}
Session: {"cookie":{"originalMaxAge":null,"expires":null,"httpOnly":true,"path":"/"}}

브라우저는 여전히 서명된 쿠키를 받을 수 있다. 다음 화면에서 확인할 수 있다.

Name	Value
test	Test Cookie
connect.sid	s%3A0DMsXhobExvbCL3FFeYqRGWE.vhahB%2BEEv7gy2FgTXB2u1X8fbGoZw8roEUnxGxrWP7c
IndexCookie	This%20was%20set%20from%20Index

레디스에 대해 깊이 들어가지는 않고 레디스에서 세션을 찾아보자. 맥 OS X에서 다음 명령을 실행해 레디스를 빠르게 설치할 수 있다.

```
brew install redis
```

이제 `redis-cli`를 실행한다(레디스를 설치했다면 이미 갖고 있어야 한다. 문제가 발생하면 '5장, 레디스를 사용한 애플리케이션 데이터 저장'을 참고한다). 이제 레디스에 명령을 실행할 수 있다. `connect-redis`는 레디스의 모든 세션 키에 `sess:`를 앞에 붙인다. 세션을 보기 위해 다음과 같이 `GET sess:YOUR-SESSION-ID`을 실행한다.

```
$ redis-cli
127.0.0.1:6379> GET sess:0DMsXhobExvbCL3FFeYqRGWE
"{\"cookie\":{\"originalMaxAge\":null,\"expires\":null,\"httpOnly\":true,
\"path\":\"/\"}}"
```

세션 객체를 이스케이프된 문자열로 반환함을 알 수 있다. 이것을 응답에서 반환된 객체와 비교해보면 동일함을 알 수 있다. 이제 세션을 여러 서버에서 액세스할 수 있는 데이터 스토어로 성공적으로 옮겼다. 확장성 있는 애플리케이션을 만들때에 가장 기본적인 아이디어는 공유 상태를 로컬 인스턴스에 저장하지 않는 것이다. 앞에서는 세션 저장을 메모리 스토어를 사용해 각 서버가 자신의 상태를 갖고 있었다. 이제 여러 개의 서버가 상태를 공유한다. 여기서는 레디스를 사용했지만 다른 어떤 데이터 스토어를 사용해도 괜찮다(멤캐시memcache, 몽고DBMongoDB, 포스트그래스Postgres 등). 1장에서는 하지 않겠지만 이제 우리의 앱을 확장성 있게 만들 준비가 됐다. 또 하나 주목해야 할 것은 레디스 서버가 로컬호스트에서 실행되고 있다는 점이다. 운영을 위한 확장성 있는 애플리케이션을 위해서는 레디스를 다른 별도의 서버로 옮기거나 여러 개의 서버로 옮겨야 한다.

이제 뷰를 조금 정리하자. 사용자에게 그들의 모든 세션 데이터를 보내길 원하지 않을 것이다. views 폴더의 index.ejs에서 index를 제외한 모든 것을 제거한다. routes 폴더의 index.js에서 제목을 제외한 모든 속성을 없애고 쿠키를 설정하는 라인을 제거한다. 다음과 같다.

```
exports.index = function index(req, res){
  res.render('index', {title: 'Index'});
};
```

폼 처리

모든 유용한 웹 프레임워크가 폼form을 처리하는 기능을 제공한다. 아직 테스트하지 않은 라우트가 있는데 그것은 app.post('/login', routes.loginProcess); 이다. GET 라우트를 사용하고 테스트만 해왔는데 이제 폼을 만들고 무언가를 해보자.

/login GET 요청에 폼을 만들 것이다. 템플릿을 테스트하기 전에 부트스트랩을 확장한 로컬 스타일이 필요하다. 먼저 static/css에 style.css를 만들고 다음 스타일을 추가하자.

```
.facebook {background: #3b5998; color: #ffffff;}
.google {background: #dd4b39; color: #ffffff;}
.top-margin {margin-top: 20px;}
```

이 스타일을 사용해 기본 부트스트랩을 확장할 것이다. 이 스타일은 소셜social 버튼의 색을 위해 주로 사용한다.

잊지 말고 레이아웃에 다음을 추가하자.

```
<link rel="stylesheet" href="css/style.css">
```

login.ejs를 열어 로그인 폼을 만들자. login.ejs에 다음 코드를 추가한다.

```
<div class="row">
    <div class="col-sm-8 col-sm-offset-2">
        <div class="row">
            <div class="col-sm-12">
                <form method="post">
                    <div class="form-group">
                        <label for="username">Username</label>
                        <input type="text" class="form-control" id="username"
                            placeholder="username" name="username">
                    </div>
                    <div class="form-group">
                        <label for="password">Password</label>
                        <input type="password" class="form-control"
                            id="password" placeholder="password"
                            name="password">
                    </div>
                    <button class="btn btn-primary btn-block">Login</button>
                </form>
            </div>
            <div class="row top-margin">
                <div class="col-sm-6">
                    <button class="btn btn-block facebook"><i
                        class="fafa-facebook"></i> Facebook</button>
                </div>
                <div class="col-sm-6">
                    <button class="btn btn-block google"><i
                        class="fafa-google-plus"></i> Google</button>
                </div>
            </div>
        </div>
    </div>
</div>
```

각 엘리먼트의 클래스 설명을 자세히 다루진 않는다. 각 클래스에 대해 알고 싶다
면 부트스트랩 문서를 참고하면 쉽고 빠르게 이해할 수 있다. 아직 기능은 많지 않
지만 이제 다음 화면과 같은 멋진 폼을 갖게 됐다.

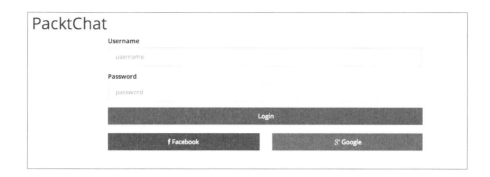

 이 예제를 통해 부트스트랩을 사용하면 앱을 빨리 구현할 수 있다는 사실을 알게 됐을 것이다. 이 책에서는 스무 개 정도의 클래스만을 사용하며, 이미 폼의 모양이 기본 브라우저 스타일과는 다름을 알 수 있다.

폼은 루트로 가는 리다이렉트와 함께 응답하는 라우트로 /login에 대해 POST 요청을 할 것이다. 익스프레스는 POST 인포에 대해 아무것도 하지 않고 있다. 이제 이것을 바꿔보자.

우선 새로운 미들웨어를 추가해야 한다(이제 트렌드를 느낄 수 있을 것이다). 바디를 파싱하지 않으면 POST 요청은 전달하는 데이터를 볼 수 없다. 변수 선언과 미들웨어를 스택에 추가하자.

```
//변수 선언
var bodyParser = require('body-parser');
//세션 다음의 미들웨어 스택
app.use(bodyParser.json());
app.use(bodyParser.urlencoded({extended: false}));
```

이 미들웨어는 application/json과 application/x-www-form-urlencoded 콘텐츠 타입 POST 데이터를 처리한다. 미들웨어를 멀티파트로 만들지 않는데, 그 이유는 서비스 거부DOS, denial-of-service 공격 때문이다. 멀티파트 미들웨어는 각 요청에 대해 tmp 파일을 새로 만드는데 이로 인해 서버가 다운될 수 있다. 파일을 처리하지 않으므로 포함할 필요가 없다. 이것을 사용하는 이유는 단지 다음과 같이 세 개 파서의 참조를 제공하기 때문이다.

```
app.use(bodyParser());
```

이제 예상대로 동작하는지 알아보자. routes에 있는 index.js 파일을 열고 loginProcess 함수를 다음과 같이 수정하자.

```
function loginProcess(req, res){
    console.log(req.body);
    res.send(req.body.username + ' ' + req.body.password);
};
```

이제 각 포스트는 리다이렉팅해 콘솔에 출력하는 대신에 폼에 입력한 것을 보여줘야 한다. 이너에 만든 폼을 사용하거나 컬curl을 사용할 수 있다. 컬은 맥 OS X이나 리눅스를 사용하면 사용할 수 있는데 윈도우에도 설치할 수 있다. 다음 명령어를 입력하고 노드 콘솔을 확인한다.

```
$ curl -X POST -H "Content-Type: application/json" -d '{"username":"josh",
"password":"password"}' http://localhost:3000/login
```

콘솔에 { username: 'josh', password: 'password' } 로그를 기록할 것이다. 다음 컬 명령어를 입력해 URL 인코드된 폼을 테스트해보자.

```
$ curl -X POST -H "Content-Type: application/x-www-form-urlencoded" -d
'username=josh&password=password' http://localhost:3000/login
```

json 요청과 동일하게 { username: 'josh', password: 'password' } 로그를 출력할 것이다.

스스로에게 다시 포스트하고 폼 값을 파싱하는 폼을 작성했다.

CSRF

매우 커다란 보안 허점이 있는데 그것은 크로스-사이트 요청 위조CSRF, Cross-Site Request Forgery 보호다. 누군가 폼을 만들어 우리 사이트에게 프로세싱하라고 요청할 수 있다. 익스프레스를 사용한다면 이것은 또 다른 요청일 뿐이데 이것이 CSRF가 들어올 수 있는 경로다. 이것은 본질적으로 폼에 입력된 토큰이며 서버의 세션에 저장된다. 폼이 제출되면 서버는 토큰을 검사한다. 만일 토큰이 매치되지 않으면 폼이 우리 서버의 것이 아니라는 것을 알고 요청을 거부한다. 이제 이것을 구현하자.

먼저, 미들웨어를 추가하자. 세션과 바디 파싱 미들웨어 뒤에 다음 코드를 추가하자.

```
//변수 선언
Var csrf = require('csurf');
//middleware 스택
app.use(bodyParser.json());
app.use(bodyParser.urlencoded());
app.use(csrf());
```

이 코드는 CSRF 토큰을 세션에 추가한다.

CSRF를 로드하고 POST 메소드를 이용해 폼을 제출해보자. 다음 화면과 같이 무엇인가 잘못됐다는 에러가 발생할 것이다. 무엇을 한 것인가?

{ [Error: Forbidden] status: 403 }

CSRF 미들웨어가 403 스테이터스 코드 금지 에러를 발생시켰다. 폼에 토큰을 추가하지 않았기 때문에 앞에서 설명한 대로 CSRF 보호가 동작한 것이다. 이것이 누군가 악의적인 목적으로 우리 사이트에 대해 토큰을 갖고 폼을 제출할 때 발생하는 일이다.

이제 이것을 고치기 위해 다른 미들웨어를 추가하자(앱의 90%는 미들웨어고 10%만이 뷰다). 미들웨어 디렉토리에 utilities.js 파일을 만들어 유틸리티 함수 파일을 만든다. 이 파일 안에 다음을 추가한다.

```
module.exports.csrf = function csrf(req, res, next){
  res.locals.token = req.csrfToken();
  next();
};
```

Res.locals는 이 응답에 액세스할 수 있는 모든 템플릿에 사용할 수 있는 특별한 객체다. 이것은 템플릿에 모든 어트리뷰트를 사용할 수 있게 한다. 이제까지는 템플릿에 변수를 전달하는 방법이 render()를 사용하는 것밖에 없었는데, 이것에 비해 미들웨어에 매우 좋은 기능이다. app.js의 상단에 새로운 변수를 만들자.

```
Var util = require('./middleware/utilities');
```

이것을 CSRF 미들웨어 바로 아래에 미들웨어로 추가한다.

```
app.use(csrf());
app.use(util.csrf);
```

두 개의 CSRF 미들웨어를 추가하는 것이 중복으로 보일 수 있지만 이 둘의 기능은 다르다. 첫 번째는 세션에 토큰을 추가하는 빌트인 미들웨어다. 다른 하나는 세션으로부터 토큰을 가져와 템플릿이 사용할 수 있도록 하는 유틸리티다. 관리 가능한 미들웨어는 한 개의 단일한 포커스를 가져야 한다.

이제 폼을 수정해 이 토큰을 보내자. 폼 선언 바로 아래에 다음 인풋 태그를 추가한다.

```
<input type="hidden" name="_csrf" value="<%= token %>">
```

 만일 앞으로 에러가 발생한다면 거의 대부분 미들웨어의 순서가 잘못 됐을 가능성이 높다. 만일 요청에 세션을 추가하기 전에 세션에 CSRF 토큰을 추가하도록 하면 에러가 발생한다. 에러가 발생하면 미들웨어를 살펴보고 올바른 순서로 실행되는지를 확인한다.

이제 폼이 처리돼야 하며 미들웨어 스택은 다음과 같을 것이다.

```
app.use(partials());
app.use(log.logger);
app.use(express.static(__dirname + '/static'));
```

```
app.use(cookieParser('secret'));
app.use(session({
  secret: 'secret',
  saveUninitialized: true,
  resave: true,
  store: new RedisStore(
    {url: 'redis://localhost'})
  })
);app.use(bodyParser.json());
app.use(bodyParser.urlencoded());
app.use(csrf());
app.use(util.csrf);
app.get('/', routes.index);
app.get('/login', routes.login);
app.post('/login', routes.loginProcess);
app.get('/chat', routes.chat);
app.use(errorHandlers.error);
app.use(errorHandlers.notFound);
```

이제 익스프레스를 사용하는 기본 빌딩 블록에 대해서 배웠다. 이제는 이것을 바탕으로 실제로 동작하는 사이트를 만들어본다.

 CSRF는 퍼블릭으로 만드는 모든 POST 엔드포인트에 사용해야 한다. 그렇지 않으면 서버에 누구나 POST 요청을 하고 서버는 그것을 처리할 것이다.

매우 간단한 인증

/chat로 오는 모든 사람을 인증하고자 한다. 여기서는 매우 간단하지만 보안은 취약한 인증 시스템을 만들 것이다. 그런 후 취약성을 찾아보고 실제 인증 시스템을 도입한다. 이 예제는 지금까지 얘기한 것들이 어떻게 같이 동작하는지도 보여준다. 여기서도 미들웨어를 사용한다. middleware 폴더의 utilities.js 파일을 열어 다음 두 개의 새로운 함수를 추가한다.

첫 번째 함수는 isAuthenticated 변수를 템플릿에 추가하는데, 이것을 사용하는 것은 곧 나올 것이다. 다음은 함수 코드다.

```
module.exports.authenticated = function authenticated(req, res, next){
  res.locals.isAuthenticated = req.session.isAuthenticated;
  if (req.session.isAuthenticated) {
    res.locals.user = req.session.user;
  }
  next();
};
```

세션에 누군가 인증이 됐나 안 됐나를 저장한다. 응답에 이것을 추가해 템플릿이 isAuthenticated 값을 체크할 수 있게 할 것이다. 또한 사용자가 로그인하면 사용자 객체도 추가한다.

다음으로 누군가가 인증됐는지 체크하는 미들웨어를 만든다. 인증되지 않았다면 로그인 페이지로 리다이렉트한다. 다음은 함수 코드다.

```
module.exports.requireAuthentication = function
requireAuthentication(req, res, next){
  if (req.session.isAuthenticated) {
    next();
  }else {
    res.redirect('/login');
  }
};
```

이 미들웨어는 매우 간단하다. 인증됐다면 다음 미들웨어를 실행하고 그렇지 않으면 /login으로 리다이렉트한다.

이제 이것을 미들웨어 스택에 추가하자. 다음 코드와 같이 CSRF 다음, 그리고 라우트 이전에 인증 함수를 추가하자.

```
app.use(util.csrf);
app.use(util.authenticated);
```

다른 미들웨어는 채트 라우트로 갈 것이다. 지금까지 모든 미들웨어는 app.use 를 사용해 추가했다. app.use 함수는 모든 들어오는 요청에 대해 미들웨어를 적용한다. 이렇게 하는 것이 맞는 미들웨어가 많이 있다. 그러나 어떤 미들웨어는 특정 라우트에 대해서만 실행돼야 한다. 이렇게 하려면 라우트 정의의 두 번째 인자로 추가해야 한다. 배열을 사용해 여러 개의 미들웨어를 엮을 수 있다. chat 라우트는 다음과 같다.

```
app.get('/chat', [util.requireAuthentication], routes.chat);
```

함수 자체를 두 번째 인자로 넘겨줄 수도 있지만 이 문법에 대해 보여주고자 했다. 배열의 미들웨어는 순서대로 실행될 것이다.

이것을 로드하면 http://localhost:3000/chat에 갈 수 없고 계속 /login으로 리다이렉트될 것이다.

사용자가 로그인할 수 있도록 인증 함수를 만들어야 한다. middleware의 utilities.js를 열고 다음 함수를 추가한다.

```
module.exports.auth = function auth(username, password, session){
    var isAuth = username === 'joshua' || username === 'brian';
    if (isAuth) {
        session.isAuthenticated = isAuth;
        session.user = {username: username};
    }
    return isAuth;
};
```

이것은 사용자 이름으로 joshua나 brian을 입력할 때만 인증되는 매우 간단한 사용자 이름 체크다.

 반복한다. 실제 운영에서는 절대 이런 것을 사용하면 안 된다. 제대로 된 안전한 로컬 인증 기법은 '3장, 사용자 인증'에서 다룬다.

이제 이것을 로그인 포스트 라우트에서 실행해야 한다. routes의 index.js를 열고 loginProcess 함수를 수정한다.

```
//파일 상단에 util에 대한 참조를 추가한다.
var util = require('../middleware/utilities');
//loginProcess를 수정한다.
function loginProcess(req, res){
  var isAuth = util.auth(req.body.username, req.body.password, req.session);
  if (isAuth) {
     res.redirect('/chat');
  }else {
     res.redirect('/login');
  }
};
```

사용자 이름과 패스워드, 세션을 넘겨 auth가 작업을 하도록 한다. 사용자
가 인증됐는지에 따라 /chat로 보내거나 /login으로 리다이렉트한다. 인
증이 성공하면 auth 함수는 세션에 isAuthenticated을 설정한다. 이것은
requireAuthentication 함수가 리다이렉트하지 않을 것임을 의미한다. 이 작은
앱은 나름 잘 동작한다. 아직 투박하고 다듬어야 한다. 또한 로그아웃하는 방법도
없다.

이제 로그아웃 함수를 추가하자. utilities.js 파일에 다음 함수를 추가한다.

```
module.exports.logOut = function logOut(session){
   session.isAuthenticated = false;
   delete session.user;
};
```

간단한 인증 시스템을 위한 간단한 logOut 함수다. isAuthenticated을 다시
false로 설정하고 세션에서 사용자를 제거했다. 이제 이것을 라우트에 넣기 위해
routes 폴더에 있는 index.js의 라우트에 추가한다.

```
function logOut(req, res){
   util.logOut(req.session);
   res.redirect('/');
};
```

사용자 로그아웃 후에는 루트로 리다이렉트한다. 마지막으로 routes에 추가해야
한다. app.js를 연다.

```
app.get('/logout', routes.logOut);
```

로그인한 후에는 http://localhost:3000/logout를 방문해 로그아웃할 수 있다. 아직 다듬어야 할 것이 남았다. 이제 앱에 로그인 링크를 추가하자.

이것은 파셜_{partial}을 사용할 것이다. loggedin과 loggedout 파셜을 사용할 것이다. views에 partials라는 디렉토리를 만들고 user-loggedin.ejs와 user-loggedout. ejs 파일을 추가한다. 이 파일은 다음과 같다.

- user -loggedin.ejs: Hello <%= user.username %> <a href="/logout">Logout</a>

- user-l oggedout.ejs: <a href="/login">Login</a>

우리가 사용하는 미들웨어 때문에 템플릿 안의 user 객체를 사용할 수 있다. logged-in 템플릿은 사용자가 성공적으로 인증됐을 때만 실행된다.

이제 이 파셜을 사용하도록 레이아웃을 업데이트하자. 이 기능은 익스프레스 3과 4의 express-partials가 제공하는 기능임을 기억하자. 익스프레스 2는 빌트인으로 갖고 있으며 인터넷의 코드를 사용하면 문제가 발생할 수 있다. 다음은 layout. ejs다.

```
<!DOCTYPE html>
<html>
<head>
    <title><%= title %></title>
    <link rel="stylesheet" href="css/cosmo.min.css">
    <link rel="stylesheet" href="css/style.css">
</head>
<body>
<div class="container">
    <div class="row">
        <div class="col-sm-4"><h1 class="pull-left">PacktChat</h1></div>
        <div class="col-sm-4 col-sm-offset-4 top-margin">
            <div class="pull-right">
            <% if (isAuthenticated) { %>
                <%- partial('partials/user-loggedin') %>
```

```
        <% } else { %>
            <%- partial('partials/user-loggedout') %>
        <% } %>
        </div>
    </div>
</div>
<div class="row">
<%- body %>
</div>
</div>
</body>
</html>
```

인증 미들웨어는 `req.locals.isAuthenticated`을 세팅하는데, 이것은 어떠한 요청도 이것에 대해 불리언 체크를 수행할 수 있다는 것을 의미한다. 또한 템플릿을 위해 `req.locals.user` 객체를 세팅한다. `partial` 함수는 views 디렉토리에서부터 시작해 인자로 주어진 경로를 찾는다. 다음은 사이트의 화면이다.

다음은 사용자 이름으로 로그인한 후의 파셜을 보여주며 링크가 **Logout**으로 바뀌었음을 보여준다.

우리 앱의 마지막 부분은 플래시 메시지를 추가하는 것이다. 플래시 메시지는 한 요청에서 다음으로 넘어갈 때 사용자에게 전달할 메시지가 있을 때 사용한다. 플레시라고 하는 이유는 한 번만 보여질 것이기 때문이다. 좋은 예는 사용자 이름이나 패스워드를 잘 못 입력했을 때로, 이제 곧 구현하려는 기능이다. 지금은 왜 그런지 설명도 없이 로그인 페이지로 리다이렉트하는데 이것은 좋은 사용자 경험이 아니다.

여기서는 connect-flash를 사용해 사용자에게 어떤 일이 발생했는지 알려주도록 한다. connect-flash는 세션을 사용하기 때문에 세션 미들웨어 다음에 있어야 한다. 이것을 초기화하고 미들웨어 스택에 추가하자.

```
//변수 선언
Var flash = require('connect-flash');
//세션 다음의 미들웨어 스택, 라우트 이전
app.use(flash());
```

이렇게 하면 req.flash에 액세스할 수 있고 플래시 메시지를 얻거나 설정할 수 있다. 첫 메시지는 로그인이 실패했다는 메시지다. routes 폴더에 있는 index.js의 loginProcess 함수를 메시지를 포함하도록 다음과 같이 수정하자.

```
function loginProcess(req, res){
  var isAuth = util.auth(req.body.username, req.body.password, req.session);
  if (isAuth) {
    res.redirect('/chat');
  }else {
    req.flash('error', 'Wrong Username or Password');
    res.redirect('/login');
  }
};
```

이제 세션에 메시지가 있다. 이것을 출력하기 위해서는 이것을 꺼내야 한다. 꺼내는 동작은 세션에서 지우는 것도 의미한다. 따라서 routes 폴더의 index.js의 login 함수를 수정해야 한다.

```
function login(req, res){
  res.render('login', {title: 'Login', message: req.flash('error')});
};
```

메시지가 템플릿으로 전달됐지만 아직 템플릿은 이것을 출력하지는 못한다. login.ejs를 수정해 폼 선언 아래에 다음 코드를 추가한다.

```
<form method="post">
<% if (message.length > 0) { %>
    <div class="alert alert-danger"><%= message %></div>
    <% } %>
```

메시지는 배열의 형태로 얻어진다. 배열에 메시지가 하나라도 있는지 확인한 후
이것을 출력한다. 사용자는 다음 화면과 같이 인증이 실패했음을 알 수 있다.

앱의 설정 파일 설정

현재 앱은 app.js에 있는 것은 무엇이든 실행한다. 애플리케이션이 실행되는 방식
을 바꾸려면 app.js를 수정해야 한다. 이것은 관리하기 편하지 않다. 간단히 예를
들면 쿠키 시크릿이 바뀌면 어떤 일이 발생할까? 쿠키 스크릿에 대한 참조 중 하
나를 업데이트해야만 하는 경우는 어떤가? 앱이 커지고 시크릿이 두 개의 미들웨
어에서 참조되고 있다고 해보자. 이 작업은 매우 귀찮고 또한 코드의 이상한 버그
들을 찾아 내느라 오랜 시간을 낭비하게 될 것이다. 애플리케이션의 모든 설정을
저장하는 설정 파일이 필요하다.

먼저 앱의 루트에 config.js라는 이름의 파일을 만들고 다음을 추가한다.

```
var config = {
    port: 3000,
    secret: 'secret',
    redisUrl: 'redis://localhost',
    routes: {
        login: '/login',
        logout: '/logout'
    }
};

module.exports = config;
```

객체를 만들고 이 파일을 부를 때 이를 반환한다. 설정 파일에는 포트와 쿠키 시크릿, 레디스 URL, 간단한 라우트 맵이 있다. 이제 이것이 사용되는 곳을 찾아서 코드를 수정하자.

라우트 매핑

라우트 맵은 특정 URL을 위해 프로그래밍이 가능한 이름으로 사용할 수 있게 한다. 설정 파일에서는 로그인과 로그아웃에서 이것을 사용한다. 애플리케이션에서는 네 곳에서 '/login'을 사용하고 있다. 이것을 한 곳으로 모아보자.

이를 위해 또 다른 미들웨어를 만들 것이다. 백엔드 파일은 require()로 config 모듈을 로딩하면 이것에 액세스할 수 있다. 하지만 템플릿은 그럴 수 없다. 또한 그렇게 하면 모든 뷰 템플릿의 상단 부분에 같은 코드를 삽입해야 한다. middleware 폴더에 있는 utilities.js 파일의 상단에 참조를 추가하고 새로운 함수를 만든다.

```
var config = require('../config');
//다른 함수 또는 상단에 있는 다른 코드
exports.templateRoutes = function templateRoutes(req, res, next){
    res.locals.routes = config.routes;

    next();
};
```

이 함수는 단지 config에서 res.locals로 routes를 추가할 뿐이다. 이제 모든 템플릿이 로그인과 로그아웃 라우트를 사용할 수 있다.

이제 이것을 미들웨어 스택에 추가하자. 미들웨어 실행 순서를 생각해보면 템플릿 렌더링 이전에 오기만 하면 된다는 것을 알 수 있다. 가장 먼저 렌더링하는 것은 app.router이기 때문에 이것 위에 추가한다.

```
app.use(flash());
app.use(util.templateRoutes);
```

앱에 설정 파일이 생겼기 때문에 각 설정 값에 대한 모든 참조를 찾아야 한다.

설정을 사용하도록 앱 수정하기

먼저 app.js에서부터 시작하자. 이 객체를 스코프 안에 추가해야 하기 때문에 다음 코드를 마지막 변수 선언에 추가한다.

```
Var config = require('./config');
```

이제 설정에 있는 설정 값의 모든 참조를 찾아야 한다. 시크릿을 업데이트하자.

```
app.use(cookieParser(config.secret));
app.use(session({
    secret: config.secret,
    saveUninitialized: true,
    resave: true,
    store: new RedisStore(
        {url: config.redisUrl})
    })
);
```

이전에 제기했던 문제는 이제 해결됐다. 수정해야 할 것은 config.js이며 모든 시크릿이 변경될 것이다.

이제 라우트 맵의 라우트를 설정하자. app.js의 라우트 세 개를 수정한다.

```
app.get(config.routes.login, routes.login);
app.post(config.routes.login, routes.loginProcess);
app.get(config.routes.logout, routes.logOut);
```

앱은 이제 라우트 맵을 사용해 실제 URL을 어디로 바인드할 것인지 결정한다. 그러나 한 가지 문제가 있다. 설정 안의 라우트를 업데이트하더라도 '/login'과 같이 하드 코드된 함수가 있다는 것이다. 이것은 404 에러를 발생시킬 것이다. 로그인과 로그아웃에 대한 모든 참조를 찾아야 한다.

첫 번째로 middleware 폴더의 utilities.js의 requireAuthentication 함수다. isAuthenticated을 config.routes.login으로 리다이렉트하도록 업데이트한다.

```
module.exports.requireAuthentication = function
requireAuthentication(req, res, next){
    if (req.session.isAuthenticated) {
```

```
        next();
    }else {
        res.redirect(config.routes.login);
    }
};
```

다음은 routes 폴더에 있는 index.js의 `loginProcess` 함수다. 인증 실패 시에 로그인으로 리다이렉트해야 한다.

```
//config 참조를 추가한다.
var config = require('../config');
//함수를 수정한다.
function loginProcess(req, res){
    var isAuth = util.auth(req.body.username, req.body.password, req.
session);
    if (isAuth) {
        res.redirect('/chat');
    }else {
        req.flash('error', 'Wrong Username or Password');
        res.redirect(config.routes.login);
    }
};
```

마지막으로 수정할 파일은 파셜이다. 각 파셜 파일은 하드 코드된 URL을 갖고 있는데 다음과 같이 config.route를 사용하도록 수정한다.

* views/partials 폴더의 user-loggedin.ejs 파일

  ```
  Hello <%= user.username %> <a href="<%= routes.logout%>">Logout</a>
  ```

* views/partials 폴더의 user-loggedout.ejs 파일

  ```
  <a href="<%= routes.login %>">Login</a>
  ```

여기에서 미들웨어의 가치가 빛을 발한다. 모든 템플릿은 설정의 라우트 객체를 사용한다. 여기서는 로그인과 로그아웃에서만 사용하지만 사이트 전체에서 사용하는 URL은 반드시 이곳에 둬야 쉽게 업데이트를 할 수 있다. 예를 들어, config. routes 로그인과 로그아웃을 '/account/login'과 '/account/logout'으로 변경할 수 있고 앱에 문제도 생기지 않을 것이다.

마지막으로 앱이 리슨listen할 포트를 업데이트할 것이다. app.js에 다음을 추가한다.

```
app.listen(config.port);
```

애플리케이션을 확장하는 방법

좀 더 큰 사이트를 만들기 위해 애플리케이션을 확장하기 위해서는 MVC(모델, 뷰,
컨트롤러)를 사용해 사이트를 구축하는 것이다. 뷰 부분은 이미 봤기 때문에 다른
부분을 보자. routes 디렉토리에 일종의 컨트롤러 설정이 있다. 다음 단계는 각
각의 파일을 만드는 것이다. 예를 들어 account.js를 만들 수 있다. 이 파일에는
login과 logout, createAccount 함수가 있다. 아직 앱에 모델을 추가하는 것은
다루지 않았다. models라는 디렉토리를 만들고 사용자 모델을 추가해 사용자를
찾고 업데이트하고 사용자를 생성해 계정 컨트롤러에 연결할 수 있다. 익스프레스
에 이런 방식으로 구축된 다른 프레임워크도 있다(sails.js가 좋은 예다). 아직은 애플
리케이션의 내부를 좀 더 볼 수 있는 기회를 갖기 위해 이런 프레임워크를 사용하
지는 않는다.

1장의 또 다른 키포인트는 미들웨어의 사용 방법을 배웠다는 것이다. 이번 앱에는
6개의 라우트와 14개의 미들웨어(/chat 라우트에서 동작하는 미들웨어만 따진다면 15
개)를 사용한다. 이렇게 하는 좋은 이유가 세 가지 있다. 우선 미들웨어는 유연하면
서도 재사용이 가능한 코드를 만들 수 있게 한다. 미들웨어 두 개만 사용해서 인증
모듈을 약식으로 만들 수 있었다. 프로파일 페이지를 만들고 싶으면 다음과 같은
라우트를 만들기만 하면 된다.

```
app.get('/profile', [util.requireAuthentication], routes.profile);
```

프로파일 템플릿을 만들면 사용자 객체에 사용자 이름이 설정되는 것을 볼 수 있
다. 더 이상 세션이 로그인하거나 그러지 않았는지를 확인하기 위해 if 문을 복사
할 필요가 없다.

다음으로 현재 미들웨어에 훌륭한 에코 시스템이 있다. 이번 앱에서 만든 것과 동일한 작업을 하는 패키지가 있다. 이전에 설명했듯이 익스프레스가 Connect를 내부적으로 사용하기 때문에 Connect 미들웨어의 어떤 것이든 사용할 수 있다. 현재 익스프레스에는 18개의 번들 미들웨어가 있다(이미 csrf, sessions, body parsing, cookies, static 등 몇 개를 사용했다). 또한 서드파티 미들웨어도 있다. 여기서도 connect-redis와 connect-flash 두 개를 사용했다. Connect 웹사이트에는 가장 인기 있는 서드파티 미들웨어 목록이 깃허브_{GitHub}에 있다.

마지막으로 미들웨어 함수는 단위 테스트에 잘 맞는 크기다. 여기서 단위 테스트를 다루지는 않을 것이지만 재사용가능하고 단위 테스트가 가능한 함수를 만들면 개발자로서의 삶이 좀 더 편해질 것이다. Nodeunit을 사용한 단위 테스트는 '8장, 애플리케이션 개발을 위한 자바스크립트 사용 사례'에서 다룬다.

요약

이제 우리의 앱도 실제 애플리케이션과 비슷한 룩앤필을 갖게 됐다. 익스프레스에 대한 지식이 거의 없는 상태에서도 작지만 제대로 동작하는 사이트를 구축할 수 있었다. 다양한 HTTP 메소드에 어떻게 응답하는지도 알게 됐다. 라우트를 깔끔하고 확장 가능하게 연결하는 방법도 배웠다. 우리의 앱은 14개의 미들웨어를 갖고 있다. 좀 많아 보이지만 앱이 하는 기능도 그만큼 많다. 템플릿과 파셜을 사용해 페이지를 쉽게 렌더링했다. 마지막으로 세션을 사용하는 간단한 인증 시스템을 만들었다. app.js의 40줄 정도의 코드로 채팅 애플리케이션의 기반을 만들었다.

2장에서는 socket.io를 사용한 서버와 브라우저간의 실시간 통신을 다룬다.

2
Socket.IO를 사용한 확장

1장에서 HTML 페이지를 제공하는 간단한 웹 애플리케이션을 만들었다. 이제 이 애플리케이션에 기능을 좀 더 추가해보자. 채팅 앱을 작성할 것이고, 이를 위해서는 실시간 이벤트 프레임워크가 필요하다. 다행히 Socket.IO가 실시간 통신 기능을 제공한다. Socket.IO는 Node.js의 이벤트 구조와 매우 잘 맞는다. Socket.IO의 패러다임은 웹 서버를 사용하는 것과는 완전히 다르다. Socket.IO는 WebSocket을 사용해 서버와 클라이언트간의 연결을 만든다. Socket.IO를 사용해 원하는 기능을 만들 수 있으려면 이러한 것들을 모두 이해해야 한다. 2장에서 다루는 내용은 다음과 같다.

- 이벤트 송수신
- 사용자를 나누기 위한 방 만들기
- 세션에 데이터를 추가하고 읽기
- 연결 인증하기
- Socket.IO와 이전 애플리케이션을 합치기

노드 패키지 버전

2장에서는 애플리케이션을 세 개의 버전으로 만들 것이다. 첫 두 애플리케이션은 Socket.IO에 필요한 것만을 갖고 있을 것이다. 세 번째 애플리케이션은 '1장, 익스프레스를 사용한 백엔드 개발'에서 만든 애플리케이션이다. 다음 패키지를 추가로 설치해야 한다.

- socket.io: 1.0.6
- socket.io-redis: 0.1.3
- connect: 3.0.2
- cookie: 0.1.1
- express-session: 1.6.5

간단한 Socket.IO 앱 만들기

PacktChat 앱에 Socket.IO를 추가하기 전에 먼저 매우 간단한 앱을 몇 개 만들어 보자. 이것을 통해 지금 하려는 것과 무엇을 만들 것인지 이해할 수 있을 것이다.

패키지 설치

가장 먼저 할 일은 당연히 npm을 사용해 패키지를 설치하는 것이다. 1장에서 한 것처럼 모든 패키지를 package.json에 추가하고 npm 설치를 실행한다.

Socket.IO는 꽤 많은 의존성을 갖고 있기 때문에 1~2분 정도 걸린다. 설치가 끝나면 이제 첫 번째 앱을 만들 준비가 됐다. first app이란 디렉토리를 만들고 app.js 파일을 만들어 다음 코드를 입력하자.

```
var io = require('socket.io').listen(4000);

io.sockets.on('connection', function(socket){
    socket.emit('ping');
```

```
    socket.on('pong', function(data){
        console.log('pong');
    });
});
```

Socket.IO는 이벤트 드리븐 방식이기 때문에 연결 이벤트를 리스닝하는 것부터 시작한다. 이것을 HTTP 관점으로 생각하면 안 된다. 어떠한 것으로도 매핑되지 않기 때문이다. HTTP와 Socket.IO를 같은 서버에서 실행하지만 서로 다른 방식으로 요청이 응답한다. 이 이벤트는 앞으로 클라이언트와 통신하는 데 사용할 소켓의 액세스를 제공한다.

서버 측 소켓에서 클라이언트로 이벤트를 전송하고자 할 때엔 emit 메소드를 사용한다. 이 메소드는 소켓을 사용해 클라이언트에게 메시지를 보낸다. 클라이언트 측에는 같은 이벤트 이름에 대한 리스너가 있어야 한다.

반대 동작으로 클라이언트로부터 전송되는 이벤트를 리슨할 필요가 있다. 이때 on 메소드를 사용한다. on 메소드를 사용해 클라이언트가 서버에게 메시지를 전송할 수 있다.

아직은 별 것이 없다. 우리의 앱은 이야기할 상대방이 없다. 이제 클라이언트를 만들어 보자.

클라이언트 만들기

우리가 만든 Socket.IO 서버는 통신을 할 무언가가 필요하며, 이제 그것을 만들고자 한다. 서버가 'ping' 이벤트를 클라이언트에 보내면 클라이언트는 'pong' 이벤트를 반환한다. 서버에 Socket.IO 서버 프레임워크가 필요하듯 클라이언트도 Socket.IO 클라이언트 프레임워크가 필요하다. Socket.IO 클라이언트 라이브러리는 node_modules/socket.io/node_modules/socket.io-client 디렉토리에 있다. 이 디렉토리에는 socket.io.js와 socket.io.min.js 파일이 있다. 터미널에서 다음 명령을 수행해 이 파일의 심볼릭 링크를 만든다.

```
ln -s node_modules/socket.io/node_modules/socket.io-client/socket.io.js
```

또한 플래시 객체도 있다. 이 플래시 객체는 WebSocket 기능이 없는 오래된 브라우저(주로 IE8과 IE9)에서 Socket.IO를 사용할 수 있게 해준다. 크롬Chrome이나 파이어폭스Firefox 최신 버전을 사용하면 자바스크립트 파일을 사용하면 된다.

클라이언트가 사용할 HTML 페이지를 만들어야 한다. app.js와 socket.io.js와 함께 index.html 페이지를 만든다. 파일의 내용은 다음과 같다.

```html
<!DOCTYPE html>
<html>
<head>
    <title>Ping Pong</title>
    <script type="text/javascript" src="socket.io.js"></script>
</head>
<body>
<script>
var socket = io.connect('http://localhost:4000');
socket.on('ping', function(data){
    console.log('ping');
    socket.emit('pong');
});
</script>
</body>
</html>
```

이 페이지는 빈 페이지다. 사실 아무것도 없다. 자바스크립트를 로드하기 위해 사용한 것뿐이다. head에 socket.io.js 파일을 인클루드해 io 변수에 액세스할 수 있도록 했다. 가장 먼저 Socket.IO 서버에 연결했다. 서버는 4000번 포트를 리스닝하고 있으므로 클라이언트에게 이곳으로 연결하도록 했다.

이전에 Socket.IO는 HTTP와는 다른 것이라 말했지만 연결을 위해서 HTTP를 사용했다. 초기 HTTP 요청은 WebSocket 연결로 업그레이드된다.

이제 소켓이 만들어졌으며 이벤트를 리슨할 수 있다. 서버 측과 동일하게 on을 사용해 소켓 이벤트를 리슨한다. 서버가 ping 이벤트를 보낸다는 것을 알기 때문에 기다리도록 한다. 그 후 ping이 왔음을 로그에 남기고 서버에 이벤트를 보낸다. 이것 역시 서버에서 사용한 것과 같은 메소드를 사용한다. pong 이벤트를 emit 메소드를 사용해 전송한다.

Socket.IO 서버를 시작하고 웹페이지를 로드하면 브라우저의 콘솔에서 'ping' 로그를 보고 서버에서는 'pong' 로그를 볼 수 있을 것이다(이것은 매우 빨리 진행된다). 직접 시도해보자.

파이썬을 사용해 사이트 서버 구축하기

한 가지 문제가 생겼다. index.html 페이지를 서비스할 수가 없다. 파이썬을 사용해 이를 해결할 수 있다. 나중에 배치 스크립트를 작성할 때에도 파이썬을 사용할 것이기 때문에 파이썬은 설치돼 있을 것이다. 나는 맥 OS X을 사용하는데 여기에는 파이썬이 이미 설치돼 있다. 간단한 파이썬 명령어를 사용해 위치한 디렉토리 어디에서든 HTTP 서버를 실행할 수 있다.

```
$ python -m SimpleHTTPServer
```

코드를 작성할 필요가 전혀 없다. 모듈을 로드하면 콘솔에서 바로 실행된다. 기본적으로 서버는 8000번 포트를 리슨한다. 포트 번호를 바꾸고 싶으면 다음과 같이 마지막 인자로 포트 번호를 지정하면 된다.

```
$ python -m SimpleHTTPServer 8080
```

파이썬은 매우 훌륭한 글루glue 언어다. 매우 많은 것을 할 수 있는 작은 스크립트를 작성할 수 있는 훌륭한 표준 라이브러리를 제공한다.

지금은 기본 포트를 사용하겠다. http://localhost:8000로 이동하면 빈 페이지를 볼 수 있다.

핑퐁

엄밀히 말하면 웹 페이지에는 아무런 일도 발생하지 않는다. 노드 서버의 콘솔에서 퐁 로그를 볼 수 있다.

이제 브라우저를 보자. 콘솔을 연다. 크롬에서는 오른쪽 클릭 후 Inspect Element(요소 검사)를 선택하면 된다.

그런 후 오른쪽에 있는 Console을 선택한다. 다음과 같은 화면을 볼 수 있다.

상호 작용 만들기

이 시점에서 클라이언트에게 이벤트를 보내고 응답을 받는다. 기술적으로 이것을 Ajax 호출로 쉽게 할 수 있다. 이제 Socket.IO가 할 수 있는 것을 보기 위해 브라우저와의 상호 작용을 추가해보자. 먼저 socket.on('connection') 함수를 지운다. 새로운 코드를 만들 것이다.

app.js의 내용은 다음과 같다.

```
var io = require('socket.io').listen(4000);

io.sockets.on('connection', function(socket){

socket.on('join', function(data){
        io.sockets.emit('userJoined', data);
        socket.username = data.username;
    });
    socket.on('ping', function(data){

        io.sockets.emit('ping', {username: socket.username});
    });
});
```

새로운 이벤트 리스너를 살펴보자. 첫 번째 리스너는 join이라 불리는 이벤트를 위한 것이다. 이것이 가장 먼저 하는 것은 userJoined 이벤트를 발생시키는 것이다. socket.emit 함수는 단지 연결된 클라이언트에게 메시지를 보낸다. 브라우저와의 상호작업은 없다. io.socket.emit 함수는 연결된 모든 소켓에게 메시지를 보낸다. 이것을 사용해 브라우저간에 메시지를 전송할 수 있다.

다음으로 이 함수는 연결된 소켓에 관한 정보를 저장한다. 우리는 사용자 이름 속성을 가진 객체를 원한다. 그리고 이것을 소켓 객체에 붙이고자 한다. ping 이벤트를 리슨하는 다른 함수는 이전의 앱과 비슷하다. 소켓에서 사용자 이름을 받아 이것을 io.sockets.emit을 사용해 모든 클라이언트에게 핑한다.

브라우저 부분 추가

노드를 재시작해도 크게 달라지는 건 없다. 지금까지는 서버쪽 코드만 수정했기 때문에 클라이언트 측에도 동등하게 수정해야 한다. index.html을 열고 다음과 같이 head에 jQuery를 추가한다.

```
<head>
    <title>Ping Pong</title>
    <script type="text/javascript" src="socket.io .js"></script>
    <script type="text/javascript" src="//cdnjs.cloudflare.com/ajax/libs/
jquery/2.1.0/jquery.js"></script>
</head>
```

cdnjs를 사용한다. 이곳은 많이 사용되는 자바스크립트와 CSS 라이브러리를 인터넷에 배포하는 곳이다. 이곳에서는 라이브러리를 다운로드해 웹 서버 폴더에 옮기지 않고도 라이브러리를 쉽게 인클루드할 수 있는 방법을 제공한다.

이제 다음 코드와 같이 바디에 몇 가지 엘리먼트를 추가하자.

```
<input type="text" id="username">
<button id="ping">Ping</button>
<ul id="info">
</ul>
```

매우 간단하게 텍스트 박스와 버튼, 빈 리스트를 추가했다. 이 엘리먼트에 ID를 지정했는데 이렇게 하면 자바스크립트에서 엘리먼트를 빠르게 찾을 수 있다. 이 코드는 자바스크립트 앞에 있어야 하며 그렇지 않으면 엘리먼트를 사용할 수 없다.

마지막으로 자바스크립트를 추가하자. 스크립트 태그의 제일 상단에 새로운 엘리먼트를 변수로 추가한다.

```
var socket = io.connect('http://localhost:4000');
var $username = $('#username'),
    $ping = $('#ping'),
    $info = $('#info');
```

$는 jQuery 객체를 나타낸다. jQuery는 CSS와 유사한 셀렉터selector 엔진을 사용하며 #은 ID의 참조를 나타낸다. 이제 각 변수는 자신의 변수에 연결돼 있다.

이제 이벤트 헨들러를 추가하자. socket.io에서처럼 jQuery에서도 on() 함수를 사용해 이벤트를 리슨할 수 있다. 이제 하나 하나 추가하자.

먼저 작은 유틸리티 함수를 만들자. 이 함수는 리스트에 아이템을 추가하는 간단한 함수다.

```
function addLi(message) {
    $info.append('<li>' + message + '</li>');
};
```

첫 번째 이벤트 리스너를 추가한다.

```
$username.on('change', function(){
    socket.emit('join', {username: $username.val()});
});
```

username 텍스트 박스가 변경될 때마다 join 이벤트를 서버에 전송한다. 텍스트 박스에 입력된 값을 사용자 이름으로 전송할 것이다. 기억할지 모르겠지만, 서버는 join 이벤트를 리슨하고 있다가 모든 사용자에게 같은 데이터 객체를 가진 userJoined 이벤트를 보낸다. 이제 다음 리스너를 추가하자.

```
socket.on('userJoined', function(data){
    addLi(data.username + ' has joined');
});
```

이제 누군가가 조인했을 때 서버로부터 전송될 이벤트를 리슨한다. 그런 후 리스트 아이템을 추가한다.

```
$ping.on('click', function(){
    socket.emit('ping');
})
```

이것은 Ping 버튼의 click 이벤트에 대한 리스너다. 이 리스너는 단순히 ping 이벤트를 서버에 보낸다. 다시 서버를 보면 ping 이벤트를 리슨하고 있는 것을 알 수 있다. 서버가 이 이벤트를 받으면 모든 연결된 소켓에 연결된 사용자 이름과 함께 이 이벤트를 보낸다. 다음은 반환되는 핑을 리슨하는 브라우저 코드다. 이 코드는 데이터 객체에 전송된 사용자 이름을 추출해 리스트에 추가한다. 다음 코드를 현재 socket.on('ping')이 있는 부분에 대체할 것이다.

```
socket.on('ping', function(data){
    addLi(data.username + ' has pinged!');
});
```

브라우저를 열고 텍스트 박스에 독자의 이름을 입력한다. Josh has joined와 같은 메시지를 받을 것이다. Ping 버튼을 클릭하면 Josh has pinged!라는 메시지를 받을 것이다.

다른 탭을 열어 같은 일을 반복한다(물론 이번에는 다른 이름을 사용한다). 이제 이전 탭으로 돌아가자. 다른 사람이 조인해 핑을 했음을 볼 수 있다. 탭을 별도의 윈도우로 나눠 본다면 이벤트가 얼마나 빠르게 전송되는지 볼 수 있다. 거의 사실상 즉각적이다. 탭을 몇 개 더 열고 모든 탭에 이런 식으로 이벤트가 전파되는 것을 보자. 다음 화면은 두 개의 다른 탭 간에 핑이 발생한 것을 보여준다.

이 모든 것을 서버 코드 14라인과 브라우저 코드 25라인으로 만들었다(함수 사이의
공간과 기본적으로 필요한 코드까지 포함한 것이다).

액크놀리지먼트

때때로 마지막 액션이 에러가 발생했는지 잘 수행됐는지 알고 싶은 경우가 있다.
지금까지는 모든 이벤트가 제대로 수행됐다고 가정해 왔다. 다행히 Socket.IO에
는 액크놀리지먼트Acknowledgment 시스템이 있다. 이벤트를 전송할 때 서버가 실행
할 부가적인 함수를 추가할 수 있다. 먼저 app.js의 서버 사이드에 이것을 추가해
보자. 다음 코드와 같이 socket.on('ping') 리스너를 수정하자.

```
socket.on('ping', function(data, done){
    socket.get('username', function(err, username){
        io.sockets.emit('ping', {username: username});
        done('ack');
    });
});
```

액크놀리지먼트 함수는 on 리스너 함수의 두 번째 인자로 넘겨준다. 그러면 언제
든 이 함수를 실행할 수 있다. 여기서는 모든 클라이언트에게 데이터를 보낸 후에
실행한다. 이 예제에서는 ack를 보낸다. 이 함수를 이용해 에러를 돌려 보낼 수도
있다. 예를 들어, 함수에서 데이터베이스에 연결해 질의를 요청한다고 하자. 이 시
점에서 에러가 발생하면 에러를 반환할 수 있다.

```
done({error: 'Something went wrong'});
```

요청받은 작업을 처리할 때에는 이것이 매우 중요하다. 조용히 실패하는 것은 사
용자에게 최악이다. 사용자는 독자의 앱을 더 이상 믿지 않을 것이다. 사용자는 항
상 다음과 같이 물을 것이다. "제대로 처리된 거야? 버튼을 다시 눌러야 하나? 다
른 버튼을 눌어야 하는 건가?"

이제 클라이언트를 업데이트하자. 액크놀리지를 받은 핑이 몇 개인지를 기록하
는 함수를 추가하겠다. 액크놀리지먼트를 받으면 개수를 늘리기만 한다. socket.
emit('ping')을 고칠 것인데, 이 함수가 액크놀리지먼트를 받을 함수다.

82

다음 코드와 같이 바디에 ID를 가진 div를 추가한다.

```
<input type="text" id="username">
<button id="ping">Ping</button>
<div id="sent"></div>
<ul id="info">
</ul>
```

스크립트 태그에서 변수를 초기화하고 Ping 버튼의 on 클릭 리스너를 수정한다.

```
//변수 초기화 코드
Var pingSent = 0;
//script 태그 아래
$ping.on('click', function(){
    socket.emit('ping', null, function(message){
        if (message === 'ack')
        {
            pingSent++;
            $sent.html('Pings sent: ' + pingSent);
        }
    });
});
```

emit 함수에 세 번째 인자가 있다. 데이터를 보내지 않기 때문에 데이터 객체로 null을 넘겼다. 마지막 인자는 콜백(done()) 함수로 서버가 실행하며 'ack' 메시지를 전송할 것이다. 'ack'이 전송됐는지 확인해 pingSent 카운터를 증가시킨다. 에러 체크 루틴도 이곳에서 한다. 이 예제에서는 서버 측에서 할 수 있지만 지금은 하지 않겠다. 이것은 단지 제안일 뿐이다.

```
socket.emit('importantThing', importantData, function(ack){
    if (ack.error !== undefined){
        alert('Something went wrong');
    }else {
        //continue on
    }
});
```

결과는 다음 화면과 같을 것이다.

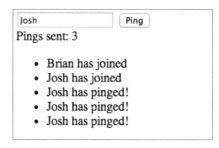

지금은 앱이 매우 간단하지만 이제 Socket.IO를 사용해 무엇을 할 수 있는지 알기 시작했다. 여러 개의 브라우저를 커버하는 실시간 이벤트를 갖게 됐다. 핑 요청에 대해 액크놀리지먼트까지 보낸다. 15줄의 코드로 이것을 구현했다. 상상해보라. 아직 다 한 것이 아니다. 이 작은 핑퐁 앱에 더 많은 기능을 추가해보자.

메시지 브로드캐스팅

지금 만든 핑-퐁 앱은 리소스에 무관하게 모든 이벤트를 보여준다. 누군가 핑을 하면 리스트에 나타난다. 우리가 핑해도 우리 리스트나 나타난다. 이런 것을 원하는 것은 아니다. 다른 누군가가 핑했을 때만 알고 싶다. 우리가 한 핑을 보여주는 것이 꼭 나쁘다는 것은 아니다. 우리가 보낸 핑이 서버로 가고 서버가 다시 우리에게 보내는 것이 안 좋은 것이다. 핑을 다른 사람에게만 보내면 좀 더 효율적이게 될 것이다. 어떻게 할 것인가?

브로드캐스트! 맞지 않는 용어처럼 보인다. 무언가를 브로드캐스트한다면 모든 사람에게 다 가는 것으로 생각할 것이다. Socket.IO도 거의 이렇게 동작한다. 브로드캐스트는 나 자신을 제외한 모든 사람에게 보낸다. 네 명의 클라이언트가 연결됐다면 Socket.IO는 다른 세 명에게만 보낼 것이다. 실제로 해보자.

같은 이벤트 이름을 사용할 것이기 때문에 서버 사이드만 변경한다. 이벤트가 누구에게 가는 지만 바꿀 것이다. app.js의 io.sockets.on('connection')에서 다음 코드와 같이 메시지 전송 부분을 수정한다.

```
socket.on('join', function(data){
    socket.broadcast.emit('userJoined', data);
    socket.username = data.username;
});

socket.on('ping', function(data, done){
    socket.broadcast.emit('ping', {username: socket.username});
    done('ack');
});
```

해야 할 일은 io.sockets을 socket.broadcast로 바꾸는 것이다. emit 메소드를 사용하는 방법은 그대로다.

io.sockets 대신에 socket을 사용한 이유가 있다. io는 전체 Socket.IO 서버에 묶여 있음을 기억하자. 이것은 require('socket.io').listen(4000)에서 반환된 것이다. 그런 후 모든 소켓을 io에서 떼어냈다. 여기에는 독자를 포함한 모든 연결된 클라이언트가 포함된다. 마지막으로 emit을 호출해 각자에게 메시지를 보낸다.

Socket.IO 연결 객체는 소켓이 연결될 때 콜백 함수에서 참조된다. 이 소켓은 하나의 특정 소켓 연결 문맥에 있다. socket.emit은 메시지 객체를 연결된 소켓으로 보낼 것이다. socket.broadcast.emit은 이 메시지를 브로드캐스트를 시작한 소켓을 제외한 다른 모두에게 보낸다.

이제 독자가 서버에 보낸 이벤트는 다른 이벤트를 반환 받지 않을 것이다. join 이벤트는 사용자 이름과 함께 userJoined을 반환한다. 이제부터는 다른 누군가가 조인했을 경우에만 이 이벤트를 받을 것이다. 핑도 마찬가지다. 다른 핑만 리스트에 보인다. 핑에 대한 액크놀로지는 여전히 받고 있기 때문에 핑 카운터는 증가할 것이다. http://localhost:8000을 여러 브라우저 탭에서 띄워보고 어떤 일이 발생하는지 확인해보라.

이제 Socket.IO 애플리케이션은 다음 화면과 같이 동작할 것이다.

2_ Socket.IO를 사용한 확장 | 85

디스커넥트 이벤트 사용하기

현재 우리의 앱은 연결과 조인 이벤트만 감지한다. 클라이언트를 체크하지는 않기 때문에 연결은 자동으로 발생한다. 클라이언트의 `io.connect()`가 호출되면 바로 연결 이벤트가 발생한다. 그리고 텍스트 입력을 변경하면 `join` 이벤트가 발생하고 모든 클라이언트에게 전송된다. 누구가 떠날 때는 아무 일도 발생하지 않는다.

소켓 디스커넥트 이벤트는 다른 일반 HTTP 이벤트와는 다르다. HTTP 기반이기 때문에 실제로 누가 떠났는지를 알 수 없다. 그들의 마지막 요청이 무엇이었는지만 알 수 있다. 사용자는 떠나기 위한 동작을 취한다. 예를 들면 로그아웃 페이지로 이동한다. Socket.IO는 지속적인 연결을 만들고 유지하기 때문에 누군가 떠나면 바로 알 수 있다. 애플리케이션에 이것을 추가하자.

백엔드에서 시작한다. app.js를 열고 디스커넥트 이벤트를 위한 새로운 리스너를 추가한다.

```
socket.on('disconnect', function(){
    socket.broadcast.emit('userDisconnect', {username: socket.username});
});
```

새로울 것이 별로 없다. 이벤트 리스너에 대해 이미 알고 소켓에서 데이터를 어떻게 얻는지도 안다. 그리고 독자를 제외한 모든 사람에게 이것을 브로드케스트하는지도 안다.

이제 클라이언트에 리스터를 추가해야 한다. 다음 코드를 함수 목록에 추가한다.

```
socket.on('userDisconnect', function(data){
    addLi(data.username + ' has left :(');
});
```

이 함수는 지금까지 작성한 것과 비슷하다. 사용자 이름을 받고 리스트에 새로운 아이템을 추가한다. 연결을 하고 페이지를 갱신하자. 그러면 다음 화면과 같이 디스컨넥트 이벤트를 받을 것이다.

네임스페이스 만들기

Socket.IO에는 다른 트릭이 숨겨 있다. 지금까지는 한 영역에서만 작업을 했지만 Socket.IO는 여러 영역을 연결하는 메소드를 가지고 있다. 첫 번째는 네임스페이스고 다른 하나는 룸room이다. 이 두 가지는 매우 유사하지만 이 두 개를 다 설정해보자.

사용자가 핑할 수 있게 아이디어를 하나 사용하는데, 여기에 좀 더 첨가하려 한다. 우선 사용자가 영역을 입력하고 이 영역에 핑을 할 수 있게 한다. 두 번째로 특정 사용자에게만 전송되는 개인 핑을 보낼 수 있게 한다. 이를 위해 새로운 프로젝트를 처음부터 만들어 보자. 첫 프로젝트에서는 네임스페이스를 사용할 것이다.

필요한 보일러플레이트 코드다. second app이란 디렉토리를 만들고 namespace.js와 namespace.html 파일을 만든다. 그리고 socket.io.js 클라이언트 라이브러리에 심볼릭 링크를 만든다(이 파일은 Socket.IO를 설치하면 node_modules 디렉토리에 있다).

이제 앱을 만들 수 있다. 백엔드에서부터 시작하자. namespace.js를 열고 Socket.
IO를 앱에 추가한다.

```
var io = require('socket.io').listen(4000);
```

이제 리스너를 추가한다. 여기서는 join과 ping, privatePing을 추가한다. 연결
리스너는 다음 코드와 같이 이 세 개의 함수를 다 갖고 있어야 한다.

```
io.sockets.on('connection', function(socket){
  socket.on('join', function(data){
    socket.username = data.username;
    socket.broadcast.emit('join', {username: data.username, socket: socket.id});
  });

  socket.on('ping', function(){
    socket.broadcast.emit('ping', {username: socket.username});
  });

  socket.on('privatePing', function(data){
    io.sockets.connected[data.socket].emit('ping', {username:
      socket. username, priv: true});
  });
});
```

join과 ping 이벤트는 이전 앱에서 만든 함수와 매우 비슷하다. join 이벤트는 사
용자 이름을 소켓에 추가하고 브로드캐스트한다. 또한 클라이언트의 소켓 ID도 브
로드캐스트한다. 나중에 이것을 사용할 것이다. ping 이벤트도 거의 같은 일을 하
는데 사용자 이름을 얻어서 보내는 차이가 있다.

이제 새로운 리스너 privatePing이 있다. 사용자 이름을 얻어오는데 이번에는
io.sockets.connected[data.socket]을 사용한다. data.socket 자바스크립트
객체는 소켓 ID를 갖고 있으며 io.sockets.connected는 연결된 모든 소켓을 갖
고 있다. 이 둘을 같이 사용하면 특정 클라이언트의 연결을 얻을 수 있다. 이것은
소켓 ID를 키로 하는 모든 연결을 해시 또는 딕셔너리로 볼 수 있다. 이전에 소켓
ID를 클라이언트에게 보냈다. 그리고 이 클라이언트에게 핑을 다시 보내야 한다.
핑 이벤트가 하나의 클라이언트에게만 보내졌는지 알려주는 플래그가 있다. 여기

까지는 그다지 새로울 것은 없으며 네임스페이스도 사용하지 않았다.

이제 네임스페이스를 추가해보자. 새로운 연결 리스너를 추가할 것이다. 다음 코드를 추가하자.

```
io.of('/vip').on('connection', function(socket){
  socket.on('join', function(data){
    socket.username = data.username;
    socket.broadcast.emit('join', {username: data.username, socket: socket.id});
  });

  socket.on('ping', function(){
    socket.broadcast.emit('ping', {username: socket.username});});});

  socket.on('privatePing', function(data){
    io.of('/vip').connected[data.socket].emit('ping', {username:
      socket.username, priv: true});
  });
});
```

먼저 주목할 것은 네임스페이스를 사용하지 않은 코드와 매우 비슷하다는 점이다. 실제로 코드 두 줄만 다르다. 첫 번째 줄에서는 네임스페이스에 연결한다. 다음과 같이 of 메소드를 사용한다.

```
io.of('/vip').on('connection', function(socket){});
```

네임스페이스의 문자열을 넘겨줬다. 컨넥션 리스너에 같은 객체를 가지고 있으며 같은 이벤트를 설정할 수 있다. 이곳의 소켓 변수는 '/vip' 네임스페이스에 연결된 클라이언트만 참조한다.

변경된 다른 줄은 privatePing 리스너 코드에 있다. 여기서도 of 메소드를 사용한다. io.of('/namespace')를 사용하면 이후의 모든 메소드는 이 네임스페이스의 컨텍스트 안에 있다. 다른 방법((io.sockets.socket())으로 사용하면 응답이 '/vip' 네임스페이스가 아닌 기본 네임스페이스로 전송될 것이다. 각자 테스트해 보기 바란다.

서버 사이드를 만들었으니 클라이언트 사이드를 만들어 보자.

네임스페이스 클라이언트 만들기

이제 서버가 어떤 이벤트를 리슨하는지 알았으니 이 이벤트를 보내는 클라이언트를 만들자. namespace.html 파일을 열고 다음 코드를 추가한다.

```html
<!DOCTYPE html>
<html>
<head>
    <title>Ping Pong</title>
    <script type="text/javascript" src="socket.io.js"></script>
    <script type="text/javascript" src="//cdnjs.cloudflare.com/ajax/libs/
jquery/2.1.0/jquery.js"></script>
    <style>
        .areas { float: left; width: 50%;}
    </style>
</head>
<body>
    <div>
        <input type="text" id="username">
    </div>

    <div class="areas default">
        Default
        <button class="join">Join</button>
        <button class="ping">Ping</button>
        <div>
            Users
            <ul class="users">
            </ul>
        </div>
        <div>
            Events
            <ul class="events"> </ul>
        </div>
    </div>
    <div class="areas vip">
        VIP
        <button class="join">Join</button>
        <button class="ping">Ping</button>
        <div>
```

```
        Users
        <ul class="users"> </ul>
      </div>
      <div>
        Events
        <ul class="events"> </ul>
      </div>
    </div>
<script>
</script>
</body>
</html>
```

간단한 HTML 구조로 div 영역은 동일하다. 모두 두 개의 버튼 Join과 Ping을 갖고 있으며 users와 events 두 개의 리스트를 갖고 있다. 이것이 앞으로 우리의 자바스크립트 코드를 연결할 뼈대가 될 것이다. 지금 우리는 socket.io 클라이언트 (node_modules로부터 연결하는 방법을 기억할 것이다)와 컨텐트 딜리버리 네트워크의 jQuery 2.1(이것은 '8장, 애플리케이션 개발을 위한 자바스크립트 사용 사례'에서 다룬다). 모든 자바스크립트 코드는 바디 마지막의 스크립트 태그에 있을 것이다(HTML이 하나의 큰 생명체 같지 않은가?).

첫 번째로 할 일은 서버에 연결하는 것이다. 연결을 저장할 두 개의 변수를 만든다.

```
var socket = io.connect('http://localhost:4000'),
    vip = io.connect('http://localhost:4000/vip');
```

첫 번째 연결은 이미 설명했다. 두 번째 연결은 네임스페이스를 사용하는 방법을 보여준다. 네임스페이스에 연결하기 위해 서버에 연결하고 만든 네임스페이스를 뒤에 붙인다. 이 객체는 이제 네임스페이스의 문맥에 있게 된다. 호출하는 모든 메소드와 모든 리스너는 '/vip' 네임스페이스의 이벤트에 대해서 동작한다. 이제 앱을 마무리하고 테스트하자.

 두 개의 연결을 만들었지만 Socket.IO는 실제로 두 번 연결하지는 않는다. 하나의 연결을 사용해 일반 연결과 네임스페이스를 가진 연결을 모두 다룰 수 있다.

다음으로는 페이지에서 키 엘리먼트를 찾는 것이다.

```
var defaultArea = $('.default'),
    vipArea = $('.vip'),
    $username = $('#username');
```

div.default와 div.vip, input#username에 연결된 jQuery 객체를 만들 것이다.
jQuery는 크로스-브라우저 메소드와 사용하기 쉬운 셀렉터를 제공한다. jQuery
는 프론트엔드를 만들 때 좀 더 자세히 다룬다.

다음 코드와 같이 간단한 유틸리티 함수를 만든다.

```
function createButton(user){
  return '<li>' + user.username + '<button class="private_ping"
  data-socket="' + user.socket + '">Ping Me</button></li>';
};
```

사용자 객체(소켓 이벤트에서 얻는다)를 넘겼으며 private_ping 클래스를 가진 버튼
의 HTML 스트링을 반환한다.

마지막으로 모든 것을 연결하는 함수를 만들자.

```
function wireEvents(area, socketio){
    var users = area.find('.users'),
      events = area.find('.events');

    area.on('click', function(e){
        if (e.target.className === 'join') {
            socketio.emit('join', {username: $username.val()});
        }else if (e.target.className === 'ping') {
            socketio.emit('ping');
        }else if (e.target.className === 'private_ping') {
            socketio.emit('privatePing',
              {socket: e.target. getAttribute('data-socket')});
        }
    });

    socketio.on('join', function(user){
        users.append(createButton(user));
    });
```

```
    socketio.on('ping', function(user){

if (user.priv === undefined){
        events.append('<li>Ping from ' + user.username + '</li>');
    }else{
        events.append('<li>Ping from ' + user.username + ' sent
directly to you!</li>');
    } });
};
```

wireEvents 함수는 영역과 Socket.IO 연결을 인자로 받으며 모든 리스너를 붙인다.

먼저 사용자 리스트와 이벤트 리스트를 찾는다. 이를 위해 jQuery의 find 함수를 사용한다. 인자로 넘긴 객체에서(dive.default 또는 div.vip) 찾고 클래스 리스트에 사용자 또는 이벤트를 갖고 있는 모든 엘리먼트를 찾는다. 그 후 각 리스트에 대한 참조를 얻을 수 있다.

다음으로 전체 영역에 대한 클릭 리스너를 추가한다. 이렇게 하는 것이 클릭될 각 객체마다 여러 개의 클릭 핸들러를 추가하는 것보다 낫다. 그 후 이벤트를 체크해 어떤 엘리먼트가 클릭됐으며 엘리먼트가 가진 클래스가 무엇인지 알아낸다. 이 정보를 가지고 각 버튼마다 특정한 클래스가 연결된 경우 어떤 버튼이 클릭됐는지 알 수 있다. join과 ping 이벤트는 매우 간단하다. join은 사용자 이름을 입력으로 받고 ping은 이 이벤트를 보낸다. privatePing은 버튼에 연결된 속성을 사용한다. 이 속성은 서버로부터 전송된 join 이벤트의 소켓 ID를 사용하는 createButton 함수에서 추가된다. 이 함수는 다음 화면과 같이 버튼 엘리먼트를 생성할 것이다.

```
▼<li>
    "Brian"
    <button class="private_ping" data-socket="rrsfiJYsYYG4Y7ygrSV_">Ping Me</button>
  </li>
```

이곳이 서버가 join 이벤트를 브로드캐스트할 때 소켓 ID를 저장하는 곳이다. 이것을 다시 전송해 서버가 특정 소켓을 찾고 이 클라이언트에게만 이벤트를 보내게 한다.

다음으로 서버로부터 오는 join 이벤트에 대한 리스너를 추가한다. 방금 설명한 버튼을 가진 리스트 아이템만 추가한다.

마지막으로 핑 이벤트를 리슨한다. 만일 이 이벤트에 priv 속성 집합이 없으면 모두에게 브로드캐스트된 것임을 알 수 있다. 설정된 경우에는 오직 우리에게만 보내진 것이다. 이것을 이벤트 리스트에 추가한다.

이제 모든 이벤트를 커버했다. 클릭과 조인, 핑, 개인 핑을 리슨한다.

이 함수를 재사용할 수 있게 만들어 다음과 같이 default와 vip 영역에도 사용할 수 있다.

```
wireEvents(defaultArea, socket);
wireEvents(vipArea, vip);
```

이제 노드와 파이썬 HTTP 서버를 실행한다. http://localhost:8000/namespace. html을 여러 개의 탭에서 연다. 여러 영역에 조인하고 몇 차례 핑을 보내고 개인 핑도 보낸다. 우리가 뜻한 대로 동작하는 것을 볼 수 있을 것이다. 모든 이벤트는 하나의 특정 룸에 연결돼 있다. 다음은 결과 화면이다.

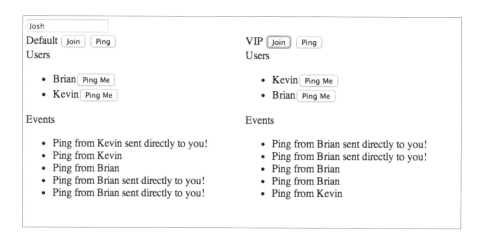

이것은 아직 기능이 완전하지 않다. 이것은 단지 Socket.IO에서 네임스페이스를 사용하는 방법에 대한 예제일 뿐이다. 이제 핑 앱에서 네임스페이스 대신 룸을 사용하도록 수정하고 차이점이 무엇인지 알아보자.

룸 추가

현재 앱을 재사용할 수 있기 때문에 이를 기반으로 작업할 것이다. namespace.js 와 namespace.html을 복사해 rooms.js와 rooms.html을 만든다. 여기서는 룸만 사용할 것이기 때문에 rooms.js를 열고 네임스페이스 연결 리스너를 지운다. 일반 연결을 수정해 룸과 관련된 엘리먼트를 추가할 것이다. rooms.js는 다음과 같다.

```
var io = require('socket.io').listen(4000);
io.sockets.on('connection', function(socket){
    socket.on('join', function(data){
        socket.username = data.username;
        socket.join(data.room);
        socket.broadcast.to(data.room).emit('join',
          {username: data.username, socket: socket.id, room: data.room});
    });
    socket.on('ping', function(data){
        socket.broadcast.to(data.room).emit('ping',
          {username: socket.username, room: data.room});
    });
    socket.on('privatePing', function(data){
        io.sockets.connected[data.socket].emit('ping',
          {username: socket.username, priv: true, room: data.room});
     });
});
```

이제 어떤 점이 다른지 얘기해보자. 가장 먼저 모든 리스너가 데이터가 전달되기를 기다리고 있다. 이것은 이벤트가 어떤 룸에서 온 것인지 알려야 하기 때문이다.

연결 이벤트에 `socket.join(data.room)` 을 사용했다. 이것은 룸에 조인하는 방법이다. 인자는 룸 이름 문자열이다. 룸은 추가적인 연결을 필요로 하지 않으며 조인하도록 요구한다. 이것에 대한 예외는 기본 룸인 ''(빈 문자열)이다. 연결된 모든 클라이언트는 이 룸에 있다.

이제 다음 새로운 함수인 `socket.broadcast.to(data.room).emit()` 을 보자. `to(room)` 을 추가하면 이 룸에 조인한 연결에게 이벤트를 보낸다. 네임스페이스에서와 같이 별도의 연결은 아니기 때문에 클라이언트는 이 이벤트가 어떤 룸에서 왔는지 모른다. 이것이 메시지에 룸을 넣어서 보내는 이유다.

핑 이벤트는 연결처럼 매우 많이 변화했다. 이벤트에 룸을 넣어서 보내고 그것을 다시 보낼 때는 룸을 속성으로 해서 보낸다. 이것 외에는 다른 것은 같다.

마지막으로 privatePing도 같다. 룸을 알아야 어디서 왔고 어디로 가야하는지 결정할 수 있다. emit 함수를 namespace.js와 비교해보면 차이점은 room 속성을 추가한 것임을 알 수 있다.

서버가 준비됐다. 이제 클라이언트를 수정하자. rooms.html을 열어 수정한다. 헤드나 바디는 수정하지 않고 재사용할 것이다.

 HTML은 항상 구조만 제공해야 한다. 자바스크립트가 행동이어야 한다. 이 둘을 혼합하지 말라! onclick 속성을 HTML에 사용하지 말아야 한다. 이 예제에서 이것을 보여주고 있다. 페이지는 그대로이기 때문에 HTML을 수정하지 않는다. 행동이 수정됐기 때문에 자바스크립트를 고쳐야 한다. 같은 규칙이 CSS에도 적용된다. 인라인 스타일을 사용하지 말라. 페이지의 엘리먼트를 지정하고 스타일을 변경할 수 있는 CSS를 사용하라. HTML은 구조이며 자바스크립트는 행동, CSS는 스타일이다.

script 태그 안에서 자바스크립트 코드를 수정할 것이다. 먼저 vip 네임스페이스 연결에 대한 참조를 제거한다. 이제 가지고 있는 Socket.IO 연결은 기본 연결뿐이다.

```
var socket = io.connect('http://localhost:4000');
```

엘리먼트 참조와 createButton 유틸리티 함수는 그대로 둬도 좋다.

```
var defaultArea = $('.default'),
    vipArea = $('.vip'),
    $username = $('#username');
//some code
function createButton(user){
    return '<li>' + user.username + '<button class="private_ping" data-
socket="' + user.socket + '">Ping Me</button></li>';
};
```

이제 변경의 핵심인 wireEvents 함수다. 다음은 함수의 내용이다.

```
function wireEvents(area, room){
    var users = area.find('.users'),
        events = area.find('.events');

    area.on('click', function(e){
        if (e.target.className === 'join') {
            socket.emit('join', {username: $username.val(), room: room});
        }else if (e.target.className === 'ping') {
            socket.emit('ping', {room: room});
        }else if (e.target.className === 'private_ping') {
            socket.emit('privatePing', {socket: e.target.
getAttribute('data-socket'), room: room});
        }
    });
    socket.on('join', function(user){
        if (user.room === room)
            users.append(createButton(user));
    });
    socket.on('ping', function(user){
    if (user.room === room){

        if (user.priv === undefined){
            events.append('<li>Ping from ' + user.username + '</li>');
        }else{
        events.append('<li>Ping from ' + user.username + ' sent directly
to you!</li>');
    } }
    });
};
```

wireEvents 네임스페이스와 매우 유사하다. 사실 네임스페이스 함수와 같은 리스너를 갖고 있다.

주어진 인자는 다르다. 룸 버전에서는 엘리먼트를 영역으로 문자열을 룸으로 넘긴다. 서버 사이드에도 들어오는 이벤트에 대해서도 룸을 기대하고 나가는 이벤트에도 룸을 보냈다. 사실 여기서 하는 것도 이것들을 맞추는 것이다.

클릭 핸들러에서는 서버로 가는 모든 이벤트에 룸 속성을 추가했다. 또한 소켓 객체도 하나의 기본 연결을 사용하도록 했다.

마지막으로 서버로부터 전송된 이벤트를 사용해 무언가 하기 전에 룸을 체크하도록 했다. 이것은 하나의 소켓 연결밖에 없기 때문이다. 다른 룸에서 온 핑도 이벤트와 함께 전송된 데이터 객체의 룸을 제외하고는 같다. 여기서 하는 것은 두 개의 이벤트 핸들러를 핑 이벤트에 추가하고 리스닝하고 있는 룸으로 보내졌는지 체크하는 것이다. 그렇다면 이 이벤트를 가지고 무언가 하고 그렇지 않으면 아무것도 하지 않는다.

마지막으로 두 개의 룸에 대해 `wireEvents`를 실행한다.

```
wireEvents(defaultArea, '');
wireEvents(vipArea, 'vip');
```

이제 이것을 실행해 네임스페이스에서 했던 것과 동일한 테스트를 수행할 수 있다. 노드와 파이썬 서버를 실행하고 여러 탭에서 http://localhost:8000를 방문해 이곳저곳을 클릭한다.

한 가지 주목할 것은 vip 룸에는 먼저 조인하지 않으면 이벤트를 받지 못한다는 것이다. 이것은 네임스페이스 앱과 다른 점인데 여기에서는 vip 네임스페이스에 바로 연결했었다. 따라서 Join을 클릭하지 않았어도 이 네임스페이스의 모든 이벤트가 전송됐다. 룸 버전에서는 Join 버튼을 클릭하지 않으면 해당 룸에 들어가지 않는다. 모든 사람이 '' 룸에 있기 때문에 기본 이벤트만 받을 것이다.

네임스페이스 또는 룸 사용하기

이제 네임스페이스와 룸을 모두 사용해봤고 이 둘이 매우 유사하다는 것을 보았다. 둘 다 연결을 그룹으로 분할하는 방법을 제공한다. 그렇다면 이 둘 중 어느 것을 사용해야 할까?

네임스페이스

자바스크립트는 본질적으로 하나의 컨텍스트에서 실행되는 스크립트 언어다. 다른 파일에 함수를 작성하면(모듈이나 클로져closure 시스템을 사용하지 않는다면) 이 함수는 글로벌 스코프를 갖는다. 같은 이름을 가진 함수는 서로를 덮어 쓰게 된다. 엄격한 타입 시스템을 가진 객체 지향 언어(예를 들면 C#.NET 또는 자바)를 사용해 봤다면 네임스페이스를 써봤을 것이다. 이런 언어에서 네임스페이스는 이름이 같은 객체를 만들 수 있고, 객체가 다른 네임스페이스 또는 다른 스코프로 분리해준다.

Socket.IO 네임스페이스에서도 마찬가지다. 모듈화된 노드 웹 애플리케이션을 만든다면 네임스페이스를 사용해 모듈을 구분할 수 있다. 이전의 네임스페이스 코드를 보면 다른 네임스페이스 안에서 정확히 같은 이벤트를 리슨할 수 있다는 사실을 알 수 있다.

Socket.IO에서는 기본 연결 이벤트와 /vip 네임스페이스 연결 이벤트는 다르다. 예를 들어 사이트의 채팅과 댓글 시스템이 실시간이 되길 원한다면 각각을 다른 네임스페이스로 만들 수 있다. 이렇게 하면 전체 Socket.IO 애플리케이션이 각자의 컨텍스트에서 실행되도록 할 수 있다.

또한 패키지로 만들어 설치하는 경우에도 동일하다. 누군가 어떤 이벤트를 기본 네임스페이스에서 사용하고 있는지 알 수 없다. 따라서 자신의 네임스페이스를 만들고 그곳에서 리슨해야 한다. 이렇게 해야 당신의 패키지를 사용할 다른 개발자를 화나지 않게 할 수 있다.

네임스페이스 찾기

이제 네임스페이스를 왜 사용하는지 어떻게 사용하는지 알았다. 이제 네임스페이스를 살펴보자. 다음은 `namespaces` 객체의 `io.nsps` 객체에 대한 화면이다.

```
▼ Watch Expressions
▼ io.nsps: Object
  ▶ /: Namespace
  ▼ /vip: Namespace
    ▶ _events: Object
    ▶ acks: Object
    ▶ adapter: Adapter
    ▼ connected: Object
      ▶ iNuUs-o17Moutm7jAAAA: Socket
    ▶ fns: Array[0]
      ids: 0
      name: "/vip"
    ▶ server: Server
    ▶ sockets: Array[1]
```

이 객체의 각 속성이 네임스페이스에 속해 있음을 볼 수 있다. 기본 네임스페이스
와 /vip 네임스페이스가 있다. /vip를 열었으며 이 네임스페이스의 속성을 볼 수
있다. 중요한 속성 두 가지가 있는데 이름 속성은 처음에 만들 때(io.of('/vip'))
넘겨준 문자열이다. 다른 하나는 연결된 객체다. 이것은 현재 연결된 모든 소켓을
갖고 있다. 연결은 소켓 ID를 기반으로 매핑된다.

룸은 언제 사용하는가

네임스페이스는 연결을 다른 컨텍스트로 분할할 수 있도록 한다. 이것은 룸과 비
슷한데 룸은 연결을 그룹화할 수 있다. 연결된 모든 클라이언트는 기본 ''(빈 문자
열) 룸에 조인한다. 이 연결을 다른 룸에 조인시킬 수도 있다.

룸 찾기

룸 자체가 연결의 해시 테이블로 구현됐기 때문에 그렇게 생각하는 것이 좋다.
io.sockets.adapter에 rooms 객체가 있으며 각 룸과 룸에 있는 클라이언트를
갖고 있다.

```
▼ Watch Expressions
  ▼ io.sockets.adapter: Adapter
    ▶ encoder: Encoder
    ▶ nsp: Namespace
    ▼ rooms: Object
      ▶ : Array[0]
      ▶ 3tEhBwhj9d34eJU2AAAA: Array[0]
      ▶ ikr3pDEdUpZiGSEXAAAB: Array[0]
      ▼ vip: Array[0]
          3tEhBwhj9d34eJU2AAAA: true
          ikr3pDEdUpZiGSEXAAAB: true
          length: 0
    ▶ sids: Object
```

Array 크기가 0이기 때문에 약간 이상할 수도 있다. 그러나 각 소켓은 Array의 멤버가 아닌 Array의 속성으로 연결되기 때문에 이것이 맞다. 다소 혼동을 주긴 하지만 이렇게 함으로써 Array를 해시처럼 사용할 수 있다.

네임스페이스와 룸을 함께 사용하기

이제 네임스페이스와 룸이 서로 배타적인 관계가 아니라는 점을 설명하겠다. 이 둘을 함께 사용할 수 있다. 지금까지 이들이 어떻게 동작하는지 설명했으므로 이것이 맞다는 것을 알 것이다. 네임스페이스는 Socket.IO가 동작할 컨텍스트를 만든다. 룸은 이런 컨텍스트에 있는 클라이언트 연결을 그룹화한다.

네임스페이스가 계층상 더 위에 있기 때문에 네임스페이스가 먼저 나오면 이들을 같이 사용할 수 있다. 예를 들어 pingpong이라는 네임스페이스에 ''(빈 문자열)와 'vip' 두 개의 룸이 있는 핑퐁 앱을 만든다고 해보자. 연결 이벤트의 소켓 객체가 이미 네임스페이스에 속해 있기 때문에 많은 코드를 그대로 사용할 수 있다. 만일 네임스페이스 밖이라면 그렇다 해도 룸에 있는 클라이언트의 목록을 얻을 수 있다.

이들을 서로 배타적인 것으로 볼 필요는 없다. 선택 사항으로 생각해야 한다. 대부분의 경우 어느 정도 복잡한 프로젝트에서는 이 둘 모두 사용할 것이다.

Socket.IO와 익스프레스를 함께 사용하기

앞에서 익스프레스 애플리케이션을 만들었다. 이것은 단지 기초일뿐이다. 완전히 사용할 수 있는 앱으로 만들기 위해 기능을 추가할 것이다. 현재 웹 페이지를 제공하고 HTTP에 대해 응답할 수 있지만 좀 더 실시간적인 통신을 추가하고자 한다. 2장에서 Socket.IO를 배우는 데 많은 시간을 보냈다는 건 행운이다. 이것이 그 기능을 제공하기 때문이다. 이제 Socket.IO와 익스프레스 애플리케이션을 통합하는 방법을 알아보자.

익스프레스와 Socket.IO를 함께 사용할 것이다. 이전에 말했듯이 Socket.IO는 웹 애플리케이션과 같이 HTTP를 사용하지 않는다. 이것은 이벤트 기반이지 요청 기반이 아니다. Socket.IO가 익스프레스 라우트에 간섭하지 않는다는 의미다. 좋은 의미다. 안 좋은 점은 Socket.IO에서는 익스프레스에 설정해둔 미들웨어에 접근할 수 없다는 것이다. 이 둘을 조합해주는 프레임워크가 있기는 하지만 익스프레스의 요청을 Socket.IO가 사용할 수 있는 형태로 변환해주어야 한다. 이런 프레임워크가 좋지 않다고 하는 것은 아니다. 이들은 복잡한 문제를 간단하게 했으며 더욱 중요한 것은 이것을 꽤 잘 했다는 것이다(세일스Sails가 좋은 예다). 그러나 우리 앱은 Socket.IO와 익스프레스를 의존성을 줄이며 최대한 분리해서 사용할 것이다. 예제에서 익스프레스를 전혀 사용하지 않았듯이 Socket.IO는 익스프레스를 필요로 하지 않는다. 이렇게 하면 Socket.IO 모듈을 따로 떼어내 언젠가 독자적인 애플리케이션으로 실행할 수도 있다. 또 다른 이점으로는 우리가 그렇게 하는 것을 배울 수 있다는 것이다.

이제 익스프레스 애플리케이션이 있는 디렉토리로 이동하자. `package.json`에 2장에서 필요한 모든 패키지가 있는지 확인하고 `npm.install`을 실행한다. 가장 먼저 할 일은 설정을 추가하는 것이다.

설정에 Socket.IO 추가하기

익스프레스 앱에서 만든 설정 파일을 사용할 것이다. config.js를 열고 다음과 같이 수정하자.

```
var config = {
    port: 3000,
    secret: 'secret',
    redisPort: 6379,
    redisHost: 'localhost',
    routes: {
        login: '/account/login',
        logout: '/account/logout'
    }
};
module.exports = config;
```

새로운 속성 redisPort와 redisHost를 추가했다. 이것은 redis 패키지가 클라이언트를 설정하는 방법이다. 또한 redisUrl을 제거했다. 이 두 개의 레디스 설정 옵션만으로 모든 클라이언트를 설정할 수 있다.

다음으로 프로젝트 루트 디렉토리에 socket.io라는 디렉토리를 만들자. 그리고 index.js 파일을 만든다. 이 파일에서 Socket.IO를 초기화하고 모든 이벤트 리스너와 에미터_{emmitter}를 연결할 것이다. 이 애플리케이션에서는 하나의 네임스페이스만 사용한다. 네임스페이스를 추가하려면 socket.io 디렉토리에 파일을 추가할 것이다.

app.js를 열고 다음 코드를 수정한다.

```
//상단에 변수 선언
Var io = require('./socket.io');
//middleware and routes 후에
var server = app.listen(config.port);
io.startIo(server);
```

이제 곧 startIO 함수를 정의할 것이다. 그 전에 app.listen에 대해 이야기해보자. 이전에는 app.listen을 실행했지만 그것을 변수에 저장하지는 않았다. 지금은 변수에 저장했다. Socket.IO는 노드의 http.createServer를 사용해 리슨한다. listen 함수에 숫자를 넘겨 주면 자동으로 그렇게 한다. 익스프레스가 app.listen 을 실행하면 HTTP 서버의 인스턴스를 반환한다. 이것을 저장하고 http 서버를 Socket.IO의 리슨 함수에 넘겨줄 수 있다. 이제 startIO 함수를 만들어 보자.

socket.io의 위치에 있는 index.js 파일을 열고 다음 코드를 추가한다.

```
var io = require('socket.io');
var config = require('../config');

var socketConnection = function socketConnection(socket){
    socket.emit('message', {message: 'Hey!'});
};

exports.startIo = function startIo(server){
    io = io.listen(server);
    var packtchat = io.of('/packtchat');
    packtchat.on('connection', socketConnection);

    return io;
};
```

startIo 함수를 익스포트했다. 이 함수는 서버 객체를 받아 Socket.IO의 리슨 함수에 넘겨준다. 이렇게 하면 Socket.IO 서버가 시작된다. 그런 후 네임스페이스의 참조를 얻어 연결 이벤트를 리슨하고 클라이언트에게 메시지 이벤트를 전송한다. 또한 설정을 로딩한다.

레이아웃에 코드를 추가하고 실시간 통신이 되는지 확인하자.

Socket.IO 클라이언트 라이브러리가 필요하기 때문에 이전처럼 node_modules 에서 이것을 링크하고 새로 만든 js 디렉토리에 있는 정적 디렉토리에 놓는다. packtchat\views에 있는 layout.ejs를 열고 다음 코드를 추가한다.

```
<!-- put these right before the body end tag -->
<script type="text/javascript" src="/js/socket.io.js"></scri pt>
<script>
var socket = io.connect("http://localhost:3000/packtchat");
socket.on('message', function(d){console.log(d);});
</script>
```

메시지 이벤트를 리슨하고 이것을 콘솔에 로그로 남긴다. 노드를 실행하고 http:// localhost:3000에 접속해 애플리케이션을 로드한다. 콘솔에 메시지가 왔는지 확인한다. 다음 화면과 같이 콘솔에 로그가 나올 것이다.

```
 Object {message: "Hey!"}                                    (index):28
> |
```

성공했다! 이제 애플리케이션이 실시간 통신을 할 수 있게 됐다. 아직 다 된 것은
아니다. 이제 모든 이벤트를 앱에 연결해야 한다.

당신은 누구인가

중요한 문제가 있다. 요청을 하는 사람이 누구인지 어떻게 알 수 있을까? 익스
프레스에는 세션을 파싱해 누가 로그인했는지 알 수 있는 미들웨어가 있었다.
Socket.IO는 세션에 대해 알지 못한다. Socket.IO는 URL만 알면 누구든 접속할
수 있다. 익명으로 모든 이벤트를 리슨하고 또 이벤트를 서버에 보낼 수 있는 것을
원하지는 않는다. 인증된 사용자만 WebSocket을 만들 수 있어야 한다. Socket.
IO가 세션에 액세스할 수 있도록 해야 한다.

Socket.IO의 인증

아직 다루지는 않았지만 Socket.IO에도 미들웨어가 있다. 연결 이벤트를 실행하
기 전에 함수를 실행해 연결을 허용하거나 거부할 수 있다. 바로 우리가 원하는 기
능이다.

인증 헨들러 사용하기

인증은 기본 네임스페이스 또는 이름이 있는 네임스페이스 연결에서 수행할 수 있
다. 이 두 인증 모두 핸드셰이크handshake를 사용한다. 함수의 시그니처도 동일하
다. 소켓 서버를 넘기는데 여기에는 연결 헤더 같은 내용이 있다. 지금은 Socket.
IO가 어떻게 동작하는지를 알아보기 위해 간단한 인증 함수를 추가할 것이다.

packtchat\socket.io에 있는 index.js를 열고 `socketConnection` 함수 다음에 함
수를 추가한다.

```
var io = require('socket.io');

var socketAuth = function socketAuth(socket, next){
return next();
    return next(new Error('Nothing Defined'));
};

var socketConnection = function socketConnection(socket){
    socket.emit('message', {message: 'Hey!'});
};

exports.startIo = function startIo(server){
    io = io.listen(server);
    var packtchat = io.of('/packtchat');

    packtchat.use(socketAuth);
    packtchat.on('connection', socketConnection);

    return io;
};
```

리턴이 두 개 있는 함수가 있다. 이 중 하나를 주석 처리하고 사이트를 로드한 후 주석 처리한 것을 바꿀 것이다. 인자로 받은 소켓 서버에는 곧 사용할 헨드세이크에 필요한 데이터가 있다. next 함수는 익스프레스와 동일하게 동작한다. 아무것도 주어지지 않고 실행하면 미들웨어 체인이 실행된다. 에러가 발생하면 체인이 중단된다. 이제 사이트를 로딩하고 리턴을 바꾸며 테스트해보자.

이제 연결을 허용하거나 거부할 수 있다. 하지만 누가 연결하려는 지는 어떻게 알 수 있을까?

쿠키와 세션

익스프레스와 같은 방법을 사용한다. 넘겨 받은 쿠키를 확인하고 세션이 있는지 확인한다. 세션이 있으면 로드하고 안에 있는 내용을 확인한다. 이제 익스프레스에서 요청에 대해 알고 있었던 만큼 Socket.IO 연결에 대해서도 알게 됐다.

가장 먼저 할 일은 쿠키 파서를 만드는 것이다. 우리는 매우 적절히 이름 붙여진 cookie 패키지를 사용할 것이다. package.json을 업데이트하고 모든 패키지를 설치했다면 이미 설치돼 있을 것이다.

packtchat\socket.io에 있는 index.js의 상단에 참조를 추가한다.

```
Var cookie = require('cookie');
```

이제 쿠키를 파싱할 수 있다. Socket.IO는 미들웨어의 소켓 객체를 쿠키에 넘긴다. 이제 어떻게 파싱하는지 살펴보자. 다음 코드를 socketAuth 함수에 추가한다.

```
var handshakeData = socket.request;
var parsedCookie = cookie.parse(handshakeData.headers.cookie);
```

지금 connect.sid를 가진 객체를 갖게 될 것이다. 이 값은 서명된 값이라는 점을 기억하자. 이것을 사용해 바로 세션 ID를 얻을 수는 없다. 서명된 값을 파싱해야 한다.

이제 쿠키-파서가 등장한다. 다음과 같이 파서에 대한 참조를 만든다.

```
Var cookieParser = require('cookie-parser');
```

이제 서명된 connect.sid 쿠키를 파싱해 세션 ID를 얻을 수 있다. 파싱 코드 다음에 다음 코드를 추가한다.

```
var sid = cookieParser.signedCookie (parsedCookie['connect.sid'], config.
secret);
```

이 코드는 parsedCookie에서 값을 얻고 시크릿 패스프레이즈를 사용해 서명되지 않은 값을 반환한다. 서명되지 않은 값을 원본과 비교해 올바른 서명된 쿠키인지 확인한다. 이것은 다음과 같이 수행한다.

```
if (parsedCookie['connect.sid'] === sid)
    return next(new Error('Not Authenticated'));
```

이것을 통해 올바른 서명된 세션 ID를 사용하는 것을 보장한다.

다음은 쿠키를 사용한 Socket.IO 인증의 예를 보여준다.

```
▼ parsedCookie: Object
    connect.sid: "s:f0W06MohcxtjvlyQI1iZ6AYx.vMqCF23fVF3Tu5EwdgIVcyNb4TP9M8fkIaogE8uCVGw"
    sid: "f0W06MohcxtjvlyQI1iZ6AYx"
```

세션 얻기

이제 세션 ID를 얻었으니 레디스에 질의해 세션을 구할 수 있다.

1장 익스프레스를 사용한 백엔드 개발에서 레디스를 세션 저장소로 추가할 때 connect-redis가 익스프레스의 기본 세션 저장소 객체를 확장한다고 했다. connect-redis를 사용하기 위해 익스프레스에서 사용한 세션 패키지인 express-session을 사용한다. 다음은 packtchat\socket.io에 있는 index.js의 코드다.

```
//제일 상단 다른 변수 정의와 함께
var expressSession = require('express-session');
var ConnectRedis = require('connect-redis')(expressSession);
var redisSession = new ConnectRedis({host: config.redisHost, port: config.
redisPort});
```

마지막 줄은 레디스에 연결하고 세션을 얻기 위한 객체를 만든다. 익스프레스에서 세션의 저장소를 설정할 때 사용한 것과 같은 명령어다. 이제 레디스에서 세션을 찾을 수 있고 세션에 있는 내용을 볼 수 있다. 다음은 socketAuth 함수의 내용이다.

```
var io = require('socket.io'),
    connect = require('connect'),
    cookie = require('cookie'),
    expressSession = require('express-session'),
    ConnectRedis = require('connect-redis')(expressSession),
    redis = require('redis'),
    config = require('../config'),
    redisSession = new ConnectRedis({host: config.redisHost, port: config.
redisPort});

var socketAuth = function socketAuth(socket, next){
    var handshakeData = socket.request;
    var parsedCookie = cookie.parse(handshakeData.headers.cookie);
    var sid = connect.utils.parseSignedCookie(parsedCookie['connect.
sid'], config.secret);

    if (parsedCookie['connect.sid'] === sid)
```

```
            return next(new Error('Not Authenticated'));

    redisSession.get(sid, function(err, session){
        if (session.isAuthenticated)
        {
            socket.user = session.user;
            socket.sid = sid;
            return next();
        }
        else
            return next(new Error('Not Authenticated'));
    });
};
```

redisSession과 sid를 사용해 레디스에서 세션을 찾고 속성을 확인할 수 있다. 우리 패키지에 관한 한 우리는 세션을 얻고자 하는 또 다른 익스프레스 앱일 뿐이다. 세션 데이터를 얻으면 isAuthenticated 속성을 체크한다. 이 값이 참이면 사용자가 로그인한 것이다. 그렇지 않으면 아직 연결을 허용하지 않는다.

세션의 정보를 저장하기 위해 소켓 객체에 속성을 추가한다. 연결을 맺고 나면 이 정보를 얻을 수 있다. 예로 사용자 객체를 클라이언트에게 전송하도록 socketConnection 함수를 수정할 것이다. 다음은 socketConnection 함수다.

```
var socketConnection = function socketConnection(socket){
    socket.emit('message', {message: 'Hey!'});
    socket.emit('message', socket.user);
};
```

이제 브라우저로 http://localhost:3000에 접속한다. 로그인하고 브라우저 콘솔을 확인한다. 다음 화면과 같이 클라이언트가 메시지를 받고 있음을 볼 수 있다.

```
Object {message: "Hey!"}                              chat:28
Object {username: "joshua"}                           chat:28
>
```

애플리케이션 이벤트 추가

Socket.IO를 사용해 '1장, 익스프레스를 사용한 백엔드 개발'에서 만든 익스프레스 애플리케이션에 실시간 통신을 추가했다. 다음으로 할 일은 Socket.IO가 리슨하고 응답할 실시간 이벤트를 만드는 것이다. 여기서는 이런 리스너의 뼈대만 만들 것이다. 이 리스너는 레디스에서 데이터를 검색하고 추가하기 때문에 '7장, DOM 이벤트를 위한 백본과 리액트 사용'에서 이런 이벤트에 응답하는 코드를 추가할 것이다.

packtchat\socket.io에 있는 index.js를 열어 `socketConnection` 함수를 다음과 같이 바꾼다.

```
var socketConnection = function socketConnection(socket){
    socket.on('GetMe', function(){});
    socket.on('GetUser', function(room){});
    socket.on('GetChat', function(data){});
    socket.on('AddChat', function(chat){});
    socket.on('GetRoom', function(){});
    socket.on('AddRoom', function(r){});
    socket.on('disconnect', function(){});
};
```

대부분의 이벤트 전송은 리스너에 응답하기 위해 발생한다.

Socket.IO의 저장소로 레디스 사용하기

마지막으로 추가할 것은 룸 참여에 대한 Socket.IO의 내부 통신을 바꾸는 것이다. 기본적으로 Socket.IO에서는 다른 Socket.IO 노드가 룸 변경에 관해 알 수 없다. 우리는 애플리케이션 상태를 한 개의 서버에만 저장할 수 없다. 레디스에 저장해야 한다. 따라서 packtchat\socket.io의 index.js에 다음 변수 정의를 추가한다.

```
Var redisAdapter = require('socket.io-redis');
```

애플리케이션 상태는 유연한 데이터다. 애플리케이션 상태를 로컬에 저장할 수 있다. 이 상태 정보를 공유할 필요가 없는 경우에는 이렇게 하면 된다. 간단한 예로 경로를 로컬 임시 파일에 저장할 수 있다. 여러 연결에서 이 데이터가 필요한 경우에는 공유된 공간에 두어야 한다. 예를 들면 사용자 세션에 관련된 정보는 공유되어야 한다.

다음으로 startIo 함수에 코드를 추가한다. 다음은 startIo 함수 코드다.

```
exports.startIo = function startIo(server){
    io = io.listen(server);

    io.adapter(redisAdapter({host: config.redisHost, port: config.redisPort}));

    var packtchat = io.of('/packtchat');

    packtchat.use(socketAuth);
    packtchat.on('connection', socketConnection);

    return io;
};
```

먼저 서버 리스닝을 시작한다. redisStore를 만들고 레디스 속성(redisPub와 redisSub, redisClient)을 새로운 레디스 클라이언트 연결로 설정한다. 레디스 클라이언트는 포트와 호스트네임을 받는다.

Socket.IO 내부 동작

Socket.IO의 모든 것을 살펴보지는 않겠지만 몇 가지 주제를 다루고자 한다.

WebSocket

이것이 Socket.IO가 동작할 수 있게 한다. 모든 웹 서버는 HTTP를 다루며, 이것이 웹 서버이게 한다. 필요한 것이 페이지를 제공하는 것뿐이라면 이것으로 충분하다. 이 페이지들은 요청이 오면 제공된다. 브라우저는 페이지를 받기 위해 정보를 요청해야 한다. 만일 실시간 연결을 원한다면 이것으로는 어려우며 다른 방법을 사용해야 한다. HTTP는 서버가 요청을 하도록 디자인되지 않았다. 이것을 위해 WebSocket이 등장했다.

WebSocket은 서버와 클라이언트가 연결을 맺고 이를 계속 유지하도록 한다. 이연결 안에서 양측이 모두 메시지를 주고 받을 수 있다. 이것이 Socket.IO(엄밀하게는 Engine.io)가 실시간 통신을 위해 사용하는 것이다.

Socket.IO는 WebSocket을 지원하지 않는 브라우저에 대한 대비책도 있다. 이책을 쓰는 시점에 WebSocket을 지원하는 브라우저로는 크롬Chrome과 파이어폭스Firefox, 사파리Safari, iOS의 사파리, 오페라Opera, IE11이 있다. IE의 이전 버전은 WebSocket을 지원하지 않는다. Socket.IO는 WebSocket 연결을 시뮬레이트하는 별도의 기술을 사용한다. 여기에는 Ajax 연결을 만들고 이 연결을 오래 유지하는 것이 포함된다. 데이터를 전송할 때에는 Ajax 요청으로 보낸다. 이 요청은 결국 닫힐 것이고 클라이언트는 즉시 다른 요청을 만든다.

Socket.IO는 더 오래된 브라우저(예를 들어 IE 6)를 지원하기 위해 어도비Adobe 플래시Flash를 사용하기도 한다. 이 기능은 기본으로 켜져 있지 않다.

WebSocket은 애플리케이션을 확장할 때에도 약간 다르다. 각 WebSocket마다 연결을 유지하기 때문에 Socket.IO의 트래픽을 다루기 위해서는 일반 HTTP 보다 많은 서버가 필요할 수 있다. 예를 들어 누군가 연결해 한 시간 동안 채팅을 한다면 한두 개의 HTTP 요청만 필요할 것이다. 그러나 WebSocket은 그 시간 동안 계속 연결을 유지해야 한다. 여기서 작성한 코드를 기반으로 하면 Socket.IO 서버를 쉽게 확장할 수 있다.

2장에서 중요한 아이디어

가장 먼저 기억할 것은 모든 emit에는 항상 on이 있어야 한다는 것이다. 전송자가 서버이거나 클라이언트거나 이것은 항상 필요하다. 각 이벤트를 매핑하고 어느 방향으로 가는지 잘 보는 것이 최선이다.

다음으로는 우리 앱을 느슨하게 연결된 모듈로부터 작성한다는 것이다. app.js는 익스프레스로 다뤘던 모든 것을 걷어냈다. 그리고 startIo 함수를 시작한다. 객체 한 개를 넘겨주며 이것을 쉽게 만들고 사용할 수 있다. Socket.IO는 기본 HTTP 서버만을 필요로 한다. 사실 첫 Socket.IO 애플리케이션(핑-퐁)에서 사용한 것처럼 포트만 넘겨줘도 된다. Socket.IO 서버의 애플리케이션 레이어를 만들고자 하면 이 코드를 리팩토링하고 익스프레스가 아닌 다른 서버에 Socket.IO 서버를 둘 수 있다.

요약

이제 Socket.IO를 사용해 실시간 이벤트를 만들고 사용하는 것이 편하게 느껴질 것이다. IO 서버의 네임스페이스를 만들고 사용자 그룹을 만드는 방법을 배웠다. 또한 로그인한 사용자만 연결할 수 있도록 소켓 연결을 인증하는 것도 배웠다. 이런 내용을 1장에서 만든 익스프레스 애플리케이션을 활용해 다뤘다.

3장에서는 패스포트Passport를 사용해 사용자를 인증하는 방법에 대해 설명한다.

3
사용자 인증

애플리케이션에 인증 기능이 이미 있지만, 아직 실제 운영에 사용하기에는 부족하다. 유저들이 갖고 있는 계정으로 로그인하고 로컬 사용자 계정을 만들 수 있는 인증 프레임워크가 필요할 것이다. Node.js는 크고 확장 가능한 패스포트Passport라는 인증 프레임워크를 갖고 있다. 익스프레스Express 모듈과 쉽게 통합할 수 있는 파운데이션 패키지Foundation package를 갖고 있다. 또 패스포트는 (패스포트의 인증 플러그인으로 불리는) 140개 이상의 전략들을 갖고 있다. 만약 패스포트가 인증할 수 없으면, 아무도 사용하지 않고 있을 것이다.

3장에서 다루는 내용은 다음과 같다.

- 페이스북과 구글에 애플리케이션을 등록하는 방법
- 페이스북에서 인증하는 방법
- 구글에서 인증하는 방법
- 로컬에서 인증하는 방법

노드 패키지 버전

패스포트를 설치하고 세 가지 전략(로컬, 페이스북, 구글)을 쓸 것이다. '1장, 익스프레스를 사용한 백엔드 개발'에서 만든 애플리케이션을 확장할 것이고, 이것은 이미 설치된 모든 패키지들 외에 추가로 설치하는 것이다. 아래 목록은 각 패키지의 버전들을 자세히 보여준다. 주요 애플리케이션에서만 작업할 것이므로 아래 패키지들을 `package.json`에 있는 패키지들의 현재 목록에 추가하고 `npm install` 명령을 실행하라.

- passport: 0.2.0
- passport-local: 1.0.0
- passport-facebook: 1.0.3
- passport-google-oauth: 0.1.5
- scmp: 0.0.3

인증 시스템 만드는 방법

패키지가 설치되면, 인증 시스템을 만들기 위한 기본 요건이 충족된다. 먼저 passport라는 폴더를 만들고, 그 폴더 안에 index.js란 이름의 파일을 만든다. 다음 코드에서 보는 것처럼 index.js 파일에서 패스포트의 레퍼런스를 얻어서 app.js 파일에 되돌려줄 수 있다.

```
var passport = require('passport');

exports.passport = passport;
```

app.js에서 이렇게 할 수도 있지만, 설정을 몇 가지 한 후에 유틸리티 함수utility function를 추가한다. 그러면 app.js 파일을 깔끔하게 유지하면서 이해하기 쉽게 유지할 수 있다. 이제 app.js로 가서 새로운 모듈을 사용해보자.

app.js에 다음 코드를 추가한다.

```
//at the top with variable declarations
passport = require('./passport');
//in the middleware section
app.use(session({
  secret: config.secret,
  saveUninitialized: true,
  resave: true,
  store: new RedisStore(
    {url: config.redisUrl})
  })
);
app.use(passport.passport.initialize());
app.use(passport.passport.session());
app.use(bodyParser.json());
```

passport.passport를 쓰는 것이 중복된 것처럼 보일 수 있다. 그 이유는 passport 객체를 exports에서 가져와서 넘겨주었기 때문이다. 이 과정을 통해, 다른 함수들을 app.js 스코프에 노출시킬 수 있다. 익스프레스 세션 미들웨어 다음에 패스포트 세션 미들웨어를 두어야 한다. 그 이유는 패스포트가 익스프레스 세션을 상속하기 때문이다. 패스포트가 상속하기 전에 익스프레스 세션은 요청 객체에서 빠져나가야 한다. 패스포트 세션을 사용하기 전에 초기화해야 한다. 그 때 노드 서버를 켜서 작동하는지 확인해볼 수 있다. 패스포트 모듈을 사용 중이다! 아무일도 일어나지 않지만 사용 중이다.

페이스북 애플리케이션 등록하는 방법

다음 단계는 페이스북 애플리케이션을 만드는 것이다. passport-facebook 패키지는 클라이언트 ID와 클라이언트 시크릿이 필요하다. 테스트일지라도 그냥 만들 수는 없다. 유효한 페이스북 애플리케이션을 만들어야 한다. 지금 만들어 보자.

먼저 https://developers.facebook.com/에 들어간다. 로그인해서 새로운 개발자new developer로서 등록해야 한다. 헤더부분에서 Apps(앱스) > Create a New App(새 앱 만들기)을 클릭하면 다음과 같이 보인다.

 지금은 모든 것이 달라 보일 것이다. 과거의 페이스북은 그들의 레이아웃과 사이트 룩을 바꾸는 것에 대해 부끄러워하지 않았다.

Create a New App(새 앱 만들기)라는 팝업창이 나타날 것이다. Display Name(사용할 이름)(앱이 불려질 이름)과, Namespace(네임스페이스)(페이스북 전체 계정에서 고유한)를 채우고, Category(카테고리)를 선택하라. 그리고 Create App(앱 생성) 버튼을 눌러라. 다음 예제는 내가 작성한 것이다.

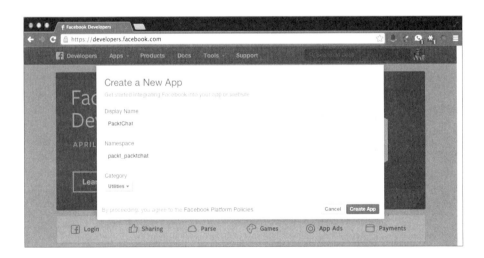

다음 순서로는 아마도 캡차captcha 보안 체크를 통과해야 할 것이다. 그다음엔 애플리케이션의 대시보드로 이동한다. 여기서 App ID와 App Secret을 볼 수 있고, 화면은 다음과 같다.

앱 아이디와 앱 시크릿이 누출되지 않도록 하라! 누군가 당신의 애플리케이션 안에서 호출할 수도 있다. 나는 여기서 정보를 수정했다. 앱 아이디는 사실상 공공 정보이고, 클라이언트로부터 리다이렉트된 URL에 쓰인다. 앱 시크릿은 항상 숨겨져야 한다. 왜냐하면 누구나 앱 아이디를 찾을 수 있고, 앱 시크릿을 이용해 페이스북이나 다른 OAuth 서버가 당신의 애플리케이션임을 알 수 있기 때문이다.

이 앱을 쓰기 전에 먼저 설정을 해야 한다.

왼쪽에 있는 Settings(설정)를 클릭하라. 여기서 앱 아이디와 앱 시크릿을 또 볼 수 있을 것이다. 페이스북이 인증 요청의 출처를 알게 되는 곳이다. Add Platform(플랫폼 추가)을 클릭하고 웹사이트를 선택하면 다음 그림처럼 보인다.

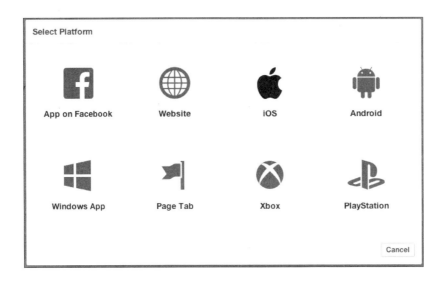

Site URL에 개발 URL인 http://localhost:3000/을 입력하라. 마지막으로 Save Changes(저장하기)를 누르면 설정이 다음과 같이 보일 것이다.

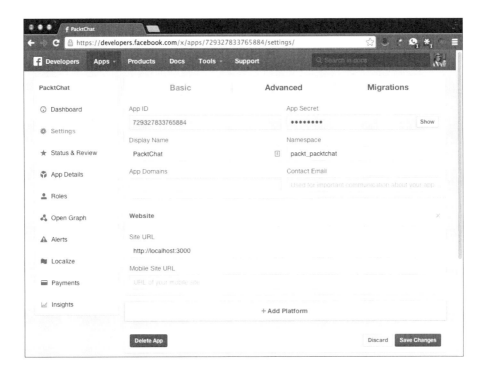

위 그림에서 보는 것처럼 App Details(앱 상세보기)를 클릭해 애플리케이션에 대한 정보를 수정할 수 있다. Description(설명)에서 특정 허가들은 왜 필요한지 서비스 주소 service URL(예를 들면, 서비스/프라이버시 조항 같은), 로고, 아이콘 등을 설정할 수 있다. 앱에 커스텀화된 대화상자를 작성할 수 있는 곳이다. 이것은 테스트에 불과하니 지금 하지는 않는다. 다음 예시 그림에서 옵션을 볼 수 있다.

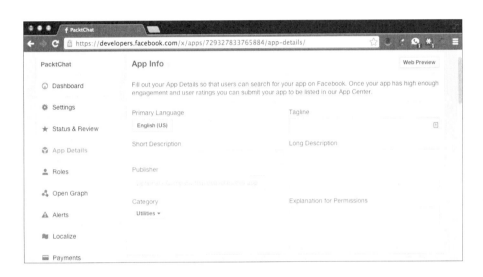

페이스북을 인증하기 위해 패스포트 모듈을 쓰는 방법

이제 페이스북과 passport 모듈을 연동시킬 준비가 됐다. 먼저 config 파일에서 설정할 내용들을 추가하는 일부터 시작한다. 코드는 모듈식이어야 한다. 그래야만 특정 부분들과 환경 설정들을 다른 부분을 건드리지 않고 바꿀 수 있다. 그 부분부터 시작해보자. config.js 파일을 루트 폴더에서 열고 다음 코드를 추가하자.

```
routes: {
    login: '/account/login',
    logout: '/account/logout',
    chat: '/chat',
    facebookAuth: '/auth/facebook',
```

```
        facebookAuthCallback: '/auth/facebook/callback'
},
host: 'http://localhost:3000',
facebook: {
    appID: 'YOUR_APP_ID',
    appSecret: 'YOUR_APP_SECRET',
}
```

facebookAuth, facebookAuthCallbac, chat라는 세 개의 라우트를 더 추가했는
데 그 이유는 최소한 다른 두 곳에서 이 라우트를 써야 하기 때문이다. 반드시 정
의되어야 하는 URL은 모두 여기에 추가해야 한다. 인증 URL이라면 모두 이 방법
을 따르면 될 것이다. 다음으로 호스트 속성host attribute을 추가할 것이다. 페이스북
이 인증 후에 리다이렉트할 FQDNFully Qualified Domain Name(호스트 이름과 도메인을 함
께 표기함으로써 완전한 시스템을 지칭하는 이름)이 필요하기 때문이다. 마지막으로 앱
아이디와 앱 시크릿을 config 파일에 추가할 것이다.

 편의상 config 파일에 앱 시크릿을 넣지만 절대 퍼블릭 리포(public repo)에서 접근 가능
한 정보로 남겨두어서는 안 된다. '8장, 애플리케이션 개발을 위한 자바스크립트 사용 사
례'에서 시크릿을 어디에 기록할 것인지 다룬다.

잠시 다른 얘기지만 routes 폴더에 있는 app.js와 index.js 두 파일에서 chat 라우
트를 변경해주어야 한다. 두 파일 모두 reference/chat으로 변경해 주고, config.
routes.chat에서 이 레퍼런스들로 변경해야 한다.

이제 패스포트Passport 인증 오브젝트를 만들 준비가 되었다. passport 폴더에 있
는 index.js 파일을 열어서, 다음 코드를 파일 첫 부분에 추가한다.

```
var passport = require('passport'),
    facebook = require('passport-facebook').Strategy,
    config = require('../config');

passport.use(new facebook({
    clientID: config.facebook.appID,
    clientSecret: config.facebook.appSecret,
```

```
        callbackURL: config.host + config.routes.facebookAuthCallback
    },
    function(accessToken, refreshToken, profile, done){
        done(null, profile);
    }));
exports.passport = passport;
```

필요한 모든 오브젝트의 레퍼런스를 받는 것으로 시작한다. 그리고 패스포트에 페이스북을 쓰게 될 것이라는 것을 알려줄 것이다. config 오브젝트로 페이스북 인증 전략을 설정할 것이다. 여기서 페이스북이 리다이렉트로 되돌아갈 FQDN을 만들기 위해서 host와 route를 사용해야 한다는 것을 알 수 있다.

인증 요청이 성공하면 패스포트는 익명 함수를 실행할 것이다. 페이스북의 경우, 토큰 몇 개와 사용자 프로파일 오브젝트user profile object, 그리고 콜백을 포함한다. 특별히 무언가를 하지는 않을 것이다. 그냥 사용자 프로파일을 가져다가 next 함수에 던져줄 것이다. 데이터베이스가 있을 시에는 페이스북 아이디가 계정을 갖고 있는지 확인하고 계정을 알려주거나, 아이디가 사용되지 않았다면 새 계정을 만들어 줄 수 있다. 이제 사용자를 세션에 연결하거나 끊는 함수를 만들어야 한다. 이 함수는 done (null, profile) 콜백이 호출할 것이다.

passport 폴더에 있는 index.js의 다음 두 함수를 마지막 exports 바로 앞에 추가한다.

```
passport.serializeUser(function(user, done){
    done(null, user);
});

passport.deserializeUser(function(user, done) {
    done(null, user);
});
exports.passport = passport;
```

패스포트가 세션을 사용하도록 설정했으니(app.js에서 app.use(passport.passport.session())로), 패스포트가 직렬화 방법으로 사용자를 세션에 접속시키는 방법과 접속을 끊는 방법도 알아야 한다. 데이터베이스 백엔드가 따로 있으면 인증 메소드의 콜백으로 찾을 수 있는 사용자 아이디를 저장하면 된다. 이 예제에서는 사용자 오브젝트를 세션에 그대로 저장한다. 요청이 들어올 때마다 사용자 검색 쿼리를 만드는 것은 번거로우므로, 사용자 오브젝트를 통째로 저장하는 방법이 제일 낫다고 개인적으로 생각한다. 레디스 같은 초고속 세션 백엔드를 사용할 때에는 특히 더 그렇다. 사용자 정보를 인증하면 req.session.passport.user에 오브젝트가 생길 것이다. 몇몇 문단에만 이 오브젝트를 사용할 것이다. 그다음엔 페이스북과 연결할 라우트들을 만들어야 한다.

passport 폴더 안의 index.js 파일에서 마지막 부분에 추가할 것들은 routes 함수와 exports이다. 코드는 다음과 같다.

```
var routes = function routes(app){
  app.get(config.routes.facebookAuth, passport.
authenticate('facebook'));
  app.get(config.routes.facebookAuthCallback, passport.
authenticate('facebook',
  {successRedirect: config.routes.chat, failureRedirect: config.
routes.login, failureFlash: true}));
};


exports.passport = passport;
exports.routes = routes;
```

config 파일에 라우트를 만들었으니, 여기서 참조하면 된다. routes 함수는 익스프레스에 대한 참조가 필요하기 때문에 파라미터로 넘겨진다. routes 함수는 익스프레스에게 이 요청들에 어떻게 응답할지 알려주는 데 쓰인다. 각 함수는 단순히 패스포트 인증 미들웨어가 추가된 익스프레스 라우트다. 첫 번째 라우트는 초기 페이스북 인증 요청을 보내야 하는 곳이다. 이 라우트는 요청을 승인하기 위해 페이스북으로 리다이렉트한다. 페이스북은 요청을 두 번째 라우트로 돌려 보낸다. 이것으로 인증이 마무리 된다. 패스포트 인증 미들웨어에 옵션 오브젝트를 두 번째 파라미터로 넘기도록 설정할 수 있다. 이것은 페이스북의 콜백 라우트에 설정하고, 인증에 성공/실패했을 때에는 어디로 리다이렉트할지도 정한다. 또 에러가 발생했을 때 라우트에 플래시 미들웨어를 사용하라고 지시한다.

설정에 성공하려면 익스프레스에 이 라우트들에 대해 설명해 주어야 한다. 다른 라우트들이 생성된 후 app.js 파일에 다음 코드를 추가한다.

```
passport.routes(app);
```

`passport.routers` 함수는 앱으로 실행되고, 이 앱은 익스프레스 서버 오브젝트이다. 익스프레스는 앱이 실행되면 두 페이스북 라우트들을 알게 된다.

인증 프로세스를 업데이트했을 때, 몇몇 미들웨어 유틸리티와 뷰를 업데이트해야 한다. 미들웨어부터 업데이트해보자.

이전 인증 미들웨어는 패스포트 인증 미들웨어를 인식하지 못한다. middleware 폴더의 utilities.js 파일을 열어 인증 함수를 다음 코드와 같이 바꾼다.

```
Module.exports.authenticated = function authenticated(req, res, next){
  req.session.isAuthenticated = req.session.passport.user != undefined;
  res.locals.isAuthenticated = req.session.isAuthenticated;
  if (req.session.isAuthenticated) {
    res.locals.user = req.session.passport.user;
  }
  next();
};
```

이전에 `auth` 함수 세션에 있는 `isAuthenticated` 변수를 수동으로 지정해주었다. 이제는 세션에 패스포트 사용자가 있는지 확인할 것이다. 사용자가 있으면 그 사용자에게 `res.locals.user`를 설정해준다. 패스포트 인증은 이제 잘 작동할 것이다. 인증 함수를 이렇게 수정하지 않으면 패스포트를 유효하지 않은 것으로 인식한다.

다음은 `logout` 함수를 아래 코드로 바꿀 차례다.

```
Module.exports.logOut = function logOut(req){
  req.session.isAuthenticated = false;
  req.logout();
};
```

패스포트는 세션에 있는 사용자를 삭제하는 요청에서 logout 함수를 추가했다. 패스포트의 함수 서명을 분명히 바꿨으므로 이 함수를 호출하는 다른 함수들도 수정해야 한다. 다행히도 호출하는 함수는 하나뿐이다. routes 폴더 안에 있는 index.js 파일을 열어서 거기에 있는 logOut 함수를 다음 코드와 같이 수정한다.

```
exports.logOut = function logOut(req, res){
  util.logOut(req);
  res.redirect('/');
};
```

이제 뷰를 바꿀 차례다. 사용자 오브젝트가 바뀌었으니 views/partials 폴더 안에 있는 user-loggedin.ejs 파일의 레퍼런스도 맞지 않다.

그 파일을 열어서 다음 코드로 바꾼다.

```
Hello <%= user.displayName %> <a href="<%= routes.logout %>">Logout</a>
```

마지막으로, 로그인 폼에 있는 페이스북 버튼을 통해 페이스북으로 가게 할 것이다. views 폴더에 있는 login.ejs 파일을 열어서 페이스북 버튼을 다음과 같이 바꾼다.

```
<div class="col-sm-6">
    <a class="btn btn-block facebook" href="<%= routes.
facebookAuth %>"><i class="fa fa-facebook"></i> Facebook</a>
</div>
```

버튼을 앵커anchor 태그로 바꿨다. 그냥 버튼으로 두고 클릭 핸들러로 연결할 수도 있지만, 가능하면 브라우저가 디폴트 액션을 실행하도록 만든다. 그리고 href 속성 값을 facebookAuth 라우트로 지정한다. 이런 경우에 라우트 맵이 유용하다. 이제 페이스북 인증을 받을 수 있다.

노드Node에 앱을 로딩하고 로그인 페이지로 들어가 페이스북을 클릭해보자. 다음 화면처럼 보일 것이다(여러분의 페이스북 사진도 당연히 보일 것이다!).

126

PacktChat will receive the following info: your public profile and friend list.

🔒 This does not let the app post to Facebook.

Cancel   Okay

애플리케이션 아이콘을 추가했을 때, 여기 보일 것이다. 아직 눌러본 적 없는 Cancel을 클릭해 무슨 일이 발생하는지 살펴볼 것이다. 다음 화면에서 그 결과를 볼 수 있다.

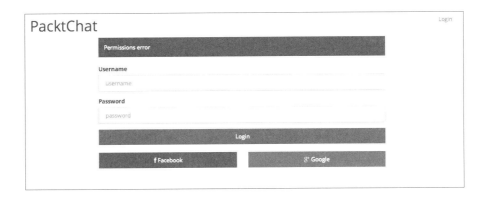

이것이 바로 우리가 원했던 것이다. 로그인 창으로 리다이렉트하고, 무엇이 잘못 됐는지 플래시 메시지가 발생한다. 이번엔 요청을 수락해서 다시 실행해보자. 성 공이다! 이제 로그인 상태와 계정 이름을 볼 수 있을 것이다. 다음 화면처럼 보여 진다.

PacktChat	Hello Joshua Johanan Logout
Chat	

지금까지 설정한 대로 미들웨어가 모두 같이 잘 작동한다. 애플리케이션 인증 방법을 완전히 바꿨음에도 불구하고, 모든 함수/미들웨어가 잘 작동한다.

 페이스북 인증 테스트를 할 때 애플리케이션을 인증했다가, 인증을 삭제할 수도 있다. https://www.facebook.com/appcenter/my에 들어가 계정 프로필에서 애플리케이션을 지운다. 추후 이 방법은 변경될 수도 있다.

구글로 인증하는 방법

페이스북 인증은 성공했다. 이제 구글에서 인증해보자. 페이스북과 프로세스는 매우 비슷할 테니 너무 어렵지는 않을 것이다. 구글에 애플리케이션을 등록하는 것이 첫 번째 단계이다.

'https://console.developers.google.com/project'로 들어가보자. 이전에 구글로 만들었던 애플리케이션 목록이 페이지에 보일 것이다. 앱 엔진이나 오픈아이디OpenID 프로젝트들도 포함된다. 나도 구글로 몇 번 서비스를 실행해본 경험이 있는데, 몇 개의 프로젝트들이 있다.

CREATE PROJECT(프로젝트 생성)을 클릭해보자.

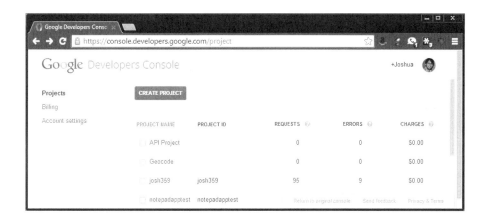

New Project(새로운 프로젝트)란 대화상자가 뜰 것이다. 대화상자에 입력하는 방식은 페이스북 인증 프로세스와 유사하다. 프로젝트 명은 프로젝트를 부를 때 쓰는 이름이다. 프로젝트 아이디는 등록된 애플리케이션에 대한 구글 아이디다. 아이디는 랜덤 생성돼 사용된다. 그리고 나면 Create(생성) 버튼을 누른다. 다음 화면을 참고하라.

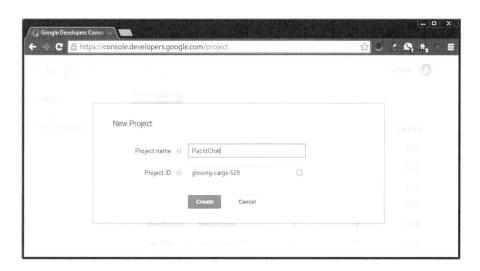

방금 만든 애플리케이션이 이제 리스트에 보인다. 애플리케이션 이름을 누르면 '이제 무엇을 할지 잘 모르십니까?'라는 화면이 보인다. 사실, 다음에 뭘 할지는 정해져 있지 않다. 옵션이 많이 있다. 구글 개발자 콘솔The Google Developers Console로 (이제 다루게 될) OAuth 애플리케이션에서 구글 컴퓨트 엔진Google Compute Engine까지 사용해서 뭐든지 생성할 수 있다. 다음으로 Apis & Auth를 클릭하면 메뉴에 보이는 Credentials(크리덴셜)을 클릭한다. 컴퓨트 엔진과 앱 엔진 크리덴셜이 보이긴 하지만 사용할 수는 없다. 다음 화면을 참고하라.

CREATE NEW CLIENT ID(새 클라이언트 아이디 생성)를 클릭한다. 그러면 새로운 대화상자가 나타난다. 애플리케이션 타입은 Web application, Authorized JavaScript origins는 http://localhost:3000, Authorized redirect URI는 http://localhost:3000/auth/google/callback다.

다음 화면과 같은 대화상자를 볼 수 있다.

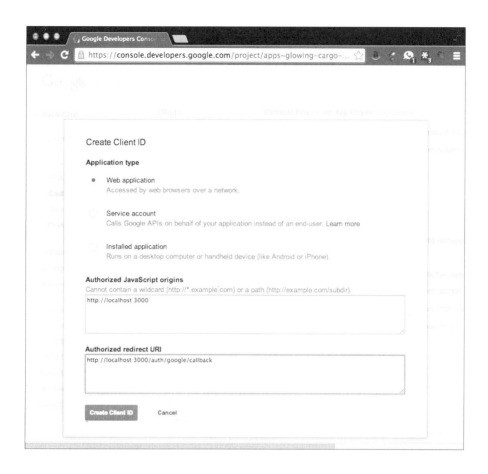

그럼 이제 Create Client ID(클라이언트 아이디 생성)을 클릭할 수 있다. API 크리덴셜 리스트는 새로운 클라이언트 아이디와 클라이언트 시크릿을 갖고 있을 것이다. 다음과 같은 화면을 볼 수 있다.

마지막으로, Consent Screen(컨센트 스크린)을 수정할 수 있다. 이 페이지는 애플리케 이션을 인증할 때 리다이렉트로 이동하는 곳이다. 로고, 개인정보보호정책, 서비 스조항 등을 입력할 수 있다. 사용자가 바꾸고 싶어할 한 가지는 제품명이다. 만약 제품명을 바꾸지 않으면, 애플리케이션은 Project Default Service Account(프로젝트 기본 서비스 계정)로 보여지며, 별로 사용자 친화적이지 않다.

구글 인증 프로세스는 페이스북과 매우 유사하다. 또 동일한 데이터 타입, 클라이 언트 아이디, 시크릿을 사용한다. 인증 프로세스 설정도 매우 쉽다.

애플리케이션에 구글 인증 추가하기

먼저, config 파일에 구글에 관한 정보를 추가해야 한다. config.js 파일을 열고 다 음 라인들을 추가한다.

```
routes: {
    login: '/account/login',
    logout: '/account/logout',
    chat: '/chat', facebookAuth: '/auth/facebook',
```

```
    facebookAuthCallback: '/auth/facebook/callback',
    googleAuth: '/auth/google',
    googleAuthCallback: '/auth/google/callback'
    },
//호스트와 페이스북
google: {
    clientID: 'YOUR_GOOGLE_ID',
    clientSecret: 'YOUR_GOOGLE_SECRET'
}
```

특별히 다른 코드를 추가하지는 않았다. 구글 인증 라우트를 생성하고 아이디와 시크릿을 추가했을 뿐이다.

passport-google-oauth라는 패키지를 사용할 것이다. 이 패키지는 이미 npm install을 실행했을 때 설치됐다. passport-google과 다름에 주의하라. passport-google은 OpenID로 인증할 때 사용하는 것이고, 지금은 OAuth2를 사용할 것이다.

passport 폴더에 있는 index.js 파일을 열어서 다음 코드를 추가한다.

```
//다른 변수 정의
google = require('passport-google-oauth').OAuth2Strategy,
```

다음 단계는 패스포트에 구글을 인증 프로바이더authentication provider로 사용하고 싶다는 것을 알려야 한다. 아래 미들웨어를 auth 스택에 추가한다.

```
//페이스북 passport.use 바로 아래
passport.use(new google({
    clientID: config.google.clientID,
    clientSecret: config.google.clientSecret,
    callbackURL: config.host + config.routes.googleAuthCallback
},
function(accessToken, refreshToken, profile, done) {
    done(null, profile);
}));
```

위 코드를 페이스북 코드와 비교하면, 매우 비슷하다는 것을 알 것이다. 방법이 거의 똑같기 때문이다. 클라이언트 아이디와 클라이언트 시크릿을 넘겨야 한다. 그리고 콜백에 쓸 URL을 구글에 알려줘야 한다. 마지막 함수는 데이터베이스와 어떻게 연결할지를 나타낸다. 구글 아이디로 사용자를 찾거나 생성할 수 있을 것이다. 지금은 그걸 하지 않고, 패스포트에 있는 프로파일을 그대로 사용할 것이다.

> 이것은 다시 반복할 만하다. 클라이언트 ID와 시크릿이 유출되지 않도록 하라. 이것이 있으면 다른 앱이 다른 사용자인 척할 수 있다.

다음 단계에서는 인증을 시작할 라우트와 인증 콜백을 설정할 것이다. passport 폴더에 있는 index.js 파일 안에 다음 라우트를 routes 함수에 추가한다.

```
var routes = function routes(app){
    app.get(config.routes.facebookAuth, passport.
authenticate('facebook'));
    app.get(config.routes.facebookAuthCallback, passport.
authenticate('facebook',
    {successRedirect: config.routes.chat, failureRedirect: config.
routes.login, failureFlash: true}));
    app.get(config.routes.googleAuth, passport.authenticate('google',
        { scope: ['https://www.googleapis.com/auth/userinfo.
profile','https://www.googleapis.com/auth/userinfo.email'] }));
    app.get(config.routes.googleAuthCallback, passport.
authenticate('google',
    {successRedirect: config.routes.chat, failureR edirect: config.
routes.login, failureFlash: true}));
};
```

다시 말하지만, 이 코드는 페이스북 라우트와 매우 흡사하다. 주요 차이점은 초기 구글 인증 URL에는 오브젝트가 하나 추가된다는 점이다. 이것이 바로 스코프다. 스코프는 구글에 사용자에서 불러오고 싶은 것을 알려준다. 그러면 구글은 사용자에게 그것을 보여줘서 요청을 승인하거나 거부한다. 그 차이점을 제외하고는, 여기 있는 이 라우트들은 페이스북 라우트들과 똑같은 일을 한다.

페이스북도 스코프를 쓸 수 있다. 스코프를 명시하지 않으면 페이스북은 디폴트 스코프를 사용할 것이다. 구글은 스코프가 명확히 정의되기를 요구한다.

마지막으로, 구글 Auth URL을 로그인 뷰에 추가해야 한다. views 폴더에 있는 login.ejs 파일을 열어서 구글 버튼 HTML 코드를 다음과 같이 바꾼다.

```
<div class="col-sm-6">
<a class="btn btn-block google" href="<%= routes.googleAuth %>"><i
class="fa fa-google-plus"></i> Google</a>
</div>
```

이제 구글 인증을 테스트해볼 수 있다. Node로 앱을 켜고 http://localhost:3000/login로 가보자. 그리고 구글에서 login 버튼을 눌러라. 다음과 같은 화면이 나타날 것이다.

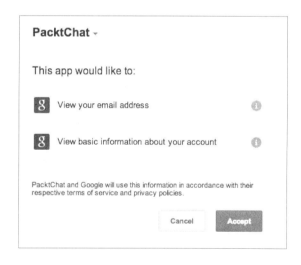

애플리케이션이 이메일 주소와 기본 프로필 정보를 요청하는 것을 구글이 알려 줌으로써 스코프가 통과됐다는 것을 알 수 있다. Accept 버튼을 누르면 http://localhost:3000/chat으로 리다이렉트되고, 로그인될 것이다. 구글 OAuth 서버에 연결이 작동하는 것이다!

구글 인증을 테스트할 때에는 애플리케이션 접속을 끊는 것이 좋을 것이다. 그렇게 하지 않으면, 추후 인증 요청이 자동으로 리턴한다. 구글 계정으로 들어가서 Security 탭을 누르고 Account Permissions(계정 허가)를 눌러라. 자신의 계정에서 승인된 모든 애플리케이션 목록을 보게 될 것이다.

더 많은 OAuth 프로바이더 추가

지금 시점에는 패스포트에 인증 프로바이더authentication providers를 추가하는 것이 쉬웠으면 한다. 이 책을 쓰는 시점에 패스포트는 사용할 수 있는 패키지를 140개 갖고 있다. 대부분의 패키지들은 OAuth 래퍼들wrappers인데, OAuth가 안전하고 서드파티에 접근하기에 좋은 방법이기 때문이다. 여러분이 추가하는 각각의 새로운 프로바이더는 방금 만든 프로세스를 따라 할 것이다. 먼저, 프로바이더를 등록하고 애플리케이션/클라이언트를 생성한다. 그러면 아이디와 시크릿을 받게 될 것이다. 애플리케이션 설정application config에 아이디와 시크릿을 초기 라우트와 콜백 라우트로 연결하라. 마지막으로, 패스포트의 미들웨어를 사용해 라우트들을 생성하고 뷰로 연결하는 링크를 추가한다. 축하한다! 새로운 프로바이더가 추가됐다!

안전한 로컬 인증 추가

페이스북과 구글 인증은 완벽하게 작동한다. 비록 지금은 로컬 유저네임username과 패스워드로 로그인할 수 없지만, 로그인하고 http://localhost:3000/chat로 들어가서 인증된 Socket.IO 핸드셰이크를 받아야 한다.

 기본적으로 함수는 인증돼서 돌아오지만, 더 이상 세션에서 올바른 변수를 정하지 않는다.

유저네임 확인 방법보다 훨씬 더 안전한 함수를 생성하고 싶다.

passport-local 모듈은 passport.authenticate 미들웨어에서 작동하겠지만, 개별적으로 로직을 써야 할 것이다. 로직이 써 있는 다른 모듈들과 달리, 애플리케이션에 관한 부분을 추가하면 된다. 인증 로직을 만들어 보자.

루트 폴더의 config.js 파일을 연다. 다음과 같이 암호 설정을 추가한다.

```
crypto: {
    workFactor: 5000,
    keylen: 32,
    randomSize: 256
  }
```

workFactor에 대해서는 나중에 얘기할 것이다. 정수Integer 형의 keylen은 되돌아오는 해시의 크기이고 randomSize는 salt의 크기다. 3장에서 추후에 이 모든 것들을 사용할 것이고 무슨 역할을 하는지에 대해 설명한다.

암호 설정을 했으니 passport 폴더에 password.js란 파일을 생성할 것이다. 이 파일은 패스워드 유틸리티를 포함할 것이다.

처음에 할 일은 scmp라는 패키지 명을 사용하는 것이다. 이로 인해 반복되는 시간 비교를 할 수 있다. 이게 왜 중요한지는 이 장에서 추후에 얘기한다.

다음 코드를 passport 폴더에 있는 password.js 파일에 추가한다.

```
var crypto = require('crypto'),
    scmp = require('scmp'),
    config = require('../config');


var passwordCreate = function passwordCreate(password, cb){
    crypto.randomBytes(config.crypto.randomSize, function(err, salt){
    if (err)
        return cb(err, null);
            crypto.pbkdf2(password, salt.toString('base64'),
                config.crypto.workFactor, config.crypto.keylen,
                function(err, key){
                    cb(null, salt.toString('base64'), key.toString('base64'));
        });
```

```
    });
};

var passwordCheck = function passwordCheck(password, derivedPassword,
    salt, work, cb){
    crypto.pbkdf2(password, salt, work, config.crypto.keylen,
        function(err, key){
        cb(null, scmp(key.toString('base64'), derivedPassword));
    });
};

exports.passwordCreate = passwordCreate;
exports.passwordCheck = passwordCheck;
```

Crypto는 Node.js 내장 모듈이므로 설치할 필요는 없다.

passwordCreate 함수는 패스워드를 가져와 보안 해시를 만들 것이다. 이 함수
는 randomBytes를 사용해서 랜덤한 256바이트 데이터를 리턴할 것이다. 이 데이
터는 config 설정을 기반으로 만들어진다. 이것을 salt에 담아 실제 텍스트인 패
스워드와 함께 Password-Based Key Derivation Function 2 (PBKDF2) 보내서
salt, password, work 인자로 키를 생성한다. salt와 생성된 키를 다시 돌려보내
서 다른 곳에 저장한다(데이터베이스에 저장할 확률이 높다).

passwordCheck 함수는 정반대로 실행한다. 패스워드, 새로 생성된 패스워드,
work 인자, salt를 가지고 해시 함수를 재실행한다. 그리고 scmp(왜 이것을 나중에
실행하는 지는 이 장에서 나중에 다룬다)을 사용해서 두 값들을 비교한다. 만약 두 값이
일치한다면 패스워드가 맞는 것이고, 아니면 패스워드가 틀린 것이다. 이제 모든
애플리케이션에서 필요한 패스워드를 생성하고 확인하는 두 개의 패스워드 관련
함수를 만들었다.

이제 사용자 오브젝트를 만들어서 사용자를 찾고 애플리케이션에 추가한다.
passport 폴더에 있는 user.js 파일을 생성하라. 데이터베이스를 사용하지 않지만,
user.js 파일에서 사용자들을 찾기 위해 데이터베이스를 불러올 것이다. 모든 사용
자들을 저장하기 위해 간단한 오브젝트를 사용하는 데, 다음 코드에서 알 수 있다.

```
var passUtil = require('./password');

var Users = {
    josh: {
        salt: 'G81lJERghovMoUX5+RoasvwT7evsK1QTL33jc5pjG0w=',
            password: 'DAq+sDiEbIR0fHnbzgKQCOJ9siV5CL6FmXKAI6mX7UY=',
            work: 5000,
            displayName: 'Josh',
            id: 'josh',
            provider: 'local',
            username: 'josh'
    }
};
```

이 코드는 데이터베이스 스키마가 될 것이다. 패스워드와 관련된 필드들이 추가된 패스포트의 프로필 오브젝트처럼 보인다. salt 값은 애플리케이션을 실행했을 때 얻는 값보다 훨씬 작다. salt를 설정한 크기대로 사용하면 페이지 한 두 장 크기일 것이다. 데이터베이스를 사용하고 있다면 Users 오브젝트를 users 테이블이나 스키마에 연결할 가능성이 크다. 이제 만든 함수를 다음 코드에 추가하자.

```
var findByUsername = function findByUsername(username, cb){
    cb(null, Users[username]);
};

var addUser = function addUser(username, password, work, cb){
    if(Users[username] === undefined)
    {
        passUtil.passwordCreate(password, function(err, salt, password){
            Users[username] = {
                salt: salt,
                passwor d: password,
                work: work,
                displayName: username,
                id: username,
                provider: 'local',
                username: username
            };

            return cb(null, Users[username]);
        });
```

```
            }else{
                return cb({errorCode: 1, message: 'User exists!'} 'User exists!',
        null);
            }
};
var updatePassword = function(username, password, work){
    passUtil.passwordCreate(password, function(err, salt, password){
        Users[username].salt = salt;
        Users[username].password = password;
        Users[username].work = work;
    });
};

exports.findByUsername = findByUsername;
exports.addUser = addUser;
exports.updatePassword = updatePassword;
```

findByUsername은 꽤 직설적이다. 유저네임 애트리뷰트attribute를 오브젝트에서 찾아서 리턴한다. 이건 간단한 예제일 뿐이다. 클라이언트에서 보낸 데이터는 절대 믿어선 안 된다. 이건 SQL 주입공격의 완벽한 예제다(혹은 이 경우엔 오브젝트 주입injection일 수도 있다.). SQL을 여기 추가해서 데이터베이스 사용자를 찾거나 레디스Redis에서 키 룩업Key lookup할 수 있다. 그다음 함수는 사용자를 추가한다. 이 함수는 passwordCreate 함수를 이용해서 오브젝트에 username, password salt를 추가한다. 마지막으로, updatePassword 함수가 있는데, 이 함수는 오브젝트에 있는 사용자의 패스워드를 passwordCreate 함수의 결과물에 근거해서 업데이트한다. 데이터베이스를 사용할 때, 이 두 함수에선 트랜잭션 내에서 INSERT와 UPDATE를 요구한다. 트랜잭션을 사용하지 않을 때는 사용 불가한 상태의 데이터를 남겨둘 수 있다.

 사용자 리스트가 오브젝트이기 때문에 서버를 재실행하면 추가된 모든 사용자들을 없앤다. 여러 개의 웹 서버를 사용할 때도 마찬가지다. 각각의 웹 서버는 이 데이터를 다르게 본다. 이건 안전하지 않은 방법이지만, 어떻게 저장하느냐가 아니라 저장할 데이터를 보여주기 위해 이 방법을 사용한다.

이제 로컬 사용자들을 인증하기 위한 패스포트 전략을 만들 것이다. passport 폴더에 있는 index.js 파일에서 다음 변수 선언 코드를 추가한다.

```
local = require('passport-local').Strategy,
    passwordUtils = require('./password'),
    user = require('./user'),
```

이제 인증 미들웨어를 넣을 수 있다. 다음 코드를 페이스북과 구글 다음에 넣는다.

```
passport.use(new local(function(username, pas sword, done){
    user.findByUsername(username, function(err, profile){
      if(profile)
      {
        passwordUtils.passwordCheck(password, profile.password,
            profile.salt, profile.work, function(err,isAuth){
        if(isAuth)
        {
            if (profile.work < config.crypto.workFactor)
            {
                user.updatePassword(username, password,
                    config.crypto.workFactor);
            }
             done(null, profile);
        }
        else
        {
          done(null, false, {message: 'Wrong Username or Password'});
        }
      });
    }
    else
    {
      done(null, false, {message: 'Wrong Username or Password'});
    }
  });
}));
```

패스포트의 로컬 전략을 세울 때 인증 여부를 결정하기 위해 고유한 로직을 만들어야 한다. 사용자들이 인증이 되면, 패스포트는 그들을 세션에 추가할 것이다.

첫 번째로 해야 할 일은 사용자가 존재하는지 확인하는 것이다. 존재하지 않으면 Wrong Username or Password(잘못된 이름 혹은 패스워드)라는 메시지를 리턴한다. 유저네임의 사용 여부 등에 관한 정보를 해커들에게 주지 말아야 된다는 사실을 기억하자. 다음으로 passwordCheck 함수를 사용한다. 이 함수는 패스워드가 저장되어 있는 것과 일치하는지에 대해서 불리언Boolean 값을 리턴할 것이다. 다시 말하지만, 일치하지 않을 때는 틀렸다는 메시지를 보낼 것이다. 패스워드가 일치하지 않으면 work 인자가 config 값보다 작은지 마지막으로 한번 더 확인할 것이다. 값이 더 작으면 salt, 생성된 패스워드, work 인자를 업데이트한다. 이것으로 work 인자를 업데이트할 수 있고, 사용자가 인증받으면 패스워드를 더 안전하게 저장할 수 있다.

 새 함수와 파일들을 모두 생성한 후에는 이론에 대해 다룬다. 먼저 알아야 될 실용적인 부분을 다루고 이론을 배우자.

마지막으로 프로필을 리턴한다. 이 시점에서 프로필은 패스포트에 전달돼 직렬화되고, 세션에 저장된다.

마지막으로 해야 할 것은 라우트 주소 생성이다. routes 함수에서 다음 코드를 추가한다.

```
app.post(config.routes.login, passport.authenticate('local',
    {successRedirect: '/chat', failureRedirect: config.routes.login,
failureFlash: true}));
```

다른 라우트들과 똑같다. 로그인 URL의 모든 POST는 로컬 인증 함수를 실행할 것이다. 또한 리다이렉트도 처리할 것이다. 이걸 테스트하기 전에 로그인 URL의 POST에 리스너인 함수들을 삭제해야 한다. app.js 파일을 열어서 routes에 있는 다음 코드를 삭제한다.

```
app.post(config.routes.login, routes.loginProcess);
```

또 routes 폴더에 있는 index.js 파일의 `loginProcess` 함수와 middleware 폴더에 있는 index.js 파일의 `auth` 함수는 더 이상 필요 없으니 삭제해도 된다.

노드로 애플리케이션을 실행한 후 http://localhost:3000으로 이동해서 로그인을 테스트해보자. 사용자는 josh란 유저네임이고 password로 패스워드를 불러들였다. 팩트출판사의 코드를 쓰고 있다면 brain과 test란 사용자들도 쓸 수 있다. 이 사용자들은 둘 다 password를 패스워드로 쓴다. 유저네임이나 패스워드를 까먹고 로그인을 누르면 알림을 보게 될 것이다. 다음 화면에서 볼 수 있다.

이것은 패스포트의 로컬 전략Passport's local strategy에 속한다. 잘못된 유저네임 혹은 패스워드를 전송하면 Wrong Username or Password(잘못된 유저네임 혹은 비밀번호)라는 메시지를 받게 될 것이다.

인증은 이제 페이스북과 구글에서 로컬로 작동한다. 불행히도 로컬에서는 몇 안되는 사용자들만 인증할 수 있다.

등록 추가

등록에 필요한 것은 거의 모두 만들었으니 이제 등록을 작동해보자.

등록 주소를 생성하기 위해 config.js 파일을 열어 다음 코드를 라우트 맵에 추가한다.

```
logout: '/ account/logout',
register: '/account/register',
facebookAuth: '/auth/facebook',
```

그다음에, 뷰를 만든다. views 폴더에 있는 register.ejs라는 파일을 생성하라. 이 파일에는 다음 HTML 코드가 있어야 한다.

```
<div class="row">
  <div class="col-sm-8 col-sm-offset-2">
    <div class="row">
      <div class="col-sm-12">
        <form method="post">
          <% if (message.length > 0) { %>
            <div class="alert alert-danger"><%= message %> </div>
          <% } %>
          <input type="hidden" name="_csrf" value="<%= token %>">
            <div class="form-group">
                <label for="username">Username</label>
                <input type="text" class="form-control"
                  id="username" placeholder="username"
                  name="username">
            </div>
            <div class="form-group">
                <label for="password">Password</label>
                <input type="password" class="form-control"
        id="password" placeholder="password" name="password">
            </div>
            <button class="btn btn-primary btn-block">Register</
              button>
        </div>
      </form>
    </div>
  </div>
</div>
```

이 폼은 페이스북과 구글 버튼만 없는 로그인 폼이다. 이제 이 페이지로 링크를 추가해야 한다. views/partials 폴더에 있는 user-loggedout.ejs 파일을 열어서 다음 코드를 추가한다.

```
<a href="<%= routes.login %>">Login</a> or <a href="<%= routes.register %>">Register</a>
```

로그아웃하면 페이지 최우측에 로그인과 등록 링크가 보일 것이다.

다음 단계는 routes에 응답하는 route 함수를 만드는 것이다. routes 폴더에 있는 index.js 파일을 열어서 다음 변수와 두 함수를 추가한다.

```
//변수 선언
var user = require('../passport/user');
//익스포트
module.exports.register = register;
module.exports.registerProcess = registerPr ocess;
//함수
function register(req, res){
    res.render('register', {title: 'Register', message: req.flash('error')});
};

function register Process (req, res){
    if (req.body.username && req. body.password)
    {
        user.addUser(req.body.username, req.body.password,
          config.crypto.workFactor, function(err, profile){
        if (err) {
            req.flash('error', err);
            res.redirect(config.routes.register);
        }else{
            req.login(profile, function(err){
                res.redirect('/chat');
            });
        }
    });
}else{
```

```
        req.flash('error', 'Please fill out all the fields');
        res.redirect(config.routes.register);
    }
};
```

첫 번째 register 함수는 타이틀과 메시지를 전달하는 단순한 렌더_{render}다. 그다음 함수가 등록에 관한 모든 작업을 한다. registerProcess 함수는 POST 액션_{action}에 연결되어, 바디에 있는 값들을 확인할 수 있다. 그것이 해야 할 일 첫 번째이다. 유저네임과 패스워드가 작성됐는지 확실히 한다. 작성되어 있지 않으면 사용자에게 작성하라고 알려준다. 그리고 나서 addUser 함수를 사용해 폼 입력 값과 config의 work 인자를 넘길 것이다. 사용자를 덮어쓰지 않기 위해 함수는 먼저 사용자 존재여부를 확인할 것이다. 확인이 끝나면 플래시 메시지를 만들어서 등록 폼으로 리다이렉트한다. 이 모든 것이 성공하면 사용자를 리턴한다. 그리고 나서 로그인된 유저의 모든 세션 변수들을 정하는 req.login 패스포트 함수를 실행할 것이다.

req.login에는 인증 확인을 받고 나서 실행하기 때문에 패스워드 정보를 갖고 있지 않다.

이제 이 함수들을 메인 파일인 app.js에 추가할 수 있다. app.js를 열고 다음 라우트를 추가한다.

```
app.get(config.routes.register, routes.register);
app.post(config.routes.register, routes.registerProcess);
```

이제 테스트할 수 있다. 노드를 재시작하고 http://localhost:3000/account/register로 간다. 새로운 사용자를 만들면 로그인될 것이다. 그리고 로그아웃을 하면 생성한 크리덴셜로 다시 로그인할 수 있다. 서버 재시작 동안에 유저가 사라진다는 것을 명심해라.

데이터베이스 추가

데이터베이스를 추가하는 것은 매우 쉽다. 두 개의 파일만 수정하면 된다. 첫 번째 파일은 passport 폴더에 있는 user.js 파일이다. 이 파일은 모든 사용자들을 기록한다. 이 파일을 데이터베이스에 전해줘야 한다. 데이터베이스의 모든 종류의 사용법을 다루는 것은 이 책의 범위는 아니지만, 사용자들을 찾아보고 추가하고 업데이트하면 된다. user.js 파일(passport 폴더에 있는)에서 Users 오브젝트가 쓰는 스키마와 같은 스키마를 쓴다면 다른 파일들은 업데이트할 필요가 없을 것이다. 다른 스키마를 쓰고 싶으면, passport 폴더에 있는 index.js 파일을 업데이트해야 한다. 이 파일은 salt, password, work 인자를 분리된 칼럼들로 인식한다. 그게 아니라면, 이 칼럼들을 호출하는 함수를 업데이트해야 된다. 그런 함수들 외의 다른 함수들은 데이터 호출하는 곳에 의존적이지 않다.

패스워드 저장 이론

왜 PBKDF2를 패스워드 저장Password-store 함수로 선택했는지에 대해 지금까지 언급한 적이 없었다. 패스워드 보안의 각 수준을 단계별로 배우고 왜 이 방법들을 선택하지 않았는지 이야기한다.

첫 번째는 클리어 텍스트 패스워드다. 클리어 텍스트 패스워드는 안 좋은 보안 관습이라고 생각한다. 해커들이 데이터베이스를 해킹하면 모든 사용자의 유저네임과 패스워드를 아무 작업도 없이 가져올 수 있다. 대부분의 사용자는 패스워드를 재사용하므로, 해커들이 사용자들의 페이스북, 지메일Gmail, 심지어 은행 계좌에 접근할 수도 있다. 클리어 텍스트 패스워드는 특히 맞추기 쉬울 때 절대 사용하지 말아야 한다.

패스워드를 저장하는 두 번째 방법은 해시 함수를 이용하는 것이다. 많이 사용하는 함수는 MD5와 SHA-256이다. 이 함수들은 클리어 텍스트 패스워드를 단방향 해시 패스워드 바꾼다. 패스워드를 확인할 때, 사용자가 입력한 비밀번호를 해시화하고 데이터베이스에 있는 것과 비교한다. 두 패스워드가 일치하면 패스워드가 맞다는 것을 알 수 있다. 이게 전부라고 생각할 수 있지만, 더 큰 문제가 있다. 수천, 수백만, 심지어 수십억 개의 해시 패스워드를 갖고 있는 레인보우 테이블이라는 파일이 있다. 해커가 MD5나 SHA-256 레인보우 테이블을 다운로드해서 데이터베이스에 있는 해시와 비교하면 끝이다. 클리어 텍스트만큼 쉽지는 않지만 레인보우 테이블에 해시가 있으면, 패스워드가 해킹된 것이다.

salt를 사용해서 레인보우 테이블을 보호할 수 있다. salt는 패스워드와 함께 쓰이는 값이다. 예를 들어, 솔트salt가 salt고, 패스워드가 password라면 salt password가 해시화되는 것이다. 랜덤값이 추가된 각 패스워드는 레인보우 테이블에 없으므로, 레인보우 테이블은 무효화된다. 가장 효과적인 방법은 모든 패스워드에 각각 다른 솔트를 추가하는 것이다. 만약 하나의 솔트만 있으면 해커가 솔트 레인보우 테이블을 만들 수도 있다. 또 해시 속도에 따른 문제가 있다. MD5와 SHA-256은 빠르게 해시하게 설계되어 있다. 이 해시 알고리즘들은 패스워드를 위해 설계되지 않았다. ISO나 파일을 내려받았는데 MD5 해시가 있었던 적이 있는가? MD5는 매우 빨라서 파일의 해시를 빨리 계산해서 비교하고 충돌이 생겼는지 확인한다. 해커가 아마존 웹 서비스를 뚫고 각각의 CPU에서 1초만에 만 개의 해시들을 생성하는 서버를 실행할 수도 있고, 솔트화된 패스워드를 모두 몇 주 아니면 며칠까지 해킹할 수 있다. 해가 바뀔 때마다 CPU는 점점 빨라지고, 해킹은 점점 쉬워질 것이다.

이 문제는 이 애플리케이션을 실행하는 것과 관련이 있다. 각각의 패스워드에 각각 다른 솔트를 사용하는 이유를 알 것이다. 패스워드를 솔트화하는 것은 좋다. MD5와 SHA-256은 안 좋은 보안 관습이다. PBKDF2Password-Based Key Derivation Function 2가 바로 필요한 이유다. PBKDF2는 work 인자를 추가해 알고리즘 계산하는 데 시간이 걸리도록 만든다. 만분의 1초마다 해시를 확인하는 것이 아니라 2분의 1초 혹은 1초 간격으로 확인하게 한다. 시간이 충분하다면 해커가 패스워드를 뚫을 수 있겠지만 시간이 수천 배로 길어진다. 한 데이터베이스 전체를 뚫으려면 이제는 몇 년 혹은 몇 십 년이 걸릴 것이다. 덧붙여서, 이 사이트는 work를 증가시키도록 설정되어 있다. config.js 파일의 값을 바꿔서 사용자들이 로그인하면 저장된 값과 더 높은 값의 work를 다시 계산하게 할 것이다. 이 설정은 컴퓨터가 더 빨라지게 한다.

마지막으로 가장 좋은 보안 방법은 scmp를 사용하는 것인데, 이건 일정시간을 비교하는 패키지다. 타이밍 어택timing attacks이라는 공격방법이 있는데, 애플리케이션에서 패스워드 확인하는 데 얼마나 걸리는지 시간을 측정하고 패스워드 각 글자가무엇인지 맞추는 방법이다. 3밀리세컨드보다 짧게 1밀리세컨드가 걸리면 패스워드 첫 부분은 맞았다는 것을 알 수 있다. 그러면 맞는 부분에서 시작해서 계속 알아낸다. 수천 번 호출을 해야 알 수 있다. 일정시간 비교를 실행해서 매번 똑같이걸리는 시간을 리턴한다. 이것으로 트랙이 생기는 공격 방법을 막을 수 있다.

OAuth 프로세스

지금은 애플리케이션에 페이스북과 구글의 OAuth를 사용하고 있다. 더 많은 프로바이더를 추가하면 OAuth를 쓸 확률이 높아진다. OAuth는 거의 원격 인증의 표본이 되었다.

OAuth는 사용자가 허락에 대해 제어할 수 있고, 사용자의 패스워드를 저장할 필요가 없다는 것이 큰 장점이다. 애플리케이션 흐름의 첫 번째는 사용자가 인증할서비스를 선택하는 것이다. 그러면 서버는 프로바이더에게 주소를 요청해서 사용자를 리다이렉트할 수 있다. 이 주소가 프로바이더에게 어떤 애플리케이션이 허락을 요청하는지 알려준다. 애플리케이션 아이디, 참조하는 도메인, 애플리케이션시크릿까지 알려준다. 사용자가 로그인하고 애플리케이션을 승인하면 프로바이더는 서버로 리다이렉트한다. 서버는 토큰으로 교환할 수 있는 코드를 받는다. 이 토큰은 특정 사용자에 대한 애플리케이션의 접근을 고유하게 식별화한다. 패스워드들은 교환되지 않고, 사용자는 나중에 접근방식을 바꿀 수 있다.

OAuth는 매우 복잡해질 수도 있는 방법이다. 사이트가 어떻게 접근 되느냐에 따라, 여기에 나온 몇몇 단계들은 달라질 수도 있다. OAuth는 사용자들에게 편리하지만, 개발자들은 힘들 수도 있다. 공급자들이 각각 조금씩 다를 수도 있기 때문이다. 이런 상황에선 패스포트 같은 좋은 라이브러리들을 사용할 수 있다.

요약

이제 넓고 안전한 인증 시스템을 구축했다. 사용자 전체를 차지하는 페이스북, 구글에서 인증할 수 있다. 또 사용자들이 로컬로 등록하고 로그인하고 안전하게 패스워드를 저장하게 만들었다. 패스포트를 사용했기 때문에 다른 수백 개의 인증 프로바이더에 접근할 수 있게 됐다. 패스포트 사이트에서 프로바이더 리스트를 확인할 수 있다.

4장에서는 RabbitMQ를 사용해서 메시지큐를 애플리케이션에 추가하는 방법에 대해 설명한다.

4

RabbitMQ로
메시지 큐잉하는 법

4장에서는 확장성 있는 애플리케이션으로 만드는 메시지 큐잉message queuing을 살펴본다. 메시지 큐queue를 사용하면 애플리케이션을 작은 부분으로 나눠 작업할 수 있다. 메시지 큐는 확장성에도 도움이 된다. 여러 노드에게 작업을 맡김으로써 신뢰도를 높이고, 트래픽 과다를 해결할 수 있다. 이를 위해 메시지 큐잉 서버 가 필요하다. 이것이 바로 RabbitMQ(https://www.rabbitmq.com)이다. 지금까지는 모든 것이 Node.js에서 실행됐지만, 이제 또 다른 서버 애플리케이션을 추가하게 되었다. 다음은 4장에서 다루는 내용이다.

- RabbitMQ 인스톨하기
- 익스체인지exchange 생성하기
- 큐 생성하기
- 워커worker 만들기
- 메시지 전달하기

- 특정 프로세스에 응답하기
- 메시지 큐를 앱에 추가하기

노드 패키지 버전

현 애플리케이션을 사용할 것이기 때문에 이전에 인스톨한 모든 노드 패키지들은 같은 버전을 사용한다. 각자 package.json이 다른 여러 개의 애플리케이션 예시를 만들 것이다. 각 애플리케이션은 npm install을 실행해야 된다. 여기에서는 두 패키지만 추가하면 된다.

첫 번째는 amqp 패키지다. 이 패키지는 RabbitMQ만을 위해 설계되지는 않았지만, RabbitMQ가 이해할 수 있는 프로토콜을 구현했다. 두 번째 패키지는 q 패키지인데, 프로미스promise를 제공한다. 프로미스는 비동기 객체를 동기적으로 사용할 수 있게 해준다. 다음은 4장에서 사용할 새로운 패키지이다.

- amqp: 0.2.0
- q: 1.0.1

원래 하던 방식대로, 이 두 패키지들을 주 애플리케이션의 package.json 파일에 추가하고 npm install을 실행하라.

RabbitMQ 설치

RabbitMQ는 요즘 가장 많이 쓰이는 메시지 큐잉 서버 중 하나다. 모든 운영체제에서 실행 가능하고, 독자가 생각할 수 있는 거의 모든 프로그래밍 언어의 클라이언트를 지원한다. 또한 여러 종류의 큐잉 프로토콜을 지원한다. 여기서 사용할 주요 프로토콜은 AMQPAdvanced Message Queuing Protocol이다. RabbitMQ를 인스톨해서 무언가를 만들어 보자.

맥 OS X에 인스톨하는 방법

이전에 언급한 대로 나는 맥 OS X을 사용해 이 책의 예제를 개발했다. 따라서 맥 OS X에서 인스톨하는 법을 먼저 배우겠다. RabbitMQ는 각각의 인스톨 방법에 대해서 인스톨 페이지를 제공한다. RabbitMQ 인스톨 페이지에 항상 최신 버전과 지시 사항이 있기 때문에 가장 최신 정보를 얻으려면 홈페이지를 확인해보는 것이 좋다.

홈브루Homebrew(http://brew.sh/)를 사용하는데, 홈브루는 맥 OS X에서 쓰는 패키지 매니저다. 홈브루는 커맨드 한 줄로 간단하게 애플리케이션을 인스톨할 수 있다. 터미널 앱에서 다음 커맨드를 입력한다.

```
brew install rabbitmq
```

지금까지 인스톨 과정을 잘 진행해 왔다면, 다음 화면처럼 보일 것이다. 인스톨 시기에 따라 버전은 다를 수 있다.

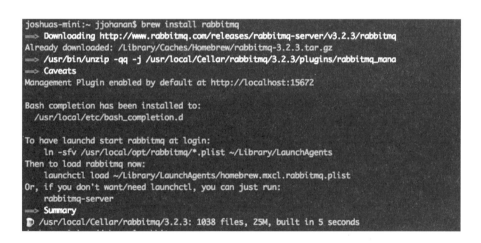

/usr/local/sbin 경로에 인스톨했기 때문에, 이 경로를 패스path에 추가하거나 모든 커맨드 앞에 이 경로를 붙여야 한다. RabbitMQ 서버를 켤 때 다음 커맨드를 사용한다.

```
/usr/local/sbin/rabbitmq-server
```

다음 그림처럼 아스키 코드로 그려진 토끼 모양이 보이면 서버가 켜진 것을 알 수 있다.

```
                RabbitMQ 3.2.3. Copyright (C) 2007-2013 GoPivotal, Inc.
  ##  ##        Licensed under the MPL.  See http://www.rabbitmq.com/
  ##  ##
##########      Logs: /usr/local/var/log/rabbitmq/rabbit@localhost.log
######  ##            /usr/local/var/log/rabbitmq/rabbit@localhost-sasl.log
##########
                Starting broker... completed with 10 plugins.
```

RabbitMQ 관리 플러그인

http://localhost:15672에 들어가서 RabbitMQ 관리 플러그인에 연결할 수 있다. 기본 유저네임과 패스워드는 guest이다. 지금은 배우기 위한 개발 서버를 만들고 있기 때문에, 설정에 크게 신경 쓰지 않을 것이다. 각자의 컴퓨터 내에서만 연결할 것이다.

 이 방법은 매우 안전하지 않다. 개방된 네트워크에서는 절대 이 방법으로 RabbitMQ를 실행하면 안 된다.

리눅스에 인스톨하는 방법

나는 리눅스 배포판 중 Xubuntu 13.10을 쓸 것이다. 여러 배포판에서 인스톨하는 것은 이 책의 목표가 아니다. 여러 배포판에 RabbitMQ를 인스톨하는 방법은 온라인 페이지에서 확인할 수 있다(https://www.rabbitmq.com/download.html).

레퍼지토리에 있는 RabbitMQ 버전은 3.1.3이다. 이 버전은 너무 오래된 것이라 RabbitMQ 패키지 버전을 사용한다. RabbitMQ의 데비안/우분투 인스톨 페이지에 들어가면, 최신 버전의 .deb 패키지로 연결하는 링크가 있다. 이 책을 쓰는 시점에는 3.3.0이 최신 버전이다. 맥 OS X 인스톨할 때보다 더 최신이지만, 크게 상관 없다. 패키지로 연결하는 링크를 클릭하고 인스톨한다. 할 일은 그게 전부다. 지금 서버는 실행되고 있을 것이다. 맥 OS X 버전은 기본적으로 매니지먼트 플러그인이 켜져 있다. 매니지먼트 웹 서버를 켜고 싶으면 다음 커맨드를 실행한다.

```
sudo rabbitmq-plugins enable rabbitmq_management
sudo service rabbitmq-server restart
```

매니지먼트 서버가 켜지면 변경 사항을 적용하기 위해 RabbitMQ를 재실행한다. 리눅스에 인스톨하면 http://localhost:15672/로 들어가서 유저네임과 패스워드를 guest로 로그인할 수 있다.

rabbitmqadmin이라는 커맨드라인 애플리케이션이 있는데, http://localhost:15672/cli/에서 매니지먼트 서버로부터 다운로드할 수 있다. RabbitMQ 서버에 대한 정보를 터미널에서 볼 수 있다. 맥 OS X에는 이미 인스톨돼 있다.

리눅스에 RabbitMQ를 인스톨하는 다른 방법은 '9장, 배치와 확장성'에서 다룬다. 지금은 실제 운영에서 사용할 버전과 가까운 테스트 서버만 필요하다.

윈도우에 인스톨하는 방법

윈도우에 인스톨하는 방법은 한 가지를 제외하고 다른 인스톨 방법과 매우 유사하다. 얼랭Erlang을 먼저 인스톨해야 한다는 것이다. 얼랭 인스톨 페이지에 가서 설치할 수 있는데, 설치가 안 됐을 때는 윈도우 프로그램이 얼랭 다운로드 페이지로 가게 할 것이다. 32비트 혹은 64비트 운영체제에 맞춰 다운로드하고 설치한다. 얼랭이 설치되면 RabbitMQ를 설치할 수 있다. 인스톨 스크린에서 Next 버튼을 클릭하면 다음과 같은 화면이 나타난다.

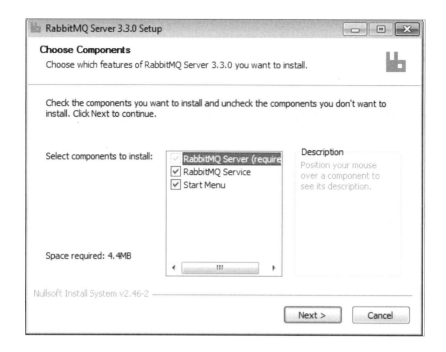

이제 시작 메뉴에서 RabbitMQ 서버 폴더를 볼 수 있다. 시작 메뉴에서 RabbitMQ
Command Prompt를 클릭하고 다음 커맨드를 입력한다.

```
rabbitmq-plugins.bat enable rabbitmq_management
```

그리고 시작 메뉴에서 RabbitMQ Service - stop과 RabbitMQ Service - start를 찾는
다. 다음 화면을 통해 메뉴를 확인할 수 있다.

Service Management Console(서비스 매니지먼트 콘솔)을 사용해서 RabbitMQ를 재시작한다. 그다음에 http://localhost:15672로 가서 매니지먼트 인터페이스를 확인한다. 유저네임과 패스워드는 똑같이 guest이다. 이제 거의 모든 운영체제에서 RabbitMQ 서버를 실행할 수 있다.

설치한 RabbitMQ 서버는 로컬용이고, 초기 개발에만 쓸 수 있다. 프로덕션과 테스트 환경은 추후에 다룬다.

처음으로 만든 메시지 큐

이제 RabbitMQ 서버를 설치했으니, 무언가를 만들어 보자. 요청이 들어올 때 메시지를 큐에 추가하는 단순한 웹 서버를 만들어 볼 것이다. 큐를 작동시킬 워커worker 스크립트도 만든다.

먼저, rabbit_first 폴더를 생성한다. package.json 파일을 만들어서 다음 코드를 추가한다.

```
{
  "dependencies": {
    "amqp": "0.2.0"
  }
}
```

그리고 npm install을 실행한다. 커맨드 실행이 끝나면 app.js 파일을 생성해서 다음 코드를 추가한다.

```
var http = require('http'),
  amqp = require('amqp');
var rabbit = amqp.createConnection();

rabbit.on('ready', function(){
  rabbit.exchange('my-first-exchange', {type: 'direct', autoDelete: false},
function(ex){
    startServer(ex);
  });
```

```
});
function startServer(ex)
{
    var server = http.createServer(function(req, res){
      console.log(req.url);
      ex.publish('first-queue', {message: req.url});

      res.writeHead(200, {'Content-Type': 'text/html'});
      res.end('<h1>Simple HTTP Server in Node.js!</h1>');
    });

    server.listen(8001);
}
```

RabbitMQ 서버 연결을 생성한다(실행되는지 꼭 확인할 것). 기본 설정으로 포트 넘버 5672인 로컬 호스트에 접속하게 되는데, 마침 서버가 5672포트에서 돌고 있다. 그다음으로 할 일은 비동기 연결방식이기 때문에 ready 이벤트 리스너를 연결할 것이다. 연결 준비 상태가 되면 익스체인지를 생성한다. 익스체인지는 원래 라우터의 역할을 한다. 익스체인지에 일을 주면 어떤 큐가 작업을 할지 계산한다. 일은 한 개 혹은 여러 개의 익스체인지에 익스체인지 타입과 설정에 근거해 전송된다. 가능한 익스체인지 타입은 다이렉트direct, 팬아웃fanout, 토픽topic, 헤더headers다. 다이렉트와 토픽 타입에 대해 이 장에서 다룬다. 퍼블리셔publisher(여기선 HTTP 서버)는 작업에 대한 정보를 전혀 알지 못하고, 작업을 누가 혹은 무엇이 하는지에 대해 전혀 알 필요가 없다. 익스체인지를 생성할 때 다이렉트 타입으로 설정해서 하나의 큐에 하나의 메시지를 매핑하는 서버를 만들 것이다. autodelete도 off할 것이다. 이로 인해 서버가 연결이 끊어져도 익스체인지는 살아있게 하는 것이다. 익스체인지가 처음 생기고 연결됐을 때 autodelete는 콜백으로 호출된다. 지금 익스체인지 설정은 끝났고, 이제 사용할 수 있다. 익스체인지 레퍼런스를 받아서 HTTP 서버에 넘겨주는데, 함수에 만들어서 넣었다. 이제 요청이 들어올 때마다 요청된 URL을 콘솔로그에 남기고 그 정보를 익스체인지에 넘길 것이다. publish 커맨드와 'first-queue'라는 라우팅 키를 사용해서 넘길 것이다.

3장에서 했던 것처럼, 먼저 코드를 작성한 후 코드에 대한 설명은 4장 마지막 부분에서 다룬다. 익스체인지의 모든 타입과 라우팅과 왜 그것을 사용하는지에 대해 설명할 것이다.

매니지먼트 인터페이스를 http://localhost:15672에 접속해서 실행한다. 그리고 노드Node를 실행해서 페이지 로딩을 몇 번 한다. RabbitMQ 매니지먼트 페이지로 다시 돌아가면 한 개의 커넥션, 한 개의 채널, 몇몇 액티비티activity를 볼 수 있다. 만약 보이지 않으면 페이지를 재로딩해야 할 수도 있다. 다음 화면과 비슷하게 보일 것이다.

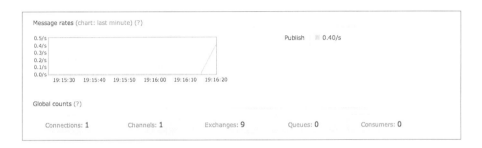

큐를 작업할 것이 아무것도 없으므로 무언가 해야 된다. worker.js라는 파일을 만들고 다음 코드를 추가한다.

```
var amqp = require('amqp');

var rabbit = amqp.createConnection();

rabbit.on('ready', function(){
  rabbit.queue('first-queue-name', {autoDelete: false}, function(q){
    q.bind('my-first-exchange', 'first-queue');
    q.subscribe(function(message, headers, deliveryInfo, messageObject){
        console.log(message);
        console.log(headers);
        console.log(deli veryInfo);
        console.log(messageObject);
    });
  });
});
```

위 코드는 HTTP 서버 코드와 매우 비슷하게 시작한다. amqp에 대한 레퍼런스가
필요하고 연결이 될 때까지 기다려야 한다. 그다음에 큐를 생성하고 autoDelete
를 off하는 옵션을 전달한다. autodelete는 익스체인지 만들 때와 마찬가지로 똑
같은 역할을 한다. 서버와 연결이 끊어져도 큐는 저장되게 만들었다. 큐는 first-
queue-name이라는 이름으로 만들어졌다. rabbit.queue 메소드는 큐가 생성되고
사용될 수 있게 콜백 함수를 사용했다. 익스체인지 이름과 라우팅 키를 통해 익스
체인지에 큐를 바인딩bind했다. 라우팅 키는 first-queue이고, 이것은 HTTP 서버
가 작업을 보낼 때 함께 보낸다. 이제 작업이 전송될 익스체인지와 큐를 만들었다.
마지막으로, 큐를 통해 전달된 메시지를 받기 위해 큐를 읽는다. 이 예제에서 워커
는 큐에 전달된 모든 객체를 로그로 남겨서 무엇이 전송됐는지 볼 수 있게 한다.
node worker.js를 실행해 워커를 시작할 수 있다.

매니지먼트 인터페이스

어떤 메시지든 보내기 전에 매니지먼트 인터페이스를 확인해야 한다. 헤더 메뉴
에서 Exchanges를 클릭하고, 우리의 익스체인지인 my-first-exchange를 클릭하자.
Bindings 탭으로 들어가면 우리 큐(first-queue-name)가 익스체인지에 바인딩된 것을
알 수 있다. 다음 화면에서 이를 보여준다.

그다음 헤더에서 Queues를 클릭하고 first-queue-name을 클릭하고 Bindings 탭으로 들어가보자. 방금 전이랑 같은 결과를 볼 수 있지만 큐의 관점에서 보인다. 다음 화면에서 이를 확인할 수 있다.

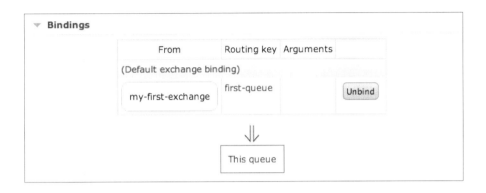

my-first-exchange에 first-queue라는 라우팅 키로 보내진 메시지가 first-queue-name에 저장되는 것을 알 수 있다. HTTP 서버는 이런 메시지들을 추가하도록 설정돼 있고, 워커는 큐를 읽는다.

메시지 보내기

콘솔 탭이나 윈도우를 열어서 노드로 worker.js를 실행하자. 이제 app.js와 working.js의 두 개의 노드 프로세스가 실행되고 있다. 워커를 작동시켰을 때, 메시지가 들어오는 것을 볼 수 있을 것이라고 예상했는가? HTTP 서버에서 메시지들을 만들기는 했었다. 하지만 익스체인지가 메시지를 저장할 큐가 없었기 때문에 처음에 만든 메시지들은 사라졌다.

이제 http://localhost:8001를 몇 번 로딩하자. 콘솔에 로그인하면 바로 워커가 어디서 실행되고 있는지 확인할 수 있다. 대부분의 요청은 메시지 두 개를 만들 것이다(하나는 root/에서, 다른 하나는 favicon/favicon.ico에서). 처음 로그화된 객체는 HTTP서버에서 보낸 JSON 객체일 것이다. 그다음에 비어있는 객체는 headers이다. 그다음에 deliveryInfo 객체를 볼 수 있다. 마지막에 나오는 큰 객체가

`messageObject`이다. 이 객체들은 각각 다른 때에 쓰인다. 웹페이지를 재로딩할 때마다 메시지가 전송된다.

메시지를 큐에 저장하기

메시지 외의 모든 것들은 주석 처리해서 워커를 정리해보자. 큐를 읽는 콜백은 다음과 같다.

```
console.log(message);
    //console.log(headers);
    //console.log(headers);
    //console.log(headers);
```

그다음으로 워커를 강제 종료하고 바로 재시작하지 않는다. 간단히 몇 가지 테스트를 진행할 것이다. 큐가 자동으로 제거되지 않게 설정했고 RabbitMQ 메시지 소비자도 없으니, 큐는 계속 존재할 것이다. RabbitMQ 매니지먼트 인터페이스로 가서 헤더 탭의 Queues를 누르면 큐가 존재하는지 쉽게 확인할 수 있다. 또한 세부사항을 보면 메시지 소비자가 없다는 것을 알 수 있다.

이제 메시지를 추가하기 위해 페이지를 몇 번 로드해보자. Queues를 클릭해서 큐 페이지를 다시 보면, 큐에 대기 중인 메시지가 있는 것을 볼 수 있다! 우리가 바로 원했고 기대했던 결과다. 메시지 하나를 또 추가해보자.

매니지먼트 인터페이스에서 Exchanges를 클릭하고 my-first-exchange를 선택하자. 페이지 하단에 Publish message(메시지 보내기) 헤딩을 볼 수 있다. 라우팅 키가 될 데이터 키를 선택하는데, first-queue여야 한다. 다음 화면과 비슷하게 진행하고 있을 것이다.

Publish message(메시지 보내기) 버튼을 눌러라. 그러면 메시지가 전송됐다는 확인을 받을 것이다. 다시 Queues 탭을 눌러 큐를 확인하고, 메시지가 추가되었는지 확인할 수 있다. 다음 화면이 이를 보여준다. 큐에 저장된 메시지들의 개수는 페이지를 로딩한 횟수에 따라 다르다.

	Overview				Messages			Message rates		
Name	Exclusive	Parameters	Policy	Status	Ready	Unacked	Total	incoming	deliver / get	ack
first-queue-name				Idle	9	0	9	0.00/s	0.00/s	

이제 워커를 시작할 수 있다. 워커는 큐에서 모든 메시지를 가져와서 콘솔에 로그로 남길 것이다. 큐에서 본 모든 메시지들이 다음 그림처럼 보일 것이다.

```
{ message: '/' }
{ message: '/favicon.ico' }
{ message: '/' }
{ message: '/favicon.ico' }
{ message: '/' }
{ message: '/favicon.ico' }
{ message: '/' }
{ message: '/favicon.ico' }
{ data: <Buffer 4f 4b>, contentType: undefined }
```

HTTP 서버가 JSON 객체들을 생성하고, 만들었던 메시지가 데이터 버퍼를 생성한 것을 볼 수 있다. 그다음에 워커는 큐를 비울 것이다. 매니지먼트 인터페이스에 있는 큐를 확인함으로써 확실히 알 수 있다.

다른 워커 추가

또 다른 워커를 추가하면 어떻게 될지 테스트해보자. worker.js에 코드가 작성되어 있으므로 매우 테스트하기 매우 쉬울 것이다. 코드를 수정할 필요가 없다. worker.js를 실행해서 노드 프로세스를 만들자. 그리고 페이지를 몇 번 로딩한다. 그러면 워커가 큐를 라운드로빈round-robin 방식으로 작업하는 것을 알 수 있다. 이 큐에 최대한 많은 워커들을 연결시킬 수 있다. 매니지먼트 인터페이스의 Connections(연결) 탭에서 모든 연결상태를 볼 수 있고, first-queue-name의 메시지 소비자들의 연결 상태도 Queues 탭에서 볼 수 있다.

이 테스트는 완벽하게 수평적 확장성을 입증했다. 애플리케이션이 실행해야 할 작업은 나눌 수 있다면 이것을 패키지해 큐에 전송할 수 있다. 큐가 메시지가 많아지면 워커를 추가할 수 있다. 이것이 수평적 확장성이 의미하는 것이다. 어떤 작업인지, 그리고 작업량에 어떤 패턴이 있는지에 따라서 워커가 필요할 때마다 나타나고, 필요 없을 때는 종료되도록 스케줄링할 수도 있다.

이렇게 작업을 재사용하는 방식을 사용하면, 일을 여러 애플리케이션으로 나눌 수 있다. 지금 만들려고 하는 주요 서비스는 웹 페이지를 제공하는 것이다. 웹 페이지를 효율적으로 제공하는 애플리케이션을 만들어야 하며 그 외의 것에 대해서는 걱정하지 않는다. 덧붙여서, 애플리케이션으로 다른 일도 해야 할 가능성이 높은데, 예를 들면 로깅, 이메일 트랜잭션, 통계 계산, 그 외의 것들도 해야 한다. 여러 소규모 애플리케이션들을 만들어서 이런 작업들을 하게 만들 수 있다. 이렇게 하면 작업을 어떻게 구현하고 한 작업에 얼마나 많은 워커를 사용할 지를 제어할 수 있다.

응답 메시지 보내기

처음 만든 애플리케이션은 매우 단순하다. 큐를 하나만 가지고 있는데, 퍼블리셔가 작업에 신경 쓰지 않고 워커는 작업을 끝내도 퍼블리셔에 알려주지 않는다. 메시지 큐에 대해 예제를 하나만 더 다루도록 하겠다. 이제 퍼블리셔는 워커가 작업을 끝내면 알아야 하는 애플리케이션을 만들 것이다. 여기서 쓸 수 있는 좋은 예시가 신용카드 요금 청구다. 청구 과정 전체에 대한 애플리케이션을 만들지 않고, 간단하게 만들 것이다. 이제 만들어보자! rabbit_second라는 폴더를 만들고 다음 코드가 담긴 package.json 파일을 만든다(모든 패키지들을 사용하기 위해서는 npm install을 실행해야 한다).

```
{
    "dependencies": {
        "amqp": "0.2.0",
        "socket.io": "1.0.6"
    }
}
```

이제 쉽게 정적 파일을 제공하고 라우팅하기 위해 익스프레스 모듈을 사용하고, Socket.IO를 사용해서 실시간 신용카드 요금 청구를 할 것이다(구조만 만들고 실제 요금을 청구하지는 않을 것이다). 이제 app.js파 일을 만들고 모든 패키지의 레퍼런스를 얻을 수 있다. 다음 코드가 담긴 app.js를 실행하라.

```
var express = require('express'),
    amqp = require('amqp'),
    io = require('socket.io');

var app = express();

app.use(express.static(__dirname));

var rabbit = amqp.createConnection();
```

위의 코드는 앞에서 전부 설명했다. 이 코드는 애플리케이션을 초기화하는 데 쓰인다.

익스프레스 모듈이 루트 폴더 밖에서 정적 파일을 실행하게 설정했으므로 index. html이란 정적 파일을 만들어 보자. 다음 코드를 추가한다.

```html
<!DOCTYPE html>
<html>
<body>
    <h1>Simple Reply Message Application</h1>
    <a href="/credit_charge">Charge my Card</a>
    <button id="socket_credit">Charge my Card</button>
    <script src="/socket.io/socket.io.js"></script>
    <script>
        var socket = io.connect('http://localhost:8002');
        socket.on('charged', function(){alert('Charged!');});
        document.getElementById('socket_credit').addEventListener('click',
            function(){
        socket.emit('charge');
      });
    </script>
</body>
</html>
```

우선 요청에 기반한 메시지 큐 답신을 보려면 /credit_charges로 연결되는 링크를 만든다. Socket.IO로 답장할 수 있는 실시간 메시지 큐도 있다. 클라이언트 사이드 Socket.IO 코드는 매우 단순하다. 서버에 연결하고 청구 이벤트를 리슨한다. 이 이벤트가 발생하면 이를 알리고 서버에게 신용카드 요금 청구를 청구하라고 알려줄 버튼 클릭 이벤트를 리슨한다. 서버 사이드에도 이것을 설정해보자.

app.js 파일을 열어서 다음 코드를 추가한다.

```javascript
rabbit.on('ready', function(){
    rabbit.exchange('credit_charge', {autoDelete: false}, function(ex){
        rabbit.queue('charge', {autoDelete: false}, function(q){
            q.bind('credit_charge', q.name);
            q.close();
            startServer(ex);
        });
    });
});
```

위의 코드는 필요한 익스체인지와 큐를 생성한다. credit_charge라는 익스체인지와 익스체인지에 바인딩된 charge라는 큐가 생성될 것이다. 서버와 큐 모두 연결이 끊어져도 자동으로 제거하지 않는다. 지금 큐가 필요 없으면 연결을 끊으면된다. 연결을 끊지 않고 Node.js 서버와 RabbitMQ 서버에 리소스를 오픈해 둘 것이다. 그리고 startServer 함수를 통해 익스체인지 레퍼런스를 넘기면서 시작할것이다.

StartServer 만들기

다음 코드로 startServer 함수를 만들어라. 먼저 /credit_charge의 GET 요청에 응답하는 코드를 만들 것인데 다음 코드와 같다.

```
function startServer(ex){
app.get('/credit_charge', function(req, res){
    rabbit.queue('', {exclusive: true, autoDelete: true}, function(q){
        q.bind('credit_charge', q.name);
        ex.publish('charge', {card: 'details'}, {replyTo: q.name});
        q.subscribe(function(message){
            console.log(message);
            q.destroy();
            q.close();
            res.send('Charged! Thanks!');
        });
    });
  });

var server = app.listen(8002);
};
```

이것은 간단한 익스프레스 라우트다. 먼저 할 일은 요청에 워커가 응답하도록 큐를 만드는 것이다. 큐를 생성하면서 빈 라우팅 키를 넘긴다. 그러면 랜덤하고 고유한 큐 이름이 생성된다. 큐 이름을 랜덤한 숫자나 밀리세컨드 단위의 시간으로 만들어도 접속한 클라이언트가 충분히 많다면 중복될 가능성이 있다. 그다음에 할일은 큐를 독점적으로 만드는 것이다. 큐를 만든 클라이언트만 그 큐에 연결할 수있고 메시지를 받을 수 있게 하는 것이다. 그리고 그 큐를 credit_charge 익스체인지 이름에 바인딩하는데, 큐 이름을 정해주지 않았어도 상관없다. 큐 이름은 콜백 함수에서 리턴되는 객체에 있다. 특정 응답 객체에서만 메시지를 읽을 수 있는 고유한 이름의 큐가 생성됐다.

이제 워커에게 신용카드 프로세스를 시작하라고 지시할 것이다. charge 큐에 메시지를 보내면 된다. 메시지에는 카드 정보가 있어서 워커가 카드 요금 청구를 청구할 수 있다. 큐 이름 값을 가진 replyTo 애트리뷰트 객체도 옵션 객체로 넘길 것이다. 그러면 워커가 응답을 어떤 큐가 받을 것인지 알 수 있다.

코드가 하는 마지막 일은 요청에 대한 큐를 읽는 것이다. 메시지를 로그로 남기고 큐를 없애고 연결을 끊는다. 요청에 해당되는 큐를 읽기 위해서 이렇게 하는 것이다. 큐를 없애지 않고 연결을 닫지 않으면 RabbitMQ 서버가 수천 개의 오픈 큐를 갖게 될 것이고 노드는 그 큐들과 연결을 유지할 것이다. 연결 유지에 필요한 리소스들이 소비될 것이고, 큐가 많을수록 비용도 많이 든다. 마지막으로, 브라우저에 응답을 보낼 것이다. 에러가 있다면 함수에 에러 체크를 추가할 수 있다. 이것은 단지 테스트 애플리케이션이기 때문에 에러는 없을 것이다.

워커 만들기

실제로 신용카드에 청구할 수 있는 것은 없다. 그러므로 워커가 카드에 청구하는 것으로 간주할 것이다. 워커를 만들어 보자. worker.js라는 파일을 만들고 다음 코드를 추가한다.

```
var amqp = require('amqp');

var rabbit = amqp.createConnection();

rabbit.on('ready', function(){
    rabbit.exchange('credit_charge', {autoDelete: false}, function(ex){
        rabbit.queue('charge', {autoDelete: false}, function(q){
            q.bind('credit_charge', 'charge');
            q.subscribe(function(message, headers, deliveryInfo,
              messageObject){
                setTimeout(function(){
```

```
                    console.log(message);
                    console.log(headers);
                    console.log(deliveryInfo);
                    ex.publish(deliveryInfo.replyTo, {message: 'done'},
                        {headers: headers});
                }, 1500);
            });
        });
    });
});
```

위 코드는 이전에 만든 워커들과 비슷하다. 먼저 RabbitMQ와 익스체인지에 연결
해야 한다. app.js 파일의 큐들을 초기화했고, 이 큐들에 연결할 때 같은 옵션을 넘
기지 않으면 익스체인지에 연결할 수 없다. autoDelete 값은 false로 넘기고 있
다. true로 넘기면 익스체인지에 연결하지 않을 것이다. 큐에 연결할 때도 마찬가
지다. 같은 이름과 옵션을 넘겨주어야 한다. 그리고 큐를 익스체인지에 바인딩한
다. app.js를 시작하면 큐가 바인딩되지만 worker.js를 먼저 시작하면 워커에서
바인딩해야 한다. 큐는 바인딩되기 전까지는 메시지를 받지 않는다는 것을 기억하
라. app.js와 worker.js는 익스체인지와 큐가 생성되고 바인딩돼서 메시지가 소멸
되지 않도록 확실히 한다.

다음으로 큐를 읽어서 작업을 처리한다. 모든 것을 로그로 남기기 때문에 각각의
객체가 갖고 있는 것을 파악할 수 있다. 그리고 replyTo 애트리뷰트로 넘겨진 큐
에 메시지를 다시 넣는다. 이 큐는 요청으로 생성된 큐다. 헤더를 다시 넘길 것인
데 지금은 비어있다. setTimeout 함수에 이 과정이 모두 포함돼 있고, 1500밀리
세컨드마다 발생한다. 이 함수가 카드 요금 청구 과정을 시뮬레이션한다. 이제
/credit_charge로 가면 요청을 1.5초 동안 기다리게 하고 응답할 것이다. 이것을
한번 시도해보자.

노드를 두 개의 다른 터미널에서 시작하라. 하나는 app.js, 다른 하나는 worker.js
를 시작한다. http://localhost:8002에 접속해서 Charge my Card 링크를 클릭하라.
서버는 "Charged! Thanks!"라고 응답할 것이다. 로그로 남겨진 모든 객체들을
보기 위해서 터미널을 확인할 수 있다. 이제 워커가 처리할 메시지를 제네릭 큐에

넣었고 특정 요청에 응답했다. 한 개의 요청은 그다지 인상 깊지 않지만 매우 많은 요청에 응답하도록 확장할 수 있다.

실시간으로 카드 요금 청구

이제는 Socket.IO를 사용해서 방금한 것과 똑같은 작업을 할 것이다. Socket.IO 는 HTTP처럼 요청 기반 모듈이 아니므로, 이전과 다르게 설정하되 같은 부분도 있다. app.js 파일 안의 startServer 함수에 다음 코드를 익스프레스 코드 직후에 추가한다.

```
io = io.listen(server);

    io.on('connection', function(socket){
        rabbit.queue(socket.id, {exclusive: true, autoDelete: true}, function(q){
            q.bind('credit_charge', q.name);

            q.subscribe(function(message, headers, delivery){
                socket.emit(headers.emitEvent);
            });
            socket.on('charge', function(data){
                ex.publish('charge', {card: 'details'}, {replyTo: q.name,
                    headers: {emitEvent: 'charged'}});
        });

    socket.on('disconnect', function(){
        q.destroy();
        q.close();
    });

  });
});
```

소켓을 연결한 후에 소켓 ID가 이름인 큐를 생성한다. 빈 이름을 넘겨줄 수도 있었지만, 이렇게 하면 매니지먼트 인터페이스에 있는 소켓 기반의 큐를 볼 수 있다. 이 큐들은 다른 네이밍 규칙을 사용한다. 요청된 큐와 같이 exclusive를 true로 설정하고 연결이 끊어졌을 때 자동 제거한다. 그리고 익스체인지에 큐를 바인드한다.

소켓 ID는 하나의 서버에는 괜찮지만 Socket.IO 서버가 여러 개면 문제가 생길 수 있다. 이런 경우에는 UUID(node-uuid 패키지를 사용해서)를 생성하고 소켓 ID와 연결해서 유일한 이름을 생성할 수 있다.

그 후 워커로부터 전송된 메시지를 처리하기 위해 큐를 읽는다. 그러면 헤더에 정의된 이벤트가 발생한다. 그리고 charge 소켓 이벤트를 리슨하고 charge 큐에 카드 정보와 함께 메시지를 추가한다. 또 subscribe 함수에서 사용할 emitEvent 헤더와 함께 답신 보낼 큐의 이름을 추가한다. 워커를 다시 보면, 워커가 이 메시지의 헤더들을 꺼내서 큐에 보낼 메시지에 넣는 것을 알 수 있다.

마지막으로, 소켓의 disconnect 이벤트가 발생하면 큐를 없애고 연결을 끊는다.

http://localhost:8002에 들어가서 **Charge my Card** 버튼을 눌러서 테스트해 볼 수 있다. 테스트는 1.5초 정도 걸릴 것이고, 카드 요금이 청구됐는지 알려주는 알림을 받을 것이다. 콘솔에서 메시지 로그를 확인할 수 있다.

이 예제는 워커의 힘을 보여준다. 한 개의 워커밖에 없었지만, 여러 출처의 메시지들을 추가해서 보낼 수 있었다. 워커가 이 메시지들을 처리하면 응답을 기다리는 특정 클라이언트에게 되돌려 보낼 것이다. 다음 그림에서 메시지 흐름도를 알 수 있다.

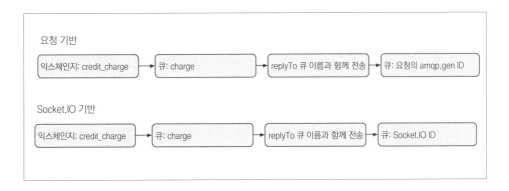

요청 기반과 Socket.IO 기반의 메시지 흐름도가 똑같이 출발하는 것을 알 수 있다. 이것은 기억해 두어야 할 중요한 사항인데, 이 프로세스를 시작하려면 익스체인지와 큐가 재사용 가능해야 한다. 카드 요금이 청구되면 응답받을 큐가 달라지면서 방향이 갈라진다. 이렇게 함으로써 한 개의 워커에 여러 개의 응답받을 큐를 사용하는 것이 가능하다.

PacktChat에 메시지 큐 추가

우리가 만든 애플리케이션에 메시지 큐를 추가할 수 있게 됐다. 애플리케이션은 신용카드 프로세스나 트랜잭션 이메일이 필요하지 않지만, RabbitMQ로 로그에 남길 것이다. 이제 로그 익스체인지를 만들고 `debug.log`와 `error.log` 큐를 만들 것이다. `debug.log` 큐는 익스체인지로 오는 모든 것을 로그로 남기고(에러를 포함해서) `error.log` 파일은 에러만 로그로 남길 것이다.

이 작업은 토픽 익스체인지를 사용한다.

토픽 익스체인지

우리가 만든 테스트 애플리케이션은 다이렉트 익스체인지를 썼다. 이것은 큐가 받은 메시지에 있는 라우팅 키와 똑같은 라우팅 키를 써야 한다는 뜻이다. 토픽 익스체인지는 라우팅 키에 패턴 매칭을 사용할 수 있게 한다. 이 예제에서는 `debug.log` 큐를 `*.log` 라우팅 키에 바인드할 것이다. 그러면 `debug.log`나 `error.log`인 메시지들이 매칭될 것이다. 다만 `error.log` 큐는 `error.log` 라우팅 키로 바인드해서 다이렉트 익스체인지처럼 만들 것이다. 토픽 익스체인지는 `error.log` 메시지를 에러 로그와 디버그 로그에 넣을 것이다. 이것이 디버그 큐가 모든 메시지를 로그로 남길 수 있는 이유다. 이제 만들어 보자.

먼저 3장에서 만든 애플리케이션의 사본을 만든다. 이 시점에서는 익스프레스, Socket.IO, 패스포트 모듈이 함께 작동하고 있을 것이다. package.json 파일의 디펜던시에 `amqp`와 `q`가 있어야 하므로 `npm install`을 실행할 수 있다.

config.js 파일을 열어 다음 코드를 crypto 객체 다음에 추가한다.

```
rabbitMQ: {
    URL: 'amqp://guest:guest@localhost:5672',
    exchange: 'packtchat.log'
}
```

이 코드는 URL과 사용할 익스체인지를 분명하게 정의한다. 다음 파일과 같이 이 것을 사용해 RabbitMQ에 연결한다. 그러면 queue라는 디렉토리를 생성하고 rabbit.js 파일을 디렉토리에 추가할 것이다. 다음 코드를 rabbit.js 파일에 추가한다.

```
var amqp = require('amqp'),
    config = require('../config'),
    q = require('q');

module.exports = q.Promise(function(resolve, reject, notify){
    var rabbit = amqp.createConnection(config.rabbitMQ.URL);
    rabbit.on('ready', function(){
        resolve(rabbit);
    });
});
```

처음 세 줄은 변수 설정에 관한 코드다. 그다음 줄에서는 Promise 객체를 익스포트한다. Promise 객체는 비동기 이벤트가 언제 발생할지 신경 쓰지 않고 이 이벤트에 반응할 수 있도록 한다. 이 예제에서 비동기 이벤트는 RabbitMQ로 연결하는 것이다. 연결되면 프로미스를 리졸브resolve해서 rabbit 객체를 사용할 수 있다. 이 파일을 요청하면 이 객체를 동기적으로 돌려보낸다. 연결됐는지 확신하기 전에도 이것이 발생할 수 있다. 프로미스를 사용하지 않을 때 연결을 시도하려고 하면 에러를 발생시킬 수 있다. 프로미스는 연결됐을 때 다른 객체들이 무언가 작업할 수 있도록 프로미스를 되돌려 줄 수 있게 해준다.

이제 index.js라는 파일을 생성해서 큐와 익스체인지를 만들 것이다. 다음 코드를 index.js에 추가한다.

```
var rabbitPromise = require('./rabbit'),
    config = require('../config'),
    q = require('q');

function queueSetup(rabbit){
    rabbit.queue('debug.log', {autoDelete: false}, function(q){
        q.bind(config.rabbitMQ.exchange, '*.log');
        q.close();
    });

    rabbit.queue('error.log', {autoDelete: false}, function(q){
        q.bind(config.rabbitMQ.exchange, 'error.log');
        q.close();
    });
}

module.exports = q.Promise(function(resolve, reject, notify){
    rabbitPromise.done(function(rabbit){
        rabbit.exchange(config.rabbitMQ.exchange, {type: 'topic',
autoDelete: false}, function(ex){
            queueSetup(rabbit);
            resolve(ex);
        });
    });
});
```

이 코드에서 프로미스들이 활성화된 것을 알 수 있다. 연결이 준비되면 Promise는
리졸브되고 done 함수를 rabbit 연결에 대한 레퍼런스를 사용해 실행한다. 프로
미스를 갖고 있는 객체는 연결된 rabbit 객체의 레퍼런스를 얻을 수 있다. config
에 정의된 이름으로 익스체인지를 생성할 수 있다. 이 익스체인지는 토픽 익스체
인지로, 자동으로 제거되지 않는다. 그리고 두 개의 큐들을 생성하고 익스체인지
에 바인드하는 함수를 실행한다. 이 함수에서 debug.log를 익스체인지에 *.log
를 라우팅 키로 사용해 바인드하는 것을 알 수 있다. error.log 큐도 설정할 것
이다. 이제 우리는 익스체인지 설정과 생성되고 바인드된 큐들을 갖고 있다. 모
든 메시지는 목적지가 있다. 그리고 나서 연결된 익스체인지에 대한 레퍼런스를
갖고 있는 다른 프로미스를 리졸브할 것이다. 그러면 우리가 만든 익스체인지의

Promise가 노출될 것이다.

RabbitMQ나 익스체인지, 어디에 연결되는지는 중요하지 않다. 프로미스들은 생성되자마자 리턴된다. 이제 이 프로미스를 사용해보자. 첫 번째로 프로미스를 추가할 곳은 packtchat\middleware에 있는 log.js이다. log.js는 콘솔에 요청 URL을 로그로 남기는 미들웨어일 뿐이다. log.js에 큐에 대한 정보를 추가해 바꿀 것이다. 파일 내용을 다음 코드로 대체한다.

```
var exchange = require('../queue');

function debug(message){
    exchange.done(function(ex){
        ex.publish('debug.log', message);
    });
};

function error(message){
    exchange.done(function(ex){
        ex.publish('error.log', message);
    });
}
```

먼저 해야 할 것은 우리가 만든 익스체인지를 레퍼런스하는 프로미스를 만드는 것이다. 이 프로미스는 익스체인지에 대한 레퍼런스로 리졸브할 것이다. debug 함수를 보면 알 수 있다. 이 프로미스를 가져가서 done을 호출한다. 그리고 인자로 익스체인지를 받고 받은 메시지도 전송한다. done 함수는 연결이 되면 실행되거나, 연결이 이미 생성되어 있으면 바로 실행할 것이다. 두 가지 경우에 대해서 연결이 끊기는 것에 대한 걱정은 하지 않아도 된다. 연결이 끊겨도 이 코드를 실행해 줄 프로미스를 갖고 있기 때문이다. error 함수도 같은 방법으로 바꿔준다. 현재 exports.logger 값을 다음 코드처럼 변경한다.

```
exports.logger = function logger(req, res, next){
  debug({url: req.url, ts: Date.now()});
  next();
};
```

```
exports.debug = debug;
exports.error = error;
```

logger 미들웨어가 새로운 debug 함수를 사용할 수 있도록 수정하였다. URL도
이전처럼 넘겨주고, 현재 시각도 타임스탬프 형태로 넘겨준다. 메시지가 처리되
기 전에 큐에 저장할 수 있고, 처음 생성된 시간을 알 수 있기 때문에 중요하다.
마지막으로 할 것은 debug와 error 함수를 어디서든 쓸 수 있도록 익스포트하는
것이다.

이제 이 함수들을 passport 객체에 사용할 것이다. 모든 로그인 오류를 로그로 남
길 것이다. passport 폴더에 있는 index.js 파일의 passport.use(new local())
안에 다음 코드를 로그인 시도 실패 오류를 리턴하는 done 주변에 추가한다. done
을 호출할 때마다 'Wrong Username or Password'라는 텍스트를 보낼 것이고,
코드는 다음과 같다.

```
// 로그 파일에 레퍼런스를 추가한다.
Var log = require('../middleware/log');
// 로컬 인증 함수의 내부로 대체한다.
// 43~44 라인일 것이다.
log.debug({message: 'Wrong Username or Password', username: username});
done(null, false, {message: 'Wrong Username or Password'});
```

다음에는 에러 핸들러에 로깅을 추가한다. Middleware 폴더에 있는
errorhandler.js 파일을 열어서 내용을 다음 코드로 대체하라.

```
var log = require('./log');

exports.notFound = function notFound(req, res, next){
res.status(404).render('404', {title: 'Wrong Turn'});
};

exports.error = function error(err, req, res, next){
  log.error({error: err.message, ts: Date.now()});
  res.status(500).render('500', {title: 'Mistakes Were Made'});
};
```

이 시점에서 앱을 로딩하고 메시지를 생성할 수 있다. 노드를 시작하고 http://localhost:3000과 http://localhost:3000/error에 접속해보자. 그다음에 RabbitMQ 매니지먼트 웹사이트인 http://localhost:15672에 들어간다. **Queues**를 클릭해서 현재 큐에 저장된 메시지들을 볼 수 있다. 다음 화면과 비슷하게 보일 것이다.

		Overview				Messages			Message rates		
Name	Exclusive	Parameters	Policy	Status	Ready	Unacked	Total	incoming	deliver / get	ack
debug.log				Idle	7	0	7	0.00/s	0.00/s	
error.log				Idle	1	0	1	0.00/s	0.00/s	

만약 debug.log와 error.log 큐가 모두 메시지를 갖고 있으면 메시지 큐 기반의 로깅이 작동한다는 뜻이다.

워커 만들기

큐에 메시지들이 저장됐지만 처리할 것이 없다. workers라는 디렉토리를 만들고 그 안에 log.js 파일을 만들어라. 다음 코드를 그 파일에 추가한다.

```
var rabbitPromise = require('../queue/rabbit'),
    config = require('../config');

rabbitPromise.done(function(rabbit){
    rabbit.queue('debug.log', {autoDelete: false}, function(q){
        q.bind(config.rabbitMQ.exchange, '*.log');
        q.subscribe({ ack: true, prefetchCount: 1 }, function(message,
            headers, delivery, messageObject){
          console.log('Debug-Routing:' + delivery.routingKey +
            JSON. stringify(message));
          messageObject.acknowledge();
          //setTimeout(function(){messageObject.reject(true);}, 2000);
      });
  });

  rabbit.queue('error.log', {autoDelete: false}, function(q){
      q.bind(config.rabbitMQ.exchange, 'error.log');
```

```
    q.subscribe({ ack: true, prefetchCount: 1 }, function(message,
        headers, delivery, messageObject){
        console.log('Error-Routing:' + delivery.routingKey +
            JSON.stringify(message));
        messageObject.acknowledge();
    });
  });
});
```

이 파일은 래빗rabbit 프로미스들에 대한 레퍼런스를 받는 것과 설정을 받는 것으로 시작한다. 그리고 래빗 프로미스를 호출해서 래빗과의 연결에 대한 레퍼런스를 얻는다. 연결되면 큐를 생성한다. 워커나 웹 서버가 먼저 실행되지 않아도 큐가 생성되도록 하는 것이다. 그리고 나서 메시지를 읽기 위해 큐를 읽는다. 그리고 console.log를 사용해서 로거logger에 라우팅 키와 넘겨진 메시지를 넣는다. 이제 다른 터미널에서 노드로 워커를 시작할 수 있다.

log.js를 실행한 결과는 다음 화면처럼 보일 것이다.

```
Debug-Routing:debug.log{"url":"/css/style.css","ts":1397101112047}
Debug-Routing:debug.log{"url":"/","ts":1397103518502}
Debug-Routing:debug.log{"url":"/css/cosmo.min.css","ts":1397103518634}
Debug-Routing:debug.log{"url":"/css/style.css","ts":1397103518634}
Error-Routing:error.log{"error":"A contrived error","ts":1397101111988}
```

큐를 읽는 이 이벤트는 options 객체를 넘긴다는 것을 명심해야 된다. 이 옵션 객체는 패키지에게 메시지를 읽을 것이며 한 번에 한 개만 읽을 것이라는 것을 알려준다. 위 코드에서 acknowledge 함수는 콘솔에 로그를 찍은 후에 실행한다. 그다음 줄은 주석 처리돼 있다. 이 줄은 2초 후에 메시지를 거절하는 코드다. reject 함수에서 보낸 true 값은 메시지를 큐에 다시 저장한다는 뜻이다. 무슨 일이 생겨서 워커가 메시지를 처리하지 못하면 다른 워커가 처리할 수 있게 큐에 다시 저장하는 것이다. log.js 파일의 9번째 줄은 주석 처리하고, setTimeout은 주석을 풀고 워커를 실행해라. 워커가 메시지를 가져오고 2초 후에 큐에 다시 저장되는 것을 볼 수 있다. 코드의 생산성은 떨어지지만 어떤 작업이 가능한지 보여준다. 이제 setTimeout은 지우고 acknowledge가 있는 줄은 주석은 해제한다.

RabbitMQ에서 큐에 메시지 저장

지금까지 익스체인지 타입 몇 개를 다뤘지만, 이제는 타입 전체를 다룬다. 첫번 째로 가장 단순한 익스체인지 타입은 다이렉트다. 다이렉트는 큐가 바인드됐을 때 쓴 라우팅 키끼리 매칭해준다. 매칭되면 큐가 메시지를 받는다. 두 번째 타입은 토픽이다. PacktChat 애플리케이션에서 사용했다. 라우팅 키는 패턴 형태다. 패턴 형태이므로 워커가 넓은 범위의 메시지를 쉽게 선택할 수 있다. 라우팅 키를 수직 구조로 설계한다면 포괄적이거나 독점적인 큐를 쉽게 생성할 수 있다. 로깅 익스체인지가 그 예다. 디버그 큐는 `*.log`와 매칭되는 큐의 메시지를 받는다. 에러 큐는 `error.log`인 메시지만 받는다. `warn.log`와 매칭되는 경고 큐를 만들면, 디버그 큐도 모든 메시지를 받게 될 것이다. 세 번째 타입은 팬아웃fanout이다. 팬아웃은 브로드캐스터broadcaster 역할을 한다. 팬아웃 익스체인지에 바인드된 모든 큐들은 라우팅 키와 상관 없이 메시지를 받는다. 동시에 여러 클라이언트의 정보를 얻고 싶으면 팬아웃 익스체인지를 사용하라.

마지막으로, 네 번째 타입은 헤더다. 라우팅 키로 메시지를 어떤 큐에 보낼지 결정하는 것 대신에 메시지의 헤더로 결정하는 것이다. 라우팅 키가 스트링 형이어야 하는 단점을 해결해준다. 헤더에 추가된 곳으로 따라가면 된다.

RabbitMQ 익스체인지와 큐는 에러를 잘 처리하도록 설정돼 있다. 애플리케이션을 보면 애크놀리지먼트acknowledgment는 RabbitMQ에게 메시지를 성공적으로 처리했으며 메시지를 지울 수 있다는 것을 알려준다. 이것을 설정하지 않으면 RabbitMQ는 전송 후 바로 메시지를 삭제할 것이다. 이렇게 설정해 놓으면 워커가 작업을 처리하다가 에러가 발생하는 것을 예방할 수 있다. 또 데드 레터 익스체인지dead letter exchange라는 것을 설정할 수 있다. 이것은 메시지 무덤 같은 것이다. 메시지가 거절당하거나 시간을 초과하거나 큐에 메시지가 너무 많으면 다른 큐가 메시지를 받도록 설정할 수 있다. 마지막으로, 큐를 내구성 있게 설정할 수 있다. 이것은 서버가 재시작할 때 큐의 내용이 사라지지 않는 것을 뜻한다. 이 모든 설정들은 RabbitMQ가 메시지를 잃어버리지 않게 해준다.

메시지 큐는 애플리케이션들을 혼합적으로 만드는 것을 가능하게 해준다. 이 말은

밀접하게 연결되지 않은 애플리케이션 요소들을 만들 수 있다는 뜻이다. 예를 들어, 애플리케이션에 트랜잭션 이메일 기능을 추가할 수 있다. 누가 로그인하고 어떤 행동을 했을 때(물품 구매라든지) 다른 애플리케이션 요소를 건들지 않고 해당 부분만 쉽게 업데이트할 수 있다. 이메일 프로바이더가 완전히 바뀌어도 웹 서버는 절대 알지 못한다. 이 점은 확장성도 높여 준다. 이메일 큐에 항상 메시지가 있다면 전용 워커를 새로 만들면 된다.

다른 장점은 요청 중에 고비용 작업을 하지 않아도 되는 것이다. 이메일을 보내고 신용카드 요금을 청구하거나 이미지를 처리하는 작업은 몇 백 밀리세컨드 이상 걸린다. 요청 중에 이 작업을 하면 유저는 웹 서버가 응답할 때까지 기다려야 한다. 작업이 요청에서 메시지 큐로 옮겨지면, 웹 서버는 바로 응답한다. 그리고 나서 워커들이 모든 고비용 작업들을 처리해 줄 것이다. 고비용 작업처리가 끝나면 워커들은 유저에게 메일로도 알려준다.

마지막 장점으로, 메시지 큐는 이미 작성된 코드를 이용할 수 있게 해주며, 또한 이 코드가 다른 언어로 작성됐더라도 사용할 수 있게 해준다. 신용카드 프로세서가 자바로 작성됐다면 노드를 사용하기 위해 재작성하지 않고 그대로 쓸 수 있다. 이 점을 활용해서 코드 기반에 따라 앱을 빨리 만들 수 있다.

요약

메시지 큐에 대해 배웠는데 메시지 큐는 지속적이고 확장성 있는 애플리케이션을 더 많이 만들 수 있게 해준다. 프로미스들을 사용해 비동기 이벤트를 쉽게 다루는 것에 대해 이야기했다.

5장에서는 레디스 인스톨 방법과 애플리케이션에서 사용하는 방법을 배운다.

5

애플리케이션 데이터 저장소로 레디스 사용

레디스로 애플리케이션 현재 상태를 저장하는 방법을 알아볼 것이다. 레디스는 시스템 메모리를 사용하는 간단한 키-값 스토어다. 이것은 레디스가 빠르다는 뜻이다. 값을 찾을 때 매우 짧은 시간이 걸린다. 레디스는 키-값 스토어로서 관계형 데이터베이스RDBMS와 매우 다른 방식으로 데이터를 저장한다. 레디스는 로컬이나 원격으로 연결할 수 있다. 이로 인해 애플리케이션의 확장성을 높일 수 있는데, 레디스에 저장된 데이터를 여러 웹 서버에서 온라인으로 작업할 수 있기 때문이다. 레디스가 가진 간단한 메시지 큐 시스템도 살펴본다. 5장에서 다루는 내용은 다음과 같다.

- 레디스 설치하는 방법
- 레디스에서 데이터 구조 사용하기
- Node.js에서 레디스 사용하기
- 레디스의 보내기/읽기 기능 사용하기
- 레디스를 애플리케이션과 통합하기

노드 패키지 버전

4장에서 설치한 레디스 클라이언트를 사용한다. flow-maintained라는 이름의 새로운 패키지도 사용한다. flow-maintained는 작성해야 하는 콜백의 개수를 관리하도록 도와주는 작은 프레임워크다. flow-maintained는 비동기식 코드가 동기식으로 실행되는 것처럼 보이게 한다. flow-maintained에는 동기식 forEach 루프도 포함돼 있다.

다음은 npm install을 실행하기 전에 추가해야 할 패키지다.

- redis: 0.1 0.1

- flow-maintained: 0.2.3

package.json 파일의 dependencies는 다음 코드와 같다.

```
"dependencies": {
    "body-parser": "1.4.3",
    "connect": "3.0.2",
    "connect-flash": "0.1.1",
    "connect-redis": "2.0.0",
    "cookie-parser": "1.3.2",
    "csurf": "1.3.0",
    "ejs": "0.8.5",
    "express": "4.6.1",
    "express-partials": "0.2.0",
    "express-session": "1.6.5",
    "redis": "0.10.1",
    "cookie": "0.1.1",
    "socket.io": "1.0.6",
    "socket.io-redis": "0.1.3",
    "passport": "0.2.0",
    "passport-local": "1.0.0",
    "passport-facebook": "1.0.3",
    "passport-google-oauth": "0.1.5",
    "scmp": "0.0.3",
    "amqp": "0.2.0",
    "q": "1.0.1"
}
```

레디스 설치하는 방법

엄밀히 말하면 이미 레디스를 사용해 애플리케이션 상태를 저장한다. 익스프레스/컨넥트는 세션 스토어로 레디스를 사용하는데, 레디스가 설치돼 있지 않아 4장에서 이 장으로 왔을 수도 있을 것이다. 지금부터 설치 방법을 다룬다.

맥 OS X에 설치하는 방법

맥 OS X에서 설치하는 방법부터 배운다. 브루brew 플랫폼을 사용해서 매우 쉽게 소프트웨어를 설치할 수 있다. 터미널에서 다음 커맨드를 입력한다.

```
brew install redis
```

그러면 다음 화면과 비슷하게 보일 것이다.

```
joshuas-mini:finalChapters jjohanan$ brew install redis
==> Downloading https://downloads.sf.net/project/machomebrew/Bottles/redis-2.8.5
Already downloaded: /Library/Caches/Homebrew/redis-2.8.5.mavericks.bottle.tar.gz
==> Pouring redis-2.8.5.mavericks.bottle.tar.gz
==> Caveats
To have launchd start redis at login:
    ln -sfv /usr/local/opt/redis/*.plist ~/Library/LaunchAgents
Then to load redis now:
    launchctl load ~/Library/LaunchAgents/homebrew.mxcl.redis.plist
Or, if you don't want/need launchctl, you can just run:
    redis-server /usr/local/etc/redis.conf
==> Summary
🍺 /usr/local/Cellar/redis/2.8.5: 10 files, 1.2M
joshuas-mini:finalChapters jjohanan$ █
```

이 책을 쓰는 시점에서 레디스 2.8.8이 안정적인 최신 버전이었고 브루는 2.8.5 버전을 설치한다. 숫자에 큰 차이가 없으므로 버전 차이는 신경 쓰지 않을 것이다.

홈브루Homebrew는 /usr/local/Cellar/redis/2.8.5에 레디스를 설치한다. 홈브루는 이 경로를 그 동안 우리가 썼던 경로에도 추가한다. 이렇게 추가함으로써 서버와 터미널의 커맨드라인 인터페이스를 설치할 수 있다. 서버를 설치해 레디스가 작동하는지 확인해보자. 터미널에서 다음 커맨드를 입력한다.

```
redis-server
```

그러면 다음 화면과 같이 보인다.

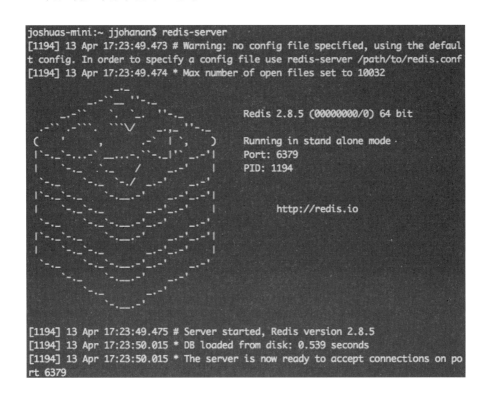

레디스를 설치하려고 5장에 왔다면 이제 레디스 설치가 끝나서 작동이 되므로 다시 돌아가도 된다. 홈브루가 서비스로 실행할 수 있는 커맨드를 알려주지 않았다면 Node.js 애플리케이션을 실행할 때마다 레디스를 먼저 해야 된다. 레디스가 실행되지 않으면 세션이 작동하지 않을 것이다. 물론 맥 OS X을 사용하지 않는다면 사용 중인 OS에서 설치하는 내용으로 넘어간다.

리눅스에 설치하는 방법

이 책을 쓰고 있는 시점의 우분투 버전인 주분투Xubuntu 13.10을 사용할 것이다. 우분투는 매우 간단하고 쉬운 apt-get이라는 소프트웨어 패키지 툴을 사용한다. 이제 레디스를 다음 커맨드로 리눅스에 설치해보자.

```
sudo apt-get install redis-server
```

이 커맨드는 레퍼지토리에서 레디스를 다운로드해 설치할 것이다. 레디스는 설치
후에 백그라운드에서 이미 실행되고 있을 것이다. 레디스를 잠깐 중단하고 직접
설치해보자. 다음 커맨드를 터미널에서 실행한다.

```
sudo service redis-server stop
redis-server
```

레디스가 실행되는 것을 볼 텐데, 맥 OS X에 설치되는 과정과 버전이 2.6.13이라
는 것 외에는 매우 비슷하다. 적어도 2.8 정도 버전을 사용하는 것이 좋다. 개인 패
키지 저장소PPA, Personal Package Archive를 사용할 것이다. PPA는 현재 우분투 레퍼
지토리에 있는 것보다 최신의 소프트웨어를 설치하게 해준다. 대부분의 PPA는 캐
노니컬Canonical(우분투를 지원하는 회사) 또는 소프트웨어 밴더 회사에 의해 운영된
다. PPA의 장점은 업그레이드할 타겟을 정할 수 있다는 것이다. 예를 들면, 레디스
PPA를 사용하면 redis-server와 redis-server를 작동하는 데 필요한 것들만
업데이트할 수 있다. 터미널을 열어서 다음 커맨드를 실행한다.

```
sudo add-apt-repository ppa:chris-lea/redis-server
sudo apt-get update
sudo apt-get install redis-server
```

첫 번째 커맨드는 PPA를 레퍼지토리 리스트에 추가한다. 커맨드는 엔터로 계속하
거나 Ctrl + C로 중단하라고 할 것이다. 물론 설치를 계속할 것이다. 그리고 소스
를 업데이트한다. 업데이트 커맨드는 패키지 새 버전들을 모든 레퍼지토리에서 확
인할 것이다. install 커맨드를 실행하면, 이미 레디스는 설치했으므로 업데이트
가 될 것이고, apt-get은 새 버전이 있는지 확인하는 역할을 한다.

이제 레디스 커맨드라인 툴인 redis-cli를 사용해서 새 버전을 설치했다는 것을
확인할 것이다. 터미널에서 다음 커맨드를 실행한다.

```
redis-cli
127.0.0.1:6379>info
```

스크린 스크롤이 생길 정도로 많은 정보를 보게 될 것이다. 첫 번째 정보는 redis_
version이다. 지금 설치한 버전은 2.8.8이다. 개발 머신을 확장하기에 적합한 버
전인데, 프로덕션 서버에서 2.8.0이상 버전을 쓸 것이기 때문이다.

PPA는 오래된 배포판에서 최신의 소프트웨어 패키지를 실행하게 해 주는데 큰 이점이 있다. 비교적 최신인 배포판을 써야 의존성 문제에 부딪치지 않을 것이다.

윈도우에 설치하는 방법

먼저 레디스는 윈도우에서 지원되지 않는다. 유닉스/리눅스 시스템에서 작동하도록 설계됐다. 그렇다 할지라도 레디스를 윈도우에 설치하는 방법은 있다.

마이크로소프트 오픈 테크 팀은 윈도우에 포팅된 레디스 깃Git 레퍼지토리를 관리하고 있다. 이것은 https://github.com/MSOpenTech/redis에 있다.

소스를 풀pull 다운하고 비주얼 스튜디오Visual Studio 프로그램(무료 익스프레스 버전도 쓸 수 있다)을 사용해 레디스를 설치할 수 있다. 다른 방법은 레퍼지토리에 있는 미리 컴파일된 바이너리 파일을 사용하는 것이다. 각 브랜치에는 bin/release 폴더가 있는데, 컴파일된 바이너리 파일이 압축된 ZIP 파일이 들어있다. 압축을 풀고 사용하면 된다. 다음 화면은 윈도우에서 미리 컴파일한 바이너리를 사용해 레디스를 실행하는 것을 보여준다.

레디스는 맥 OS X 혹은 리눅스에서 사용하는 것을 강력히 추천한다. 윈도우에서 개발하면 MS 오픈 테크 프로젝트는 임시방편일 뿐이다. 버추얼박스를 설치하고 (https://www.virtualbox.org), 레디스가 설치된 리눅스 로컬 가상 머신을 설치해야 할 수도 있다. 로컬호스트에 연결하고 또 가상머신에 연결하도록 설정을 바꿔야 할 것이다.

레디스에서 데이터 구조 사용하기

코드를 만들기 전에 레디스가 지원하는 데이터 구조를 먼저 다룬다. 그다음에 이 데이터 구조로 만들 수 있는 것에 대해 얘기하겠다. 레디스는 데이터베이스가 아니므로 VARCHAR, INT, DATETIME 같은 것을 갖고 있지 않다. 레디스는 키-값 스토어이다. 키가 있고, 스토어에 저장된 벨류를 찾아볼 수 있다. 레디스는 몇몇 로우 레벨 데이터 타입을 지원한다. 첫 번째로 얘기할 데이터 타입은 스트링이다.

스트링string은 가장 기본적인 데이터 타입이고 이번에 자주 사용할 것이다. 일반적으로, 거의 모든 데이터 타입을 스트링으로 변환할 수 있다. 세션을 레디스로 이동하기 위해 컨넥트Connect를 사용했던 것을 다시 생각해보면, 컨넥트는 단지 JSON을 변환해서 이것을 스트링으로 저장했었다는 것을 기억할 것이다. 스트링으로 저장하는 것은 항상 가능하다. 스트링 타입은 인티저integer 타입으로도 쓰인다. 구체적인 인티저 타입이 없어서 인티저는 스트링으로 저장된다.

두 번째 데이터 타입은 해시hash다. 해시는 필드 정보를 해시로 저장한다. 예를 들어 사용자 해시는 유저네임과 디스플레이display 네임을 가질 수 있다. 그러면 사용자 해시 전체를 갖고 오거나 각각의 필드를 가져올 수 있다.

세 번째 데이터 타입은 리스트다. 리스트는 단순히 연결 리스트linked list다. 배열의 왼쪽 혹은 오른쪽에 다른 엘리먼트를 쉽게 추가할 수 있다. 인덱스를 지정해 한 로우의 여러 엘리먼트를 선택하는 속도도 매우 빠르다. 리스트는 스트링만 저장할 수 있다.

마지막 데이터 타입은 셋set이다. 셋은 리스트와 매우 비슷하지만 한 가지 중요한 차이점이 있는데, 고유 값distinct value을 저장한다는 것이다. 값이 이미 저장돼 있으면, 셋에 멤버를 생성할 수 없다. 이 점이 리스트와 구별되는 작고 강력한 차이점이다.

셋과 관련된 타입은 정렬된 셋이다. 고유 멤버만 저장하는 것은 같지만 스코어를 기준으로 정렬할 수 있다. 스코어는 멤버를 추가할 때 사용되고 멤버들을 필터링하거나 정렬할 때 쓰인다. 처음엔 유용해 보이지 않을 수 있지만, 이는 대단한 기능이다. 스코어를 사용해 타임스탬프를 기록하면 최근 30분 내에 접속했던 사용자들만 보이도록 필터링할 수 있다.

데이터 타입을 충분히 다루지는 않았지만, 레디스에 무엇을 저장할지와 어떻게 저장할지 이해할 수 있을 것이다. 이제 작은 애플리케이션에서 이 기능을 사용해 보자.

간단한 레디스 애플리케이션 만드는 방법

레디스를 사용하는 첫 번째 모험으로 사용자가 메시지를 남기는 애플리케이션을 만들자. 간단하게 하기 위해서 인증 시스템은 만들지 않을 것이다. 사용자와 메시지는 레디스에 저장하고, 요청에 따라 검색할 것이다.

첫 번째 할 일은 애플리케이션을 저장할 redis_first_app 디렉토리를 만드는 것이다. 그다음에 app.js라는 파일을 루트 안에 만들 것이다. 익스프레스 모듈과 EJS를 설치해서 라우팅과 템플레이팅templating을 할 것이다. 다음 코드를 내용으로 하는 package.json 파일을 만든다.

```
{
  "dependencies": {
    "body-parser": "1.4.3",
    "ejs": "0.8.5",
    "express": "4.6.1",
    "flow-maintained": "0.2.3",
    "redis": "0.10.3"
  }
}
```

항상 그랬듯이 `npm install`을 실행하는 것을 잊지 마라.

이게 끝났으면 app.js에도 다음 코드를 추가한다.

```
var express = require('express'),
  app = express(),
  bodyParser = require('body-parser');
app.set('view engine', 'ejs');
app.use(bodyParser.urlencoded({extended: false}));

app.get('/', function(req, res){
  res.render('index');
});

app.post('/', function(req, res){
  console.log(req.body);
  res.redirect('/');
});
app.listen(8003);
```

새로운 것은 없다. 템플릿을 렌더링하고 폼form을 처리하는 간단한 익스프레스 앱을 만들었다. 이 코드에 대해 궁금하다면 '1장, 익스프레스를 사용한 백엔드 개발'을 참고한다.

이제 views 디렉토리를 생성하고 index.ejs 파일을 추가한다. index.ejs는 다음과 같다.

```
<html>
<body>
<form method="POST">
  <div>
  Username:
  <input type="text" name="username"/>
  </div>
  <div>
  Name:
  <input type="text" name="name"/>
  </div>
  <div>
  Message:
```

```
    <textarea name="message"></textarea>
    </div>
    <button>Send Message</button>
  </form>
  </body>
  </html>
```

노드를 시작하고 http://localhost:8003에 들어가 애플리케이션이 작동하는지 확인할 수 있다. 폼을 로딩하고 전송할 수 있다.

이제 레디스와 연동작업을 추가할 수 있다. app.js 상단에 다음 코드를 추가한다.

```
  app = express(),
    redis = require('redis'),
    client = redis.createClient(),
  flow = require('flow-maintained');
```

createClient에는 매개변수를 전달하지 않는데, 기본 설정을 사용할 것이기 때문이다. 레디스 라이브러리의 장점은 연결이 언제 되는지 신경 쓰지 않아도 된다는 점이다. 라이브러리는 연결되기 전에 모든 커맨드를 캐시에 저장하고 연결되면 바로 이 커맨드를 실행한다. 이는 근본적으로 프로미스 방식이다. 물론, 연결된 후의 커맨드는 캐시에 저장되지 않는다.

레디스 라이브러리의 다른 장점은 각 커맨드가 메소드와 같은 이름을 갖고 있다는 점이다. 예를 들어, GET 커맨드의 메소드 이름은 get()이고, SET은 set()이다. 레디스에서 쓸 수 있는 모든 커맨드들을 알면 레디스 라이브러리에서도 쓸 수 있다.

그다음에 GET 라우트를 '/'로 바꿀 것이다. 다음 코드와 비슷하게 보이도록 app.js를 수정한다.

```
app.get('/', function(req, res){
    client.incr("test", function(err, counter){
      res.render('index', {redis: counter});
    });
});
```

190

새로운 코드가 추가됐다! INCR 커맨드를 실행하기 위해 클라이언트 연결을 사용했다. INCR 커맨드는 지정한 키의 값을 증가시킨다. 키에 값이 없다면 1을 리턴할 것이다. 이 메소드는 단순한 카운터로 사용할 것이다. 각 요청이 들어올 때마다 test 값을 하나씩 증가시킨다. 그리고 그 값을 템플릿에 넘기는데, 이는 템플릿 변수를 템플릿에 추가한다는 뜻이다. index.ejs를 열어서 다음 코드를 추가한다.

```
<html>
<body>
<%= redis %>
<form method="POST">
```

페이지를 로딩할 때마다 카운터는 하나씩 늘어날 것이다. 레디스에 애플리케이션 상태를 저장해 놓았다. redis-cli에 가서 무슨 일이 일어나고 있는지 확인해보자. 터미널을 열어서 다음 커맨드를 실행한다.

```
redis-cli
Then GET the value of test.
127.0.0.1:6379> GET "test"
"5"
```

리턴 값은 페이지에 있는 최근 값과 같아야 한다.

이것을 이용해서 더 발전된 기능을 만들어 보자. index.ejs를 열고 레디스 템플릿 변수는 지운다. 그리고 다음 코드를 폼 다음에 작성한다.

```
</form>
<% messages.forEach(function(el, index){ %>
<div>
<%= messages[index].message %>
<br/>
  - <%= messages[index].name %>
</div>
<% }) %>
</body>
```

각 객체에 메시지와 이름 객체를 갖고 있는 messages 배열을 템플릿에 전달해 주어야 한다. 이 데이터는 레디스에 저장돼 있을 것이다. 아까 언급했던 데이터 타입들의 대부분을 사용해서 작은 애플리케이션을 업데이트할 것이다. 또 flow를 사용해 콜백 구조를 평평하게 한다. 먼저 해야 할 일은 메시지를 만든 사용자에 대한 레퍼런스를 저장하는 것이다. 다음 함수를 app.js에 추가한다.

```
function CreateUser(username, name, cb){
  client.incr('next:user:id', function(err, userid){
    flow.exec(
      function(){
        var user_string = 'user:' + userid;
        client.set('user:' + username, userid, this.MULTI());
        client.hset(user_string, 'name', name, this.MULTI());
        client.hset(user_string, 'username', username, this.MULTI());
      },function(args){
        cb(userid);
      }
    );
  });
};
```

플로우flow에 대해 얘기하면서 코드를 설명하겠다. 플로우는 중첩 콜백을 사용하지 않도록 막아 준다. 플로우를 시작하려면 flow.exec를 실행하고 그 안에 함수를 추가한다. 이 예제에서는 INCR 커맨드가 다음 userid를 가져온다. 플로우를 사용해 함수를 우리가 원하는 순서대로 실행할 것이다. 플로우도 비동기적으로 실행되지만 콜백 체인을 만들면 코드가 동기적으로 실행되는 것처럼 보일 수 있다. 콜백이 실행되기 전에 실행해야 하는 함수가 세 개 있으므로, 콜백 대신 this.MULTI()를 사용한다. this.MULTI() 함수는 호출되기 전에 플로우가 다음 단계를 진행하는 것을 막아준다. 마지막 함수는 userid를 콜백 함수에 돌려준다. 이제 레디스에서 무슨 일이 생기고 있는지 설명하겠다.

첫 번째 INCR 커맨드는 고유한 ID를 생성한다. 인증은 신경 쓰지 않는다. 그 다음에 ID를 사용해 userid를 저장하는 username의 키를 생성할 것이다. username이 무슨 userid인지 알아보고 싶으면 GET "user:username"이라는 커맨드를 실행한다. 그러면 필드 이름과 username의 해시를 만들 수 있다. 이 해시의 키는 userid다. username나 ID로 사용자를 찾아서 userid와

username, name을 알아낼 수 있다.

이제 userid를 알아내거나 userid를 생성해서 리턴하는 함수를 만들 것이다. 다음 함수를 app.js에 추가한다.

```
function GetUserID(username, name, cb){
  client.get('user:' + username, function(err, userid){
    if(userid){
      cb(userid);
    }else{
      CreateUser(username, name, function(new_user){
        cb(new_user);
      });
    }
  });
};
```

이 함수에는 플로우가 없으므로 콜백을 사용할 때 차이점을 확인할 수 있다. GetUserId는 username을 전달받았고, 그 username으로 GET 커맨드의 "user:username"을 사용해서 레디스를 확인할 수 있다. 만약 username의 키가 존재하면 username의 userid를 리턴할 것이다. 키가 존재하지 않으면 null을 리턴할 것이다. 그러면 userid를 콜백에 다시 넣거나 CreateUser 함수를 실행해 사용자를 생성하고 userid를 리턴할 수 있다.

그런 다음 사용자가 보낸 메시지를 추가하는 함수를 만들 것이다. app.js에 다음 코드를 추가한다.

```
function AddMessage(message, userid, cb){
  client.incr('next:message:id', function(err, id){
    flow.exec(
      function(){
        var mess_id = 'message:' + id;
        client.set(mess_id, message, this.MULTI());
        client.set(mess_id + ':user', userid, this.MULTI());
        client.lpush('messages', id, this.MULTI());
      },function(){
        cb(id);
      }
```

```
        );
    });
};
```

AddMessage 함수는 플로우를 CreateUser와 비슷한 방법으로 사용한다. 콜백 이전에 실행해야 하는 함수가 세 개 있으며 실행 순서는 상관 없다. 이렇게 하기 위해 this.MULTI()를 사용한다. 먼저, 다음 메시지 ID를 받는다. 그리고 나서 message를 값으로 가지는 "message:messageid" 키를 생성한다. 또 "message:messageid:user"에 userid를 저장한다. 그다음에 message의 ID를 전체 메시지를 저장하는 리스트의 가장 마지막에 추가한다. 이 모든 것이 실행되면 콜백에 id를 전달한다.

레디스에 대해 알 수 있는 사실 한 가지는 데이터가 분리된다는 것이다. 데이터베이스의 로우row와는 다르다. 보통은 데이터베이스로부터 로우를 반환할 때 필요한 모든 데이터를 얻게 된다. 레디스에서는 여러 키들 중에서 필요한 데이터를 골라야 한다. 이제 한 메시지에 대한 모든 데이터를 얻기 위한 함수가 필요하므로 데이터를 고르는 작업을 시작할 것이다. 다음 함수를 app.js에 추가한다.

```
function FetchMessage(id, cb){
    client.get('message:' + id, function(err, message){
        client.get('message:' + id + ':user', function(err, userid){
            client.hget('user:' + userid, 'name', function(err, name){
                cb({message: message, name: name});
            });
        });
    });
};
```

여기서 세 개의 커맨드를 실행할 것인데, 각각의 커맨드는 직전 커맨드의 콜백 함수 안에 위치한다. 첫 번째로 할 일은 message 키의 텍스트 값을 얻어오는 것이다. 그다음에는 메시지를 만든 사용자의 userid를 얻어야 한다. 이 정보는 메시지의 값에 저장되지 않기 때문에 메시지 사용자라는 또 다른 키를 검색해야 한다. 메시지 사용자 키는 userid를 알려줄 것이다. 이제, 사용자 해시를 검색해서 이름 필드를 얻어야 한다. 메시지와 메시지를 만든 사용자로 객체를 만드는 데 필요한 모든 정보는 갖고 있다. 모든 콜백 함수를 작성하느라 코드가 점점 오른쪽으로 치우치고 있다는 것을 볼 수 있다. 이것은 콜백 헬hell이라고 불려진다. 이 예제는 단순한 편인데 여섯, 일곱 개의 키를 검색한다면 얼마나 코드가 길어질지 상상해보라. 플로우 같은 라이브러리나 프로미스를 사용하는 것이 코드를 줄이고 콜백 헬에서 벗어나게 해준다. 플로우를 사용하거나 프로미스를 사용해서 어떻게 함수를 재작성할 것인가?

이제 마지막 함수를 만들고 애플리케이션에 사용할 수 있다. app.js를 다시 사용한다.

```
function GetMessages(cb){
  flow.exec(
    function(){
      client.lrange('messages', 0, -1, this);
    },function(err, messages){
      //비동기식 foreach
      var final_messages = [];
      flow.serialForEach(messages, function(el){
        FetchMessage(el, this);
      },function(mess){
        final_messages.push(mess);
      },function(){
        cb(final_messages);
      });
    }
  );
};
```

이 함수는 모든 메시지를 받아 오고, 배열에 담아서 돌려 보낸다. 먼저 해야 할 일은 모든 메시지를 리스트에서 꺼내는 것이다. LRANGE 커맨드를 이용할 것이다. LRANGE 커맨드는 리스트와 시작 인덱스, 마지막 인덱스를 매개 변수로 갖는다. 0은 리스트의 첫 번째 아이템을 뜻하고, -1은 마지막 아이템을 뜻한다. LRANGE 'messages' 0 -1은 레디스에게 리스트의 모든 아이템을 달라고 하는 것을 뜻한다. 리스트를 단계별로 오프셋을 사용해 페이지로 나눌 수 있다. 예를 들어, 처음 10개 메시지는 LRANGE 'messages' 0 9를 사용해서 얻을 수 있고, 그다음 10개 메시지는 LRANGE 'messages' 10 19로 얻을 수 있다. 리스트의 끝에서부터 시작할 수도 있다. 끝에서 시작하면, LRANGE 'messages' -10 -1, 그다음엔 LRANGE -20 -11 등으로 계속된다. LRANGE에 범위 외의 인덱스 값을 사용해도 에러는 발생하지 않는다. 범위 내의 인덱스들만 리턴하거나 아무것도 리턴하지 않을 것이다. 따라서 불러온 페이지의 크기가 지정한 페이지 크기보다 작거나 0이면 마지막 페이지라는 것을 알 수 있다.

메시지 ID 배열을 만들면 하나씩 가져와 리턴 배열 값에 추가할 수 있다. 플로우가 이것을 도와준다. 플로우는 비동기 forEach 루프를 호출한다. 이 루프를 호출하는 것은 비동기 환경에서 중요하다. 만약 일반적인 forEach 루프를 사용한다면 콜백 함수가 다른 함수가 호출되기 전에 실행될 것이다. 플로우는 비동기 forEach 함수를 serialForEach라고 부른다. 배열과 각각 요소들에 실행될 함수를 전달한다. 그러면 Flow.exec과 비슷하게 작동하는데, 콜백이 생기면 콜백 자리에 this를 사용할 수 있다. 이것을 여기선 FetchMessage에서 사용하고 있는데, 메시지와 사용자로 구성된 객체를 리턴한다. 그다음에 그 객체를 배열에 넣는다. flow.serialForEach는 루프의 마지막 함수를 실행하기 전에 forEach의 각 함수가 모두 끝날 때까지 기다릴 것이다.

이제 생성하고, 받아오고, 데이터를 레디스에서 골라오는 함수를 모두 만들었다. 이제 그 함수들을 라우트에 넣을 것이다. 지금 있는 GET 라우트 내용을 지우고 다음 코드를 넣어라.

```
app.get('/', function(req, res){
  GetMessages(function(messages){
    res.render('index', {messages: messages});
  });
});
```

이 코드는 매우 읽기 쉽다. 메시지 배열을 받아서 메시지를 원하는 인덱스에 넘겨주는 것이다. 이제 POST 라우트를 수정해보자.

```
app.post('/', function(req, res){
  var username = req.body.username;
  var name = req.body.name;
  GetUserID(username, name, function(userid){
    AddMessage(req.body.message, userid, function(messid){
      console.log('Added message: ' + messid);
      res.redirect('/');
    });
  });
});
```

이 코드는 좀 더 복잡하다. 먼저 userid를 받는다. 그리고 그 userid를 갖는 사용자가 메시지를 만든다. 마지막으로, 인덱스 페이지로 리다이렉트한다.

두 라우트의 함수에서 레디스에서 수행되는 자세한 과정을 밖으로 뺐기 때문에 어려운 코드는 없다.

http://localhost:8003을 브라우저에 로딩해서 폼을 작성하라. 콘솔은 메시지가 레디스에 추가될 때마다 로그를 남길 것이다. 웹페이지에도 새로 생성된 메시지가 있을 것이다. redis-cli를 사용해서 다음 커맨드를 치면 추가된 것들이 전부 보일 것이다.

KEYS *

다음 화면과 비슷하게 보일 것이다.

```
127.0.0.1:6379> KEYS *
 1) "message:4:user"
 2) "user:josh"
 3) "user:3"
 4) "message:2:user"
 5) "message:5"
 6) "user:2"
 7) "user:brian"
 8) "message:3:user"
 9) "message:1"
10) "message:2"
```

레디스 스키마

레디스와 레디스의 데이터 타입을 사용해봤으니, 이제 레디스 스키마를 만드는 것에 대해 얘기해보자. 레디스는 데이터베이스 시스템이 아니라는 것을 계속 주장해왔지만, 스키마를 만드는 방법을 얘기하는 것은 좋은 공유된 관점이라 생각한다. 데이터베이스는 각각 여러 칼럼을 가진 로우로 데이터를 저장한다. 여기에 덧붙여서, 데이터를 정규화하고 로우에 대한 레퍼런스를 갖게 해 데이터를 분리한 상태로 유지할 수 있다. 하지만 결과는 정규화가 이뤄지든 안 이뤄지든 똑같고, 데이터는 값을 저장하는 여러 칼럼으로 이뤄진 로우다. 예로 만든 애플리케이션에서 볼 수 있듯이, 레디스에선 이런 방식을 사용할 수 없다. 이제 레디스 스키마를 만드는 법을 다룬다. 이제 만들 예제 스키마는 사용자를 저장하는 데 쓰인다.

사용자 ID와 유저네임, 패스워드, 최종 로그인 시간을 저장할 것이다. ID나 유저네임으로 사용자를 찾기 위해 추가된 컨스트레인트_{constraint}도 갖고 있다. 이제 레디스 키에 해당되는 사용자를 만들기 위해 필요한 칼럼을 구성한다. 만들 사용자들은 사용자 ID를 갖고 있는 세 개의 키를 사용할 것이다. 사용자 ID는 시스템적으로 키에 추가한다. 다음은 키를 보여준다.

- `user:userid:username`: 스트링
- `user:userid:password`: 스트링
- `user:userid:lastLogin`: 스트링(타임스탬프를 저장할 것이다)

이 스키마는 `userid`를 알면 그 사용자에 대한 모든 정보를 찾을 수 있게 해준다. 사용자 ID를 모르면 어떻게 될까? 예를 들어, 어떤 사람이 처음으로 로그인했을 때, 스키마는 유저네임과 패스워드만 알려준다.

그러면 키 한 개를 더 추가해야 할 것이다.

- `user:username`: 스트링(userid를 저장)

이제 유저네임을 검색해서 `userid`를 찾을 수 있다. `userid`를 찾으면 모든 데이터를 찾을 수 있다. 애초에 JSON 형태로 데이터를 키에 추가해서 저장하고 싶기도 하지만, 이것은 최선의 방법이 아닌 경우가 많다. 레디스는 이미 한 키에 여러 타입의 데이터를 저장하는 내장형 데이터 타입이 있으며, 이것은 해시를 필요로 한다.

해시 사용하기

데이터를 저장하는 또 다른 방법이 있다. 한 키에 여러 필드를 저장하는 해시 타입이 있다. 해시 타입은 키를 펼치는 역할을 한다. 이제 다음 키들을 보게 될 것이다.

- `user:userid:hash`: 패스워드와 유저네임, 마지막 로그인 시간을 사용한 해시
- `user:username`: `usertid`의 스트링

위에서 보면, 해시 사용법과 데이터베이스 사용법은 매우 비슷하다. 필요한 필드를 갖고 있는 로우, 즉 해시가 있다. 또한 인덱스인 유저네임 스트링 키가 있는데 수천, 수백만 혹은 심지어 수십억 개의 키들 중에서 특정 로우를 쉽게 찾을 수 있게 해준다.

 실제 운영에서는 이 방법을 사용하지 않는 것이 좋다. 레디스로 유저네임과 패스워드를 저장하는 것은 좋은 방법이 아니다. '3장, 사용자 인증하기'에서 로컬 패스워드를 해시 암호화 하고 인증하는 안전한 방법에 대해 다룬다.

레디스에서의 키

레디스 스키마는 매우 많은 키를 갖고 있다는 것을 눈치 챘을 것이다. 데이터베이스와 비교하자면 테이블 한 개에 많은 로우를 갖고 있다는 것이다. 로우 수가 증가하면 인덱스 크기도 커지고, 검색 속도는 느려진다. 큰 테이블을 검색하는 데 인덱스를 사용하지 않는 쿼리를 실행하면 데이터베이스 서버의 많은 리소스들에 락을 걸어야 할 수도 있다.

여기서 레디스의 강점이 작용한다. 모든 키 검색(예를 들면 GET을 사용하는 것)은

O(1) 수행시간을 갖는다. 빅오 노테이션big O notation을 들여다 보지 않고(이는 책의 범위를 완전히 벗어난다) 매우 단순하게 말하면, O(1)은 모든 작업의 수행 시간이 일정한 것을 뜻한다. 레디스가 1개의 키를 갖든 백만 개의 키를 갖든 상관 없이 GET을 수행하는데 각각 같은 시간이 소요된다는 뜻이고, 레디스에서는 이 시간이 매우 적게 든다. 수행 시간은 밀리세컨드 단위로 측정된다.

따라서 여러 키를 생성하는 데 부담을 갖지 않아도 된다. 정보가 필요하면 키를 생성하면 된다.

레디스의 지속성

예제 애플리케이션에서 꼭 주의해야 할 점이 있다. 한번 생성된 키는 삭제할 수 없다. 이런 서비스를 대중에 공개한다면, 레디스는 할당된 메모리를 모두 차지할 것이다. 레디스에 `redis-cli`로 연결하고 `KEYS *`를 실행해서 알아볼 수 있다. 모든 사용자와 메시지가 레디스에 있는 것을 확인할 수 있을 것이다. 레디스 서버를 끄고 다시 켜도 마찬가지이다. 레디스를 재실행하고 `KEYS *`를 다시 실행해 보면 알 것이다. 키는 여전히 그 자리에 있다. 레디스가 인메모리 기반 키-값 스토어방식이라고 해도 디스크에 데이터를 저장해서 보관한다. 저장될 때 확인할 수 있다. 레디스는 디스크에 저장할 때 콘솔에 로그를 남긴다. 로그는 다음 그림과 비슷하다.

```
[1351] 19 Apr 16:16:43.079 * 1 changes in 3600 seconds. Saving...
[1351] 19 Apr 16:16:43.079 * Background saving started by pid 1523
[1523] 19 Apr 16:16:43.080 * DB saved on disk
[1351] 19 Apr 16:16:43.180 * Background saving terminated with success
```

그리고 레디스를 실행하면, 디스크에서 데이터를 꺼내와서 키를 생성한다. 다음 그림과 같은 메시지를 보게 될 것이다.

```
[1351] 19 Apr 15:16:42.209 # Server started, Redis version 2.8.5
[1351] 19 Apr 15:16:42.216 * DB loaded from disk: 0.007 seconds
[1351] 19 Apr 15:16:42.216 * The server is now ready to accept connections on po
rt 6379
```

레디스 키 삭제하기

레디스 키가 보존된다는 사실을 알았으니, 이제 레디스 키를 삭제하는 방법에 대해 논의하자. 첫 번째 방법은 단순하지만 위험하다. 이 방법은 키가 어떤 상태에 있든 얼마나 오래 존재했든 상관 없이 모든 키들을 삭제한다. FLUSHDB 커맨드가 이 역할을 한다. FLUSHDB 커맨드는 키를 파괴하고 복구할 수 없다. 운영 중인 레디스 스토어에 사용하는 것은 추천하지 않지만, 이번 예제 애플리케이션에서는 사용할 수 있다. redis-cli로 연결하고 다음 커맨드를 실행한다(모든 레디스 키를 삭제해도 괜찮다면).

```
127.0.0.1:6379> KEYS *
//레디스 인스턴스의 모든 키
127.0.0.1:6379> FLUSHDB
127.0.0.1:6379> KEYS *
(empty list or set)
```

다시 강조하지만 이 방법은 개발할 때만 유용하다. 보통 개발할 때는 초기화 상태로 시작해서 처음부터 다시 만드는 것이기 때문에 서버가 재실행되기 전에 모든 키를 삭제하는 것은 문제가 되지 않는다. 실제 운영 중에 FLUSHDB를 사용하면 모든 사용자가 세션을 잃게 되고, 모든 사용자가 다시 로그인해야 되는 상황이며, 세션에 저장된 모든 데이터는 사라진다. 레디스에서 키를 삭제하는 다른 방법도 꼭 필요할 것이다.

키를 삭제하는 두 번째 방법은 각각의 키에 대해 기록해 두고 특정 시간이 경과하면 삭제하는 것이다. 이 방법을 배우면서 셋 데이터 타입에 대해서도 알아볼 것이다.

셋은 리스트 같은 컬렉션인데, 차이점은 값이 반복되지 않는다는 것이다. 키를 여러 번 등록하면 세트에는 한 번만 저장될 것이다. 셋은 교집합이나 합집합, 차집합 같은 연산도 할 수 있다. 이 연산은 이번 예제에서 쓰이지 않지만 유용하다.

레디스에 추가된 모든 키를 세트에 저장할 수 있다. 여러 종류의 애플리케이션들이 레디스에 키를 추가할 수 있고 그 키들은 같은 네임스페이스에 있다는 것이 중요하다. 우리의 애플리케이션에서는 익스프레스 모듈과 Socket.IO 모듈 모두 레디스에 키를 추가할 수 있다. 그러면 셋에 있는 키를 확인하고 나서 레디스에서 키를 삭제할 수 있다. 이 방법으로 필요하지 않은 키들만 골라서 삭제할 수 있다. 정렬된 셋sorted set에서도 이 방법을 사용할 수 있다.

정렬된 셋은 셋과 똑같지만, 모든 키에 스코어를 매긴다는 차이점이 있다. 정렬된 셋은 데이터를 순서대로 꺼낼 수 있다. 각각의 키에 현재 타임스탬프로 스코어를 매길 수 있다. 키가 이미 존재하면, 커맨드로 스코어만 업데이트할 것이다. 키가 존재하지 않으면 커맨드는 키를 세트에 추가할 것이다. 이 방식은 가장 오래된 키부터 최신 키까지 포함하는 정렬된 셋을 만들어 준다. 정렬된 셋은 스코어 범위와 일치하는 범위의 엘리먼트를 가져오게 해준다. 정렬된 셋은 현재 시간으로부터 24시간 전의 스코어를 알게 해 주고 그 이하의 스코어를 갖고 있는 모든 키를 요청하고 싶을 때 완벽하게 쓰일 수 있다. 그러면 그 결과에 해당되는 모든 키를 레디스에서 삭제할 수 있다.

 5장 마지막에서 레디스를 PacktChat에 추가할 때 사용할 것이다.

레디스 키를 삭제하는 마지막 방법은 기간이 만료됐을 때 삭제하는 방법이다. 레디스에서는 키가 지정한 초 단위의 시간이 지나면 기간 만료되게 할 수 있다. 이 방법이 편리한 이유는 추가된 키들을 일일이 추적할 필요가 없기 때문이다. 이 방법에는 두 가지 사용방식이 있다.

첫 번째 방식은 키와 벨류를 SET 커맨드로 지정하는 것이다. 그다음에 EXPIRE 커맨드로 기간 만료 시간을 정한다. 만료한 시간이 지나면 키는 자동으로 삭제될 것이다. TTL 커맨드를 사용해 만료 시간까지 남은 시간을 확인할 수 있다. redis-cli를 사용해 짧은 예제를 살펴보자.

```
127.0.0.1:6379> SET test "Expire!"
OK
127.0.0.1:6379> EXPIRE test 60
(integer) 1
127.0.0.1:6379> GET test
"Expire!"
```

```
127.0.0.1:6379> TTL test
(integer) 50
//60초가 지난 후
127.0.0.1:6379> GET test
(nil)
```

위 커맨드 결과는 쉽게 얻을 수 있고 키를 생성하면서 기간 만료 시간을 정하는 set 함수를 만들 수도 있다. 이것에는 위험 요소가 따른다. 키가 SET 커맨드로 다시 수정되면, 기간 만료 시간이 없어진다. EXPIRE 커맨드로 생성한 키에 매번 업데이트해야 한다. 이 위험 요소는 키가 바뀌었을 때만 해당된다. INCR이나 HSET 같은 커맨드에도 위험 요소가 따른다. 다음 예제는 기간 만료 시간을 다시 설정하는 예제다.

```
127.0.0.1:6379> SET test "Expire"
OK
127.0.0.1:6379> EXPIRE test 60
(integer) 1
127.0.0.1:6379> TTL test
(integer) 57
127.0.0.1:6379> SET test "No-expire"
OK
127.0.0.1:6379> TTL test
(integer) -1
```

레디스 2.0.0 버전 이상(지금 쓰고 있는 레디스 버전)을 쓰고 있다면, 키의 기간을 만료하는 더 쉬운 방법도 있다. SETEX 커맨드를 사용하는 것이다. 이 커맨드는 SET과 EXPIRE 두 커맨드를 하나로 합친 커맨드다. SETEX에 키, 벨류, 초 단위의 기간 만료 시간을 알려주면 된다. 다음 코드는 SETEX로 재작성된 예시다.

```
127.0.0.1:6379> SETEX test 60 "Expire"
OK
127.0.0.1:6379> TTL test
(integer) 56
127.0.0.1:6379> SETEX test 100 "Higher!"
OK
127.0.0.1:6379> TTL test
```

```
(integer) 98
127.0.0.1:6379> SETEX test 2 "Expire"
OK
127.0.0.1:6379> GET test
(nil)
```

어떤 키를 추가했는지 추적하는 것은 레디스를 사용하는 데 있어서 중요한 작업이다. 추가한 키가 어떤 것인지 모르거나 현재 사용하고 있는 키가 무엇인지도 모르면 키를 사용한 후에 어떤 키를 레디스에서 삭제할지 알 수 없다. 예를 들어, 세션 스토리지 라이브러리인 connect-redis는 SETEX를 사용해서 레디스에 추가한 키를 모두 기간 만료되게 한다.

메시지 큐로 레디스 사용하기

레디스는 초고속 데이터 저장소일 뿐만 아니라 메시지 큐잉도 할 수 있다. 4장에서 메시지 큐를 다뤘으니 메시지 큐잉을 사용하는 이유는 알 것이다. 레디스에서 어떻게 메시지 큐잉을 사용할 것인지만 배우면 된다.

레디스의 메시지 큐잉은 RabbitMQ보다 훨씬 단순하다. RabbitMQ는 여러 개의 익스체인지 타입, 큐, 프로토콜들과 레디스에서 사용하지 않는 여러 기능들을 갖고 있다. 레디스는 메시지 전송 방법이 매우 간단하다. 전송 방법은 보내기/읽기다. 레디스는 RabbitMQ 같이 단순한 메시지 큐잉도 가능한데 RPOPLPUSH를 사용한다. 레디스의 보내기/읽기Pub/Sub는 메시지를 읽는 사람과 보낸 메시지를 중계해준다. 실제로 메시지를 큐에 저장하지는 않는다. 이것은 기억해 두어야 할 중요한 포인트이다. RabbitMQ 워커를 만들 때에는 전송된 메시지가 목적지로 보내지도록 영속적인 익스체인지와 큐를 계속 생성했었다.

워커가 없어도, 결국에는 RabbitMQ 큐에 저장된 모든 메시지가 처리되게 했었다. 메시지를 전송할 때 레디스는 메시지를 받은 클라이언트의 수로 회신할 것이다. 클라이언트가 없으면 0을 회신할 것이다. 터미널을 열어서 redis-cli를 실행해라

(redis-cli 실행은 레디스 서버redis-server가 실행되고 있다는 가정을 기반으로 한다) . 다음 커맨드는 testpubsub에 메시지를 전송할 것이다.

```
127.0.0.1:6379> PUBLISH "testpubsub" "message"
(integer) 0
```

보낸 메시지가 중요하지 않으면 이것은 문제가 아니다. 그러나 중요한 메시지이면 문제라고 볼 수 있다.

간단한 예제 애플리케이션을 만들어 레디스의 Pub/Sub을 쓰는 방법을 알아보자. 애플리케이션의 루트 역할을 하게 될 redis_second_app 디렉토리를 만들자. 먼저 할 일은 package.json과 npm install을 사용해 익스프레스 모듈과 Socket. IO, 레디스 클라이언트를 설치하는 것이다.

```
{
  "dependencies": {
  "express": "4.6.1",
  "redis": "0.10.3",
  "socket.io": "1.0.6"
  }
}
```

app.js 파일을 만들고 다음 코드를 추가한다.

```
var express = require('express'),
  io = require('socket.io'),
  redis = require('redis');
var app = express(),
  redisClient = redis.createClient();
app.use(express.static(__dirname + '/static'));
var server = app.listen(8004);
```

모든 라이브러리를 초기화하고 사용할 것이다. 기본 설정(localhost:6379)을 사용해서 레디스에 연결할 것이고, createClient에는 아무 파라미터도 넘기지 않을 것이다. 익스프레스 모듈의 스태틱 미들웨어를 사용해서 정적 파일인 index.html을 실행할 것이다. index.html을 이제 만들어 보자. 다음 코드는 redis_second_app\static에 있는 index.html에 있는 코드다.

```
<!DOCTYPE html>
<html>
<body>
<h1>Pub/Sub</h1>
<ul id="ul">
<ul>
<script src="/socket.io/socket.io.js"></script>
<script>
  var ul = document.getElementById('ul');
  var socket = io.connect('http://localhost:3000');
  socket.on('pubsub', function(message){
    var li = document.createElement('li');
    li.innerHTML = JSON.stringify(message);
    ul.appendChild(li);
  });
</script>
</body>
</html>
```

id 속성을 가진 ul 태그가 있는데, id에 대한 레퍼런스를 쉽게 생성하기 위함이다. 그다음에 Socket.IO에 연결할 것이다. Socket.IO는 pubsub 이벤트에 리스너 함수를 연결해서 JSON 형태인 메시지 객체를 값으로 가지는 리스트 아이템을 ul에 추가할 것이다.

이제 app.js로 돌아가서 레디스와 Socket.IO 연결 사항을 추가할 것이다.

다음 코드를 app.js 하단에 추가한다.

```
var server = app.listen(8004);

//pub/sub 설정
redisClient.subscribe('testpubsub');

io = io.listen(server);

io.on('connection', function(socket){
  redisClient.on('message', function(channel, message){
    socket.emit('pubsub', {channel: channel, message: message});
  });
});
```

redisClient는 로컬 레디스 서버에 연결돼 있다. 이제 채널 이름을 매개 변수로 갖는 subscribe 메소드를 사용할 것이다. 이 메소드는 클라이언트를 메시지 읽는 상태로 바꿔준다. subscribe를 호출하면 메시지 채널을 읽고 있는 것으로 이해될 것이다. 이 연결은 이 외의 기능은 없고, GET, SET이나 다른 기능을 사용하려면 다른 연결구조를 만들어서 사용해야 한다. 이에 대한 좋은 예시는 커맨드를 실행할 클라이언트와 읽어야 할 각 채널의 클라이언트를 만드는 것이다.

그다음 코드에서 Socket.IO는 리스너가 세팅됐다. 그다음 줄에서 레디스 클라이언트는 메시지에 리스너를 연결한다. 이를 통해 Redis의 Pub/Sub기능 세팅이 얼마나 간단한지 알 수 있다. subscribe 메소드와 메시지 리스너, 이 두 가지 함수만 있으면 된다. 메시지를 받으면 pubsub 이벤트에 리스너로 연결된 Socket.IO를 사용하는 클라이언트에게 즉시 보낸다. 클라이언트가 pubsub 이벤트에 리스너로 연결되도록 이미 설정했으니 다행이다.

다른 예제 애플리케이션들처럼 이제부터 예제 애플리케이션을 사용해 볼 것이다. app.js로 Node를 실행하라. 그리고 redis-cli나 지금 연결된 커넥션으로 레디스에 연결하라. 터미널과 브라우저를 켜서 터미널에 타이핑하면 브라우저 화면을 확인할 수 있게 하라.

먼저 해야 할 일은 레디스에 있는 채널들을 확인하는 것이다. 다음 커맨드를 redis-cli에 입력해라. 이 커맨드는 redis 2.8.0 이상부터 유효하다.

```
127.0.0.1:6379> PUBSUB CHANNELS
1) "testpubsub"
```

우리가 읽고 있는 채널을 볼 수 있다. 이제 몇 명의 구독자subscriber가 지금 접속되어 있는지 확인해보자. PUBSUB 커맨드를 NUMSUB 서브커맨드와 함께 실행하라.

```
127.0.0.1:6379> PUBSUB NUMSUB "testpubsub"
1) "testpubsub"
2) "1"
```

구독자 한 명은 app.js를 뜻한다. 마지막으로, testpubsub에 있는 메시지를 전송해보자. 전송은 다음과 같이 PUBLISH 커맨드로 실행된다.

```
127.0.0.1:6379> PUBLISH "testpubsub" "Hey!"
(integer) 1
127.0.0.1:6379> PUBLISH "testpubsub" "Another message"
(integer) 1
```

커맨드가 실행되고 나서 웹페이지가 업데이트돼서, ul에 리스트 아이템이 각 메시지에 따라 생기는 것을 알 수 있다. 다음 화면과 같이 보일 것이다.

Pub/Sub

- {"channel":"testpubsub","message":"Hey!"}
- {"channel":"testpubsub","message":"Another message"}

한번 더 실험해보자. 이제 노드의 REPLRead Evaluate Print Loop을 사용해서 레디스에 연결하고 메시지를 전송할 것이다. 터미널을 열어서 node를 입력하면 된다. 이제 커맨드를 실행할 수 있다. 다음 세 커맨드를 Node REPL에서 실행해보자.

```
> var redis = require('redis');
undefined
> var client = redis.createClient();
undefined
> client.publish('testpubsub', 'From Node REPL');
true
```

브라우저에 새로운 메시지가 보일 것이다.

지금까지 다룬 코드가 레디스의 Pub/Sub 기능을 사용하기 위해 필요한 코드 전체이다. 이전에 얘기했듯이, 코드는 특별한 설정 없이 매우 간단하다. RabbitMQ에서 썼던 모든 기능을 다 쓸 수 없지만 사용하기엔 간편하다.

레디스를 PacktChat에 추가하기

기본적으로 애플리케이션에서 레디스를 사용하고 있다. 왜냐하면 레디스를 사용하는 프레임워크를 갖고 있기 때문이다. 하지만 레디스 사용을 명시적으로 보여주는 것이 좋다. 그래서 애플리케이션이 사용자, 채팅방, 채팅 내용을 저장할 때 필요한 함수들을 만들 것이다. 먼저 할 일은 무엇을 저장할 것인지 정하는 것이다.

레디스 스트럭처 정의하기

모든 객체들은 여러 가지 레디스 스트럭처에 저장될 것이다. 그 이유는 두 가지다. 첫 번째 이유는 데이터를 빨리 검색하기 위함이다. 두 번째는 다른 서버들과 함께 같은 데이터에 접속하기 위함이다. 다음은 레디스에 저장할 키와 데이터 타입 리스트이다.

- `rooms`: 지금까지 만든 방 이름들이 정렬된 세트
- `rooms:RoomName:chats`: 이 방에 전송된 모든 채팅들이 정렬된 세트
- `rooms:RoomName`: 이 방에 있는 모든 사용자들이 정렬된 세트
- `users`: 로그인된 모든 사용자 아이디의 정렬된 세트
- `user:UserID`: 사용자의 이름과 타입의 해시
- `user:UserID:room`: 사용자가 있는 현재 방의 이름

이 여섯 가지 단순한 키들이 모든 사용자, 채팅방, 채팅 내용을 추적하게 해 줄 것이다. 눈에 띄는 점은 이 리스트들이 대부분 정렬된 세트라는 것이다. 정렬된 세트로 하여금 마지막으로 액션이 일어난 시간을 알 수 있고, 세트 내용을 지우거나 세트 자체를 없앨 수 있다.

레디스 함수 만들기

방금 정의한 레디스 스트럭처들로부터 데이터를 추가하고 읽는 함수 전체를 만들 것이다. 새로운 패키지는 없으므로 package.json 파일을 수정할 필요는 없다.

먼저 할 일은 redis라는 폴더를 만들고 index.js 파일을 만드는 것이다. 그 파일에 다음 코드를 넣어라.

```
var redis = require('redis'),
  config = require('../config');
var client = redis.createClient(config.redisPort, config.redisHost);
exports.client = client;
```

레디스를 연결을 생성해서 익스포트할 것이다. 대부분의 레디스 커맨드가 하나의 연결만 필요로 하기 때문에 만드는 것이다. 구독자 모드를 연결하지 않는 이상 이 연결만 사용해서 여러 파일에서 커맨드를 실행할 수 있다.

그다음에 할 일은 사용자, 채팅방, 채팅 내용에 대한 타입을 만드는 것이다. 자바 스크립트는 동적인 스크립트 언어이기 때문에 문제를 발생시킬 수 있다. 모든 객체가 실시간으로 생성되고 수정되고 프로퍼티나 메소드가 추가되기도 하고 삭제되기도 한다. 한번만 생성되게 하는 메소드를 만들지 않으면 문제가 발생한다. 이 메소드는 redis 폴더에 models.js라는 새로운 파일에 만들 것이다. 그 파일에 다음 내용을 추가한다.

```
var User = function User(id, name, type){
 if(arguments.length < 3 ) return new Error('Not enough args!');
  return {id: id, user: name, type: type};
};
var Chat = function Chat(message, room, user){
  if(arguments.length < 3 ) return new Error('Not enough args!');
  if(typeof user !== 'object') return new Error('User must be an
object!');
  return {id: user.id + (new Date).getTime().toString(),
  message: message, room: room, ts: (new Date).getTime (), user: user};
};
var Room = function Room(name){
  if(arguments.length < 1) return new Error('Room needs a name!');
  return {id: name, name: name};
}
exports.User = User;
exports.Chat = Chat;
exports.Room = Room;
```

각각의 함수는 간단한 매개변수 확인과 자바스크립트 객체 리턴을 실행한다. 이 함수는 초기에 버그를 발견하는 것을 도와준다. 함수에 필요한 파라미터가 모두 전달되지 않으면 호출됐을 때 에러를 발생시킨다. 이는 위에 만든 다섯 가지 함수가 다 호출되고 나서 프로퍼티가 정의되지 않았다는 에러 메시지를 추적하는 것보다 훨씬 수월하다. 또 다른 장점은 함수에 정의한 대로 객체를 생성할 수 있다는 점이다. 만약 사용자에 다른 필드가 필요하면 사용자 함수를 수정하면 끝나는 것이다.

이제 모델에 대한 함수들은 정해졌으니, 이 모델을 읽고 레디스에 기록_{write}할 함수들을 만들 것이다. redis 폴더에서 chat.js 파일을 만들어 다음 코드를 시작 부분에 넣는다.

```
var client = require('./index').client,
  q = require('q'),
  models = require('./models');

exports.addUser = function addUser(user, name, type){
  client.multi()
  .hset('user:' + user, 'name', name)
  .hset('user:' + user, 'type', type)
  .zadd('users', Date.now(), user)
  .exec();
};
```

처음 몇 줄은 레디스 클라이언트, 프로미스에 필요한 q, 방금 만든 모델을 추출한다. addUser 함수는 레디스에 데이터를 추가하기 위해 쓸 여덟 가지 함수 중 첫 번째 함수다. 이 함수는 현재 타임스탬프를 스코어로 갖는 정렬된 세트에 userid를 추가한다. 사용자의 정렬된 셋은 현재 접속 중인 사용자들을 추적할 것이다. user:userid 해시는 사용자 이름과 타입을 저장한다. 채팅방에 있는 사용자들의 리스트를 받을 때 사용자 이름과 타입이 필요하다. 이 두 개의 해시 셋과 zadd는 multi 함수 안에서 호출된다. multi 함수는 모든 작업을 한 개의 단위로 수행한다. 해시셋과 zadd를 한 개의 작업으로 간주하여, 각각이 모두 처리되거나 하나도 처리되지 않는다는 것을 뜻한다. 각 multi 그룹은 마지막에 exec를 사용해서 끝낼 수 있다. exec은 우리에게 익숙한 function (err, reply)를 콜백 함수로 쓸 수 있다.

다음 코드는 위 코드 다음에 쓸 채팅방에 대한 두 가지 함수들을 보여준다.

```
exports.addRoom = function addRoom(room){
  if (room !== '') client.zadd('rooms', Date.now(), room);
};

exports.getRooms = function getRooms(cb){
  client.zrevrangebyscore('rooms', '+inf', '-inf', function(err, data)
{
  return cb(data);
  });
};
```

addRoom 함수는 매우 단순하다. room이 공백이 아니면, room의 정렬된 세트에 현재 타임스탬프와 같이 추가하면 된다. zadd 함수는 room을 스코어와 함께 정렬된 세트에 추가한다. 여기서 room의 이름과 현재 타임 스탬프인 스코어를 정렬된 세트인 rooms에 추가하는 것이다. 처음에는 room이 추가될 것이다. 그다음에는 room의 스코어가 현재 타임스탬프로 수정될 것이다. 이 패턴은 강력한 패턴으로 자주 쓰일 것이다.

getRooms는 zrevrangebyscore를 사용해서 스코어를 역으로 정렬한다. 최소 스코어와 최대 스코어인 +inf와 -inf 매개 변수는 모든 room들을 리턴할 것이다. 가장 최근에 접속한 room부터 접속한지 가장 오래된 room까지 리턴할 것이다. 이제 다음 코드를 통해 chat 함수를 살펴볼 것이다.

```
exports.addChat = function addChat(chat){
  client.multi()
  .zadd('rooms:' + chat.room + ':chats', Date.now(), JSON.
stringify(chat))
  .zadd('users', Date.now(), chat.user.id)
  .zadd('rooms', Date.now(), chat.room)
  .exec();
};
```

```
exports.getChat = function getChat(room, cb){
  client.zrange('rooms:' + room + ':chats', 0, -1, function(err,
chats){
    cb(chats);
    });
  };
```

첫 번째 함수인 addChat은 세 가지의 정렬된 세트에 엘리먼트를 추가하고 있다. 첫 번째 추가되는 키는 roms:RoomName:chats로, 모든 채팅 메시지를 담고 있다. 이 메시지들은 불러올 때의 편의를 위해서 연속된 객체로 저장한다. 그다음에 각각의 정렬된 세트에 추가하기 위해 사용자와 룸을 추가한다. 셋은 중복을 허용하지 않기 때문에, 타임스탬프는 업데이트된다. addChat 함수는 가장 업데이트가 활발한 방과 사용자들을 알 수 있게 해준다. 이 동작들은 모두 multi 함수로 실행된다.

getChat 함수는 방에 있는 모든 채팅 메시지를 리턴한다. 아까 저장했던 연속된 객체를 불러올 수 있다. 이제 그다음 두 함수를 아래 코드에서 살펴보자.

```
exports.addUserToRoom = function addUserToRoom(user, room){
  client.multi()
  .zadd('rooms:' + room, Date.now(), user)
  .zadd('users', Date.now(), user)
  .zadd('rooms', Date.now(), room)
  .set('user:' + user + ':room', room)
  .exec();
}

exports.removeUserFromRoom = function removeUserFromRoom(user, room){
  client.multi()
  .zrem('rooms:' + room, user)
  .del('user:' + user + ':room')
  .exec();
};
```

room 안에 room과 chat의 리스트가 있지만 room에 누가 있는지 어떻게 알 수 있을까?

그것을 해결하는 함수가 두 개 있다. addUserToRoom 함수는 정렬된 세트를 사용해서 특정 방에 있는 모든 사용자들을 추적할 수 있다. 사용자와 room으로 정렬된 셋은 이 함수에서 다시 업데이트 된다. 왜냐하면 예를 들어 누군가 방에 들어오거나 채팅을 하면 업데이트를 해야 하기 때문이다. addUserToRoom 함수의 마지막 단계는 사용자가 있는 방으로 키를 세팅하는 것이다. 이렇게 하면, 모든 과거 사용자들을 찾아서 removeUserFromRoom 함수에서 지울 수 있다.

removeUserFromRoom 함수는 정렬된 세트의 remove 커맨드로 세트에서 사용자를 드롭drop 한다. 또한 사용자가 있었던 방으로 세팅된 키도 지우게 된다.

다음으로, 마지막 레디스 함수를 살펴보자. 이것은 다른 함수들보다 더 복잡하다.

```
exports.getUsersinRoom = function getUsersinRoom(room){
  return q.Promise(function(resolve, reject, notify){
  client.zrange('rooms:' + room, 0, -1, function(err, data){
    var users = [];
    var loopsleft = data.length;
    data.forEach(function(u){
    client.hgetall('user:' + u, function(err, userHash){
      users.push(models.User(u, userHash.name, userHash.type));
      loopsleft--;
      if(loopsleft === 0) resolve(users);
    });
    });
  });
  });
};
```

이 함수는 더 복잡한데 그 이유는 레디스에서 방에 있는 모든 사용자에 대한 정보를 받아야 하기 때문이다. 사용자의 이름과 이미지까지도 보여져야 한다. 이 데이터는 방에 있는 모든 사용자들에 대한 정렬된 세트에 존재하지 않는다. 이 함수에서 프로미스를 사용해서 함수로부터 즉시 프로미스를 리턴할 것이다. 첫 번째로 필요한 데이터는 방에 있는 모든 사용자 아이디들의 리스트이다. 이 데이터를 받으면, 모든 사용자 아이디에 대한 루프를 돌려서 사용자의 이름과 타입을 아까 만들었던 사용자 해시로부터 꺼내야 한다. forEach 루프는 비동기가 아니다.

forEach를 그냥 실행하면 빈 배열을 리턴할 것이다. forEach를 비동기로 만들어야 한다. 비동기로 만드는 한가지 방법은 zrange가 몇 개의 방들을 리턴하는 지에 대한 카운트를 얻어서, 카운트를 감소시킬 때마다 루프를 돌리고 카운터가 0이면 데이터를 리턴하는 것이다.

이것이 바로 우리가 새로 만든 forEach 루프의 역할이다. 리턴이나 콜백 함수를 쓰는 대신 이 함수를 통해 좀 전에 만든 프로미스를 해결할 수 있다.

여기까지가 모든 레디스 함수에 관한 내용이었다. 이 함수들에는 update나 delete가 없다는 것을 알 수 있다. 사용자들에게 update나 delete할 권한을 주지 않을 것이다. 워커가 모든 정렬된 셋을 검색해서 가장 오래된 엘리먼트를 지울 것이다. 이것이 바로 거의 모든 키가 정렬된 세트인 이유이다. 정렬된 셋은 엘리먼트를 시간 순서대로 넣게 해주기 때문이다.

이제 레디스 함수 만드는 것은 끝났다. 다음 몇 개 장들에서 이 함수들을 쓰는 작업들을 할 것이다.

레디스는 사용한 애플리케이션 상태 정보 저장

레디스는 일시적인 애플리케이션 상태를 추적할 때 가장 유용하게 쓰인다. 이것의 대표적인 예는 세션이다. 세션은 사용자가 로그인할 때에만 필요하다. 레디스에 세션을 저장해서 회수하기 쉽고, 여러 머신에서 진행되는 여러 프로세스들에 접근하기가 쉽다. 레디스는 애플리케이션 상태를 로컬로 유지하지 않는 확장성의 법칙을 따를 수 있게 도와준다. 여러 곳에서 요청되는 데이터는 레디스에 저장되어야 한다.

레디스에 대해 기억해야 할 또 다른 점은 단기간 데이터에만 적합하다는 것이다. 장기간 저장되어야 하는 데이터는 데이터베이스에 있어야 한다. 사용자 테이블, 로그인할 때의 시각 등 추적에 관련된 모든 정보를 기억하고 싶으면 레디스 대신 데이터베이스에 저장해야 한다.

이제 애플리케이션은 레디스에 현재 상태를 저장할 준비가 되었다. 레디스와 상호 작용하기 위한 함수들은 모두 갖춰졌다. 모든 상호작용은 Socket.IO를 통해 이뤄질 것이다. 상호작용과 관련된 애플리케이션 파트는 프론트엔드와 백엔드를 연결하는 것으로 조만간 다루게 될 것이다. 레디스를 비워줄 워커도 만들 것이다.

레디스로 할 수 있는 것들은 매우 많지만 이번 장에서는 확장성에만 초점을 맞춰서 사용했다.

요약

이제 레디스에 대한 이해가 전반적으로 되었을 것이고 애플리케이션 상태를 저장할 때 어떻게 사용하는지 알게 되었을 것이다. 레디스의 또 다른 강점은 간단한 Pub/Sub 모델로, 여러 머신의 여러 프로세스들 사이에서 일시적인 메시지들을 전달하는 것이다. 마지막으로, 애플리케이션 상태를 저장하는 레디스를 PacktChat 애플리케이션에 추가해 보았다.

6장에서는 프론트엔드에 초점을 맞추는 전환점으로 시작할 것이다. 백엔드 부분에서 미진한 부분을 채워 넣고, 사용자 인터페이스를 만들 때 사용할 툴들에 대한 설명으로 시작할 것이다.

6
바우어를 사용한
프론트엔드 의존성 관리

이제 대부분의 백엔드는 만들었으며 프론트엔드를 개발할 시점이다. 애플리케이션 개발의 전환점을 맞을 차례다. 백엔드에는 다양한 기능이 갖춰져 있지만 프론트엔드에는 아무것도 없다. 애플리케이션과 교류할 방법이 없는 것이다. 이제 프론트엔드의 기초 공사를 해야 한다. 프론트엔드 의존성을 추적할 새로운 툴을 소개하겠다. 또 HTML 요소를 생성하고 이벤트 처리하고 백엔드와 교류할 두 가지 프레임워크를 소개하고 사용하겠다. 그러기 위해서 여러 가지 개념을 다루게 될 것이다.

6장에서 다루는 내용은 다음과 같다.

- 바우어Bower 설치 및 사용
- 리액트React의 정의 및 리액트를 쓰는 이유
- 백본Backbone의 정의 및 백본을 쓰는 이유

보는 바와 같이 6장에서는 다양한 내용을 다룬다. 지금부터 시작해보자.

노드 패키지 버전

6장에선 바우어라는 패키지를 사용한다. 바우어는 npm과 비슷한 패키지 매니저인데, 프론트엔드 라이브러리라는 점에서 차이가 있다. 바우어는 jQuery, 백본, 리액트 버전을 최신으로 쓸 수 있게 한다. 주요 장점은 각 라이브러리 버전을 지정할 수 있다는 것인데, 예를 들면 바우어 1.3.8 버전으로 정할 수 있다. 지금까지 설치한 패키지들 같은 npm 패키지이다.

바우어 설치와 사용

바우어는 프론트엔드 라이브러리 패키지 매니저다. 필요한 라이브러리를 설치할 때 사용한다. bower.json 파일은 프로젝트 루트 폴더에 생성된다.

bower.json 파일에는 버전을 포함해서 모든 디펜던시dependency가 들어 있다. bower.json을 쓰는 것이 자바스크립트 파일을 다운로드해서 프로젝트로 옮기는 것보다 훨씬 유용하다.

바우어는 노드에서 실행되므로 npm을 사용해서 설치할 수 있다. 터미널을 열어서 다음 커맨드를 실행한다.

```
npm install -g bower
```

바우어를 전역으로 설치해야 바우어의 주요 유틸리티인 bower init과 bower install을 사용할 수 있다. bower init와 bower install은 같은 단어로 시작하는 npm 명령어와 매우 비슷하다. bower init 명령어는 사용자에게 프로젝트 관련 질문을 던지고 bower.json 파일을 만들면서, 애플리케이션 디렉터리를 초기화한다. bower install 명령어는 패키지를 설치한다. npm과 똑같이 --save 혹은 --save-dev 플래그를 사용해서 bower.json에 디펜던시를 추가하도록 바우어에 명령한다.

바우어는 패키지를 저장하는 bower_componenets 디렉터리를 만든다. 이 또한

npm의 node_modules와 매우 비슷하다. 패키지는 각 디렉터리 안에 있다. 디렉터리 안에 모든 라이브러리 소스 파일이 있다. 디렉터리에는 축소 버전뿐만 아니라 모든 소스파일이 들어 있다. 바우어 패키지는 프로젝트 Git URL(보통 GitHub) 주소를 갖고 있으므로 여기서 다운로드할 수 있다.

바우어는 기본적인 패키지뿐만 아니라 패키지의 모든 디펜던시들을 설치해준다. 이는 프론트엔드 개발 분야에서 오랫동안 쓰지 못했던 기능이다. 바우어는 프론트엔드 라이브러리를 사용하는 (거의 모든) 프로젝트에 필요하다.

바우어는 npm과 매우 비슷하다. 바우어 및 npm은 같은 문제를 해결하지만 그 목적은 다르다. 이제 바우어의 첫 프론트엔드 라이브러리가 될 리액트$_{React}$를 사용해보겠다.

리액트 소개

프론트엔드를 빌드하는 챕터는 6장뿐이다. 그러므로 6장에서 프론트엔드를 빌드하기 위해 사용하는 라이브러리를 소개하겠다. 라이브러리를 소개하기 위해 바로 코드를 작성해보겠다.

우선 리액트(http://facebook.github.io/react/)를 소개하겠다. 리액트는 페이스북과 인스타그램이 만든 라이브러리다. 인스타그램 인터페이스와 페이스북 댓글은 모두 리액트를 사용해서 만들었다. 리액트는 사용자 인터페이스에만 사용하도록 설계됐다. 데이터를 어떤 방법으로 어디서 가져왔는지는 알 수 없다. 따라서 다른 라이브러리들과 상호 의존해 사용된다.

리액트는 가상 DOM(문서 객체 모델)을 사용한다. DOM은 한 페이지에 속하는 요소 전체를 뜻한다. 가상 DOM은 이전 DOM과의 차이점만 렌더링한다. 다량의 요소를 렌더링할 때마다 브라우저는 요소 삽입 혹은 삭제가 페이지에 어떤 영향을 미칠지 계산하는 시간이 필요하다. 이는 오랜 시간이 소요된다. 리액트는 이러한 렌더링 시간을 최소로 줄여준다.

리액트의 또 다른 장점은 가짜 이벤트를 생성하는 것이다. 즉 컴포넌트에 이벤트 리스너를 추가해도 컴포넌트에 종속되지 않는다는 것이다. 메모리 누수에 가장 효과적인 방법이기 때문에 자주 쓰인다. 메모리 누수는 요소가 DOM에서 삭제 돼도 이벤트 리스너는 제거되지 않았을 때 발생 한다. 가비지 컬렉션을 해도 요소가 백엔드에선 남아 있어서 메모리를 반환하지 않는다. 예를 들어, 버튼을 렌더링하고 클릭 리스너를 추가한 다음에 클릭 리스너로 버튼을 리렌더링하면 메모리 누수가 발생한다.

익명 함수를 만들면 이벤트 청소가 더욱 어려워 진다. 리스너를 제거할 때는 함수 명을 참조하는데, 익명 함수를 참조할 수는 없기 때문이다. 이런 경우 가짜 이벤트 가 유용하다. 리액트에서는 컴포넌트 체인component chain의 처음부터 1개의 리스 너만 존재한다. 이벤트 리스너가 아래 컴포넌트에 등록되면 상위 수준의 리스너로 등록된다. 그래서 이벤트가 발생하면(예를 들어 버튼 클릭 같은), 상위 수준으로 가서 처리한다. 컴포넌트가 삭제되면 요소에 연결된 이벤트 핸들러가 없으므로 가비지 컬렉션으로 처리된다.

리액트는 XML 형식의 문법인 JSX로 사용할 수 있다. JSX로 리액트를 쓰는 것에 대해선 논란이 많다. JSX는 필수는 아니지만 사용하려면 자바스크립트로 변환해 야 한다. 로딩 타임에 JSX를 자바스크립트로 바꿀 수 있지만 페이스북은 미리 JSX 를 정적으로 모두 변환하는 것을 추천한다. 6장에선 직접 자바스크립트를 사용해 서 요소를 만들겠지만 독자들은 JSX도 사용해 보길 추천한다.

리액트가 할 수 있는 게 뭔지 확인하기 위해 간단한 애플리케이션을 만들어보자.

먼저, react란 디렉터리를 만든다. 그리고 react 안에 bower.json 파일을 만들고 다음 코드를 넣는다.

```
{
  "name": "react",
  "version": "0.0.0",
  "license": "MIT",
  "dependencies": {
    "react": "0.11.1",
```

```
      "postal.js": "0.10.1"
    }
  }
```

그다음에 bower install을 실행한다. 필요한 패키지와 디펜던시가 설치된다.

리액트는 컴포넌트 기반이니까 먼저 컴포넌트를 만들어 보겠다. index.html이란 파일을 react 디렉터리에 만들고, 다음 코드를 추가한다.

```
<!DOCTYPE HTML>
<html>
<head>
  <title>React</title>
  <script src="/bower_components/react/react.js"></script >
</head>
<body>
  <h1>React!</h1>
  <div id="react-root"></div>
</body>
<script>
var Hello = React.createClass({
  handleClick: function(){
    alert(this.props.name);
    },
    render: function(){
      return React.DOM.li({className: "name", onClick: this. handleClick},
        "Hello There, " + this.props.name + "!");
      }
    });

var root = React.renderComponent(Hello({name: "Josh"}),
  document. getElementById('react-root'));
</script>
</html>
```

컴포넌트는 React.createClass 메소드로 만들어졌다. createClass 메소드는 파라미터로 객체를 전달받는다. 이 객체는 컴포넌트를 렌더링할 render 어트리뷰트가 필요하다. 그다음 과정은 리액트가 다른 거의 모든 뷰 렌더view render들과 다른 부분이다. HTML로 바꿀 수 있는 html 요소나 스트링을 추가하지 않는다. React. DOM 요소를 만들고 있다. DOM에는 필요한 요소들이 거의 전부 있다. DOM에선 리스트 요소를 사용하고 있다. 첫 번째 파라미터는 li에 부여할 속성의 리스트다. class가 자바스크립트 예약어이기 때문에, className은 CSS 클래스를 추가하기 위해 사용했다. 이 객체에도 이벤트 핸들러를 연결할 수 있다.

React.DOM의 두 번째 파라미터는 요소에 들어갈 내용이다. 이 예제에서는 텍스트만 쓰고 있지만 다른 컴포넌트도 쓸 수 있다. 내용은 동적으로 생성되고 있다. 프로퍼티(props)가 전달돼서 나중에 컴포넌트에서 쓰인다. 이 예제에서는 name을 전달해서 렌더링할 때 쓰도록 돼 있다. 마지막으로 컴포넌트를 div#react-root HTML 요소에 렌더링한다. 이 코드는 프로젝트의 루트 폴더에서 아래 명령어를 파이썬으로 실행할 수 있다.

```
python -m SimpleHTTPSever
```

 리액트는 요소들의 리스트가 아닌 하나의 요소만 반환하는 render 함수가 필요하다. 리스트가 필요하면 div로 감싸거나, li이면 ul로 감싸야 한다.

이제 새로운 리스트 컴포넌트로 리스트를 만들어 추가해보겠다. HelloList 함수를 만들고 root 변수의 값을 바꿔보겠다.

```
//Hello 다음에 추가
var HelloList = React.createClass({
  render: function(){
    return React.DOM.ul({className: "name-ul"},
      Hello({name: "Josh"}),
      Hello({name: "Brian"})
    );
  }
});

//현재의 root를 다음으로 수정
var root = React.renderComponent(HelloList(), document.
getElementById('react-root'));
```

HelloList의 Hello들은 나중에 렌더링된다. 컴포넌트를 렌더링하려면 다른 컴포넌트 안에서 호출하면 된다. 이 코드는 복잡한 컴포넌트를 만들기 위해서 컴포넌트를 재사용하는 예시를 완벽히 보여준다. React.Dom 요소의 첫 번째 파라미터 이후로 컴포넌트를 계속 추가해도 된다. 페이지에서 리스트를 클릭하면 리스트 이름을 보여주는 알림창이 뜰 것이다.

위 예제는 리액트 컴포넌트를 만드는 방법을 제시한다. 각 컴포넌트는 로직과 이벤트, 스스로 렌더링하는 기능이 포함돼 있고 더 큰 컴포넌트를 만들어도 똑같이 사용될 수 있다.

이제 이름을 추가할 폼을 만들고 각 이름을 제거할 삭제 버튼을 만들어 보겠다. postal.js를 사용해서 만들겠다. postal.js는 bower.json 파일에 있으므로 이미 프로젝트에서 사용 가능하다. postal.js는 Conduit과 lodash라는 두 가지 디펜던시를 갖고 있다. Conduit, loadash는 bower_componenets 디렉터리에 있다.

postal.js는 리스너가 연결된 객체들에게 메시지를 보낼 수 있는 전역 메시지 버스를 제공한다. 이는 RabbitMQ와 Redis의 Pub/Sub과도 매우 비슷하다.

이제 새 라이브러리로 index.html 파일의 첫 부분을 수정해야 한다.

```
<script src="bower_components/react/react.js"></script>
<script src="/bower_components/lodash/dist/lodash.js"></script>
  <script src="/bower_components/conduitjs/src/conduit.js"></script>

  <script src="bower_components/postal.js/lib/postal.js"></script>
```

먼저 Hello의 리스트 아이템을 다음 코드와 같이 수정한다.

```
var Hello = React.createClass({
  componentWillMount: function(){
  this.channel = postal.channel();
  },
  removeClick:  function(){
    this.channel.publish("Name.Remove", {name: this.props.name});
  },
  render: function(){
```

```
   return React.DOM.li({className: "name"},
     "Hello There, " + this.props.name + "!",
     React.DOM.button({onClick: this.removeClick},
     "Remove Me")
   );}
});
```

componentWillMount 애트리뷰트가 생겼다. componentWillMount는 컴포넌트
가 렌더링되기 전에 실행되므로 원타임 셋업onetime setup 코드를 실행하기에 매우
좋다. 디폴트 채널에 연결하고 객체에 추가해서 나중에 사용할 수 있다. 그다음에
removeClick 함수를 정의해서 현재 이름인 "Name.Remove" 메시지를 전송한다.
렌더링 함수에서 onClick 알림창을 제거하고 removeClick 함수를 실행할 버튼을
추가했다. Hello 컴포넌트는 스스로 제거되지 않는다는 점에 주의해야 한다. 제거
돼야 할 때 다른 컴포넌트를 통해 제거돼야 함을 알린다.

폼이 필요하므로 다음 코드로 리액트 폼을 추가한다.

```
var AddNameForm = React.createClass({
  componentWillMount: function(){
    this.channel = postal.channel();
  },
  handleSubmit: function(e){
    e.preventDefault();
    var newName = this.refs.name.getDOMNode().value.trim();
    this.channel.publish('Name.Add', {name: newName});
    this.refs.name.getDOMNode().value = '';
  },
  render: function(){
    return React.DOM.form({onSubmit: this.handleSubmit},
      React.DOM.input({type:'text', placeholder: 'Name', ref: 'name'}),
      React.DOM.button(null, 'Submit')
    )}
});
```

Hello 컴포넌트처럼 먼저 할 일은 채널을 만들어서 폼에서 제출된 것을 다른 컴
포넌트에 알릴 수 있게 하는 것이다. 그다음엔 제출 이벤트 핸들러다. 먼저 폼이
제출되면 페이지가 리로딩되는 것을 막는다. 그다음에 텍스트 인풋 값을 받는다.

224

refs 객체는 ref 애트리뷰트를 갖는 요소를 가지고 있는데 여기선 인풋 요소로 갖고 있다. 함수에서 인풋 요소들을 쉽게 찾을 수 있다. getDOMNode 함수는 HTML 요소를 반환한다. 요소를 받으면 텍스트 인풋 값을 받기 위한 정규 자바스크립트를 실행한다. 그런 다음 받은 이름의 이벤트를 전송한다. 마지막으로 할 일은 인풋을 공백으로 만들어서 제출할 때 기존 값이 유지되는 것을 막는다.

마지막으로 수정할 컴포넌트는 HelloList다. HelloList 코드는 다음과 같다.

```
var HelloList = React.createClass({
  componentWillMount: function(){
    var channel = postal.channel();
    this.addSub = channel.subscribe('Name.Add', this.addName);
    this.removeSub = channel.subscribe('Name.Remove', this. removeName);
  },
  getInitialState: function(){
    //비동기식 로딩
    setTimeout(function(){
      //state를 변경할 수 없는 것으로 다룬다.
      var copy = this.state.namesList.slice();
      copy.push("Test");
      this.setState({namesList: copy});
    }.bind(this), 3000);
    return { namesList: ["Josh", "Brian"]};
  }, addName: function(data){
  var copy = this.state.namesList.slice();
  copy.push(data.name);
  this.setState({namesList: copy});
},
removeName: function(data){
  var copy = this.state.namesList.slice();
  copy.splice(copy.indexOf(data.name), 1);
  this.setState({namesList: copy});
}, render: function(){
  return React.DOM.ul({className: "name-ul"},
    this.state.namesList.map(function(name){
      return Hello({name: name});
    }),
    AddNameForm());
```

```
  },
  componentWillUnmount: function(){
    this.addSub.unsubscribe();
    this.removeSub.unsubscribe();}
});
```

첫 번째 componentWillMount 함수는 subscribe를 통해 다른 컴포넌트들로부터 이벤트를 받는다. subscribe 함수에서 참조된 핸들러는 곧 다루겠다.

위 코드엔 state라는 새로운 개념이 있다. 이전에는 prop를 통해 데이터를 컴포넌트로 가져왔었다. state도 데이터를 저장하는 방식이다. prop과 state의 차이점은 state는 컴포넌트 생명 주기 동안에 바뀔 수 있다는 것이고 prop은 바뀔 수 없다는 것이다. 처음에 만들었던 Hello 컴포넌트의 name이란 prop을 예로 들 수 있다. 이 name은 바뀌지 않고 렌더링된다. HelloList 컴포넌트에서 state는 바뀔 것이다. 초기 state는 두 이름으로 만든 배열이다. getInitialState 함수는 3초 후에 state를 변경하도록 돼 있다. 그리고 현재 상태의 사본을 만들어서 새로운 이름을 붙일 것이다. 그다음엔 setState를 실행해서 컴포넌트가 자기 자신과 자식들을 리렌더링하게 만든다.

리액트는 state의 출처를 신경 쓰지 않는다. Ajax 호출이나 Socket.IO 이벤트, 백본 모델에서 왔을 수 있다. 리액트는 렌더링과 DOM과 이벤트 처리만 관리한다.

state는 불변으로 항상 간주해야 한다. state는 직접 바꿀 수 없기 때문이다. 현재 state에 사본을 만들어 그것을 변경해야 한다. 이로 인해 리액트가 새로운 state에서 차이점을 발견할 수 있다.

그다음은 이름을 추가하고 삭제하는 핸들러가 있다. 이 핸들러 함수들은 비슷하다. slice()를 사용해서 state의 사본을 만든다. 그리고 요소가 추가되거나 삭제되면 state가 수정된다.

state 변경이 끝나고 마지막으로 컴포넌트를 렌더링한다. 렌더링 관련 함수는 render과 componentWillUnmount다. render 함수는 실제로 간단하다. 리액트가 다른 리액트 컴포넌트를 렌더링해 줌으로써 뷰를 만들 수 있게 해준다. render 함수는 state를 받아서 각 아이템을 Hello 컴포넌트에 매핑하고 prop으로 이름을 전달하고 마지막으로 폼을 추가한다.

마지막 함수에서 처음에 설정한 두 subscription들을 unsubscribe한다.

마지막으로 할 일은 HelloList를 div#react-root으로 렌더링하는 것이다. 이 코드는 마지막으로 바꾼 이후에 수정되지 않았다. 리액트는 복잡한 애플리케이션을 만들어서 어떤 요소로 렌더링한다. 애플리케이션이 더 복잡한 애플리케이션의 일부가 되어 독립적으로 실행할 수 있다. 어떠한 수정도 다른 컴포넌트에 영향을 미치지 않을 것이다.

```
var root = React.renderComponent(HelloList(), document.
getElementById('react-root'));
```

http://localhost:8000을 브라우저에 로딩하겠다. 처음에 페이지에서 두 리스트 아이템을 볼 수 있을 것이다. 3초 후에 다른 아이템이 추가될 것이다. 폼을 사용해서 요소를 더 추가하고 각 요소의 버튼을 사용해서 요소를 제거할 수 있다. 자바스크립트 코딩 80줄로 상호작용하는 리스트를 만든 것이다.

가능한 state 관련 컴포넌트들을 몇 개 유지하는 것이 좋다. 예제에서 HelloList 만 state를 갖고 있다. 다른 컴포넌트들은 prop을 사용한다. prop은 컴포넌트 체인을 쉽게 읽어 내려갈 수 있다. 상위 수준의 컴포넌트나 부모는 전체적인 흐름을 아는 컴포넌트이다. 자식 컴포넌트들은 부모 요소들의 데이터를 받는다. 모든 요소는 서로 의존하고 애플리케이션 내에서 자유롭게 컴포넌트를 쓸 수 있다.

리액트는 페이지의 사용자 인터페이스를 독립적인 컴포넌트로 쪼갠다. 이는 각 컴포넌트가 스스로 렌더링하고 자신에게 발생하는 이벤트를 기록한다는 것을 의미한다. 컴포넌트가 분석 가능하다는 뜻이고, 이 요소들을 각각 분리하여 정의하고 재사용하고 모든 요소들을 조립해서 전체를 만든다.

백본 소개

백본은 모델, 컬렉션, 뷰를 정의하는 자바스크립트 라이브러리다. 백본은 자바스크립트 형식으로 웹페이지에서 발생하는 것을 기록한다. 리액트처럼 완전한 기능을 갖춘 라이브러리는 아니다. 백본은 리액트 이상의 기능을 하지만 Angular나 Ember.js보다는 기능이 적다. 더 낫다 아니다의 문제가 아닌 다른 역할을 하는 것이다. 애플리케이션 내에서 만드는 것은 어떤 자바스크립트 프레임워크에서든지 실행 가능하다.

리액트가 뷰를 렌더링하는 방식과 이벤트를 기록하는 방식을 배웠다. 백본도 같은 기능을 갖고 있지만 아직 사용하지는 않을 것이다. 개인적으로 리액트의 DOM 형성 방식이 더 낫다고 생각하고, 이벤트 리스너 제거 방식이기 때문에 뷰를 분석할 필요가 없어진다. 리액트가 가짜 이벤트를 만들어서 컴포넌트 안에 이벤트 핸들러를 연결하는 것에 대해 언급했었다. 백본은 가짜 이벤트를 사용하지 않고 이벤트 핸들러를 만든다. 이로 인해 뷰를 제거할 때 주의하지 않으면 메모리 누수가 발생할 수 있다. 백본은 수정사항을 반영하는 가상 DOM도 사용하지 않는다. 이는 뷰가 수정되면 해당되는 요소들이 다시 렌더링을 해야한다는 뜻이다. 리액트가 뷰 함수에 강하므로 백본 뷰 함수 대신 사용한다.

전체적인 백본 리액트 통합은 6장에서 다루지 않는다. 백본에서 사용될 부분만 다루고 7장에서 전체 통합에 대해 다룬다.

백본 모델 사용

백본은 애플리케이션 데이터인 모델을 기록하기에 유용한 방식이다. 백본 모델은 이벤트를 발생시키고 서버와 페이지 데이터를 동기화한다. 백본은 모델을 REST API와 CRUD 데이터로 쉽게 매핑할 수 있다. 이번 예제에서는 이벤트 기능만 다룬다.

모델은 기본적으로 내부 함수들을 사용하는 자바스크립트 객체다. 자바스크립트 객체는 애트리뷰트와 애트리뷰트를 사용하는 메소드를 사용한다.

모델을 만들어 보겠다. 먼저, Backbone이라는 디렉터리를 만든다. 그리고 bower.json 파일을 만들어서 다음 코드를 추가한다.

```
{
  "name": "backbone",
  "version": "0.0.0",
  "license": "MIT",
  "dependencies": {
    "backbone": "1.1.2"
  }
}
```

그다음에 bower install을 실행한다.

그리고 나서 models.html이란 HTML 페이지를 만들고 다음 코드를 추가한다.

```
<!DOCTYPE HTML>
<html>
<head>
  <title>Backbone</title>
  <script src="/bower_components/underscore/underscore.js"></script>
  <script src="/bower_components/backbone/backbone.js"></script>
</head>
<body>
  <h1>Backbone!</h1>
  <div id="backbone-root"></div>
</body>
</html>
```

위 페이지는 underscore 디펜던시를 사용하는 backbone을 로딩한다. 바우어는 underscore를 자동으로 설치될 것이다.

body 요소 마지막 부분에 스크립트 태그를 만들고 다음 자바스크립트 코드를 쓰겠다.

```
var root = document.getElementById('backbone-root');
var Chat = Backbone.Model.extend({});
var chat = new Chat({message: 'Hey'});
chat.on('change', function(model){
  console.log(model);
```

```
  });

  chat.on('change:message', function(model, value){
    console.log(model);
    alert(value);
  });
  chat.set({message: 'Hey Again'});
```

백본은 extend 함수를 사용해서 여러 가지 타입의 객체를 만든다. 여기서 Backbone.Model을 사용했다. 그다음에 애트리뷰트를 전달할 모델의 인스턴스를 만든다. 모델은 애트리뷰트가 수정되면 두 가지 이벤트를 발송한다. 첫 번째는 모델을 전달할 change 이벤트다. 다른 하나는 change:<attributeName> 이벤트다. 이 이벤트는 모델과 애트리뷰트의 새로운 값을 전달한다. 이 예제에서는 두 이벤트를 사용한다. 두 이벤트 리스너는 변경된 모델의 로그를 남긴다. 애트리뷰트에 연결된 리스너는 새로운 값에 대해 알림창을 띄울 것이다.

마지막으로 애트리뷰트의 값을 변경한다. 애트리뷰트를 직접 바꾸지는 않는다. set 함수를 사용해서 해당 이벤트를 발생시킨다. http://localhost:8000/models.html을 로딩하면 확인할 수 있다. 'Hey Again'이 담긴 알림창이 뜬다. 또 콘솔에 로그로 남는 객체가 두 가지 있다.

백본의 모든 기능을 활용하진 않지만, 백본은 유용하다. 모델이 수정되면 백본이 리스너 함수를 실행한다.

백본 컬렉션 사용

백본 컬렉션은 모델의 컬렉션이다. 모델이 기본적으로 확장된 객체인 것처럼 컬렉션은 확장된 배열이다. 바로 컬렉션을 만들어 보겠다. models.html의 복사본을 만들고 collections.html이라고 이름을 짓겠다. collections.html에서는 스크립트 태그를 지우고 다음 코드를 추가한다.

```
var Chat = Backbone.Model.extend({});
var ChatCollection = Backbone.Collection.extend({
  model: Chat
```

```
 });
var chat = new Chat({message: 'Hey'});

var collection = new ChatCollection([
  chat
]);
collection.on('add change remove', function(model, value){
  console.log(model);
});

chat.set({message: 'Hey again'});
var added = collection.add({message: "Another chat"});
collection.add(chat );
collection.remove(added);
```

컬렉션을 만드는 것은 Backbone.Collection을 확장하는 것도 포함한다 이 예제에선 컬렉션에 있는 모델의 타입까지 전달한다. 기본 자바스크립트 객체를 넘기면서 이 코드에 정의된 타입으로 변환하게 된다. 컬렉션은 객체 배열이나 모델로 초기화 된다. 이 코드에선 한 가지 모델을 전달한다. 그다음에 이벤트를 추가하고, 수정하고, 삭제할 리스너를 추가한다. 모델이 컬렉션에 추가되거나 컬렉션의 모델이 수정되거나 삭제되면 각각 이벤트가 발생한다.

그다음에는 여러 가지 시나리오를 테스트하는 코드다. 첫 번째 라인은 컬렉션에 추가한 chat 객체를 수정한다. 이는 change 이벤트를 발생시킨다. 그다음에 새로운 객체를 컬렉션에 추가한다. 그러면 add 이벤트가 발생할 것이다. 그다음에 컬렉션에 있는 객체를 추가하려고 한다. 그러면 아무 일도 일어나지 않을 것이다. 컬렉션은 그 객체가 이미 컬렉션에 있는 것을 알고 있다. 마지막으로, 컬렉션에서 모델을 제거한다.

백본 모델과 컬렉션은 감시해야 할 인터페이스를 제공해주고 데이터 수정사항에 대응한다. 백본에 Socket.IO가 없기 때문에 서버 사이드 동기화는 직접 구현해야 한다. 또 모델이 수정될 때 리액트가 인지할 수 있게 코드를 만들어야 한다. 여기서 역할을 좀 분리해야 된다. 백본은 컬렉션이 서버와 동기화되어 있는지 확인해주는 역할만 한다. 리액트는 그 컬렉션을 렌더링만 한다. postal.js는 이벤트가 발생한 객체에 디펜던시를 만들지 않고, 이벤트 버스를 만들어서 이벤트가 발생한 객체에게 알려 주는 역할을 한다.

요약

6장에서는 바우어를 사용해 프론트엔드 디펜던시를 관리하는 방법을 배웠다. 바우어는 디펜던시(bower.json과 bower_components)를 저장하고, 실행(install과 init)하는 측면에서 매우 비슷하다. 그다음에 리액트를 배웠는데, 리액트는 브라우저에서 자바스크립트 뷰 엔진 역할을 한다. 그리고 이 프레임워크를 선택한 이유를 설명했다. 그다음에 수정되면 이벤트를 발송하는 백본 모델을 배웠다. 백본 모델은 컬렉션 수정과 수정된 컬렉션의 렌더링을 분리하는 역할을 한다. 데이터를 감시하는 프레임워크와 뷰를 렌더링하는 프레임워크 두 가지를 분리하므로 중요하다. 6장에서는 바우어, 리액트, 백본을 애플리케이션에 추가할 수 있는 도구와 백그라운드를 만들었다.

7장에서는 chat 함수를 쓰는 애플리케이션을 만들기 위해 코드를 추가하고 수정하는 작업을 하겠다.

7

DOM 이벤트를 위한
백본과 리액트 사용

7장은 애플리케이션을 마무리 짓는 단계다. 백엔드를 만들어도 백엔드와 상호 작용할 수 없으면 별로 쓸모가 없다. 많은 코드를 삭제하고, 추가하고, 수정할 것이다. 수정할 코드 범위는 최대한 좁힐 것이다. 13개의 파일에서 코드를 조금씩 수정하는 것은 번거롭기 때문이다. 모든 코드는 논리적인 순서로 수정한다. 다음은 7장에서 다루는 내용이다.

● 데이터를 받아서 레디스에 등록하는 Socket.IO 이벤트 마무리

● 리액트를 사용해서 전체 뷰 컴포넌트 생성

● Socket.IO과 컴포넌트에 백본 모델 적용

바우어 패키지 버전들

원래는 새로운 npm 패키지를 설치했었는데, 지금 애플리케이션이 필요한 모든 npm 패키지들이 준비되어 있다. 개발을 마무리 짓기 위해서는 바우어Bower 패키지를 몇 개 더 설치해야 된다. 다음은 바우어 패키지가 포함하는 패키지명이다.

- react: 0.11.1

- backbone: 1.1.2

- postal.js: 0.10.3

- jquery: 2.1.1

- momentjs: 2.8.1

지금까지 리액트, 백본, Postal.js, jQuery를 다뤘다. Moment.js는 시간 주기를 사람이 읽을 수 있는 형태로 바꿔주는 데 쓴다. packtchat 디렉토리의 루트 폴더에 있는 package.json 파일을 만들고 다음 코드를 추가해보자.

```
{
  "name": "nodechat",
  "dependencies": {
  "react": "0.11.1",
  "backbone": "1.1.2",
  "postal.js": "0.10.3",
  "jquery": "2.1.1",
  "momentjs": "2.8.1"
    }
}
```

이제 bower install을 실행하면 모든 프론트엔드 디펜던시dependencies가 다운로드되어 bower_components에 추가된다.

 사이트는 크롬과 사파리, 파이어폭스에서만 실행했다. IE 11 버전에서도 실행될 수 있지만 이전 버전에서는 실행되지 않을 수도 있다. 크로스 브라우저 문제는 책에서 다루지 않는다.

Socket.IO 마무리

Socket.IO를 사용한 애플리케이션 예시들을 많이 보았는데, 이제 Socket.IO를 직접 생성해서 사용해보자. 인증과 연결 함수만 수정하면 된다. socket.io 폴더에 있는 index.js 파일을 열어서, 상단을 다음 코드와 같이 수정한다.

```
var io = require('socket.io'),
  cookie = require('cookie'),
  cookieParser = require('cookie-parser'),
  expressSession = require('express-session'),
  ConnectRedis = require('connect-redis')(expressSession),
  redisAdapter = require('socket.io-redis'),
  redis = require('redis'),
  config = require('../config'),
  redisSession = new ConnectRedis({host: config.redisHost,
    port: config.redisPort}),
  redisChat = require('../redis/chat'),
  models = require('../redis/models' ),
  log = require('../middleware/log');
```

이 코드는 이전에 만든 레디스 함수들과 모델 생성 함수들을 불러온다.

다음 순서로, 인증 함수 코드를 추가한다. socketAuth 함수는 다음 코드와 같다.

```
var socketAuth = function socketAuth(socket, next){
  var handshakeData = socket.request;
  var parsedCookie = cookie.parse(handshakeData.headers.cookie);
  var sid = cookieParser.signedCookie(parsedCookie['connect.sid'],
    config.secret);

  if (parsedCookie['connect.sid'] === sid)
    return next(new Error('Not Authenticated'));

  redisSession.get(sid, function(err, session){
    if (session.isAuthenticated)
    {
      socket.request.user = session.passport.user;
      socket.request.sid = sid;
      redisChat.addUser(session.passport.user.id, session.passport.
        user.displayName, session.passport.user.provider);
```

```
      return next();
    }
    else
      return next(new Error('Not Authenticated'));
    });
  };
```

socketAuth 함수에서 처음으로 레디스 함수를 사용했다. socketAuth는 Socket.
IO가 인증됐을 때 해당 유저를 레디스에 등록한다.

이제 이벤트 리스너가 사용할 유틸리티 함수 두 개를 코딩한다.

```
var removeFromRoom = function removeFromRoom(socket, room){
  socket.leave(room);
  redisChat.removeUserFromRoom(socket.request.user.id, room);
  socket.broadcast.to(room).emit('RemoveUser',
  models.User(socket.request.user.id, socket.request.user.
    displayName, socket.request.user.provider) );
};
var removeAllRooms = function removeAllRooms(socket, cb){
  var current = socket.rooms;
  var len = Object.keys(current).length;
  var i = 0;
  for(var r in current)
    {
    if (current[r] !== socket.id)
    {
      removeFromRoom(socket, current[r]);
    }
    i++;
    if (i === len) cb();
    }
};
```

removeFromRoom 함수는 다른 함수들이 같이 쓰는 공용 함수다.

removeFromRoom 함수가 첫 번째 할 일은 파라미터로 받은 방에 대한 소켓 연결을
끊는 것이다. 두 번째 단계는 유저들을 레디스에서 제거하는데, 레디스는 각 방에
있는 유저를 정렬된 세트에 저장하는 역할을 한다. 마지막으로 해당 방에 있는 모

236

든 소켓에 유저 제거 명령 메시지를 보낸다.

removeAllRooms는 모든 방 중에 현재 소켓과 연결된 방을 불러온다. 이는 socket.rooms이 불러오는데, socket.rooms는 현재 소켓과 연결된 모든 방을 가져오는 역할을 한다. 그리고 연결된 방을 각 루프를 통해 살펴본다. 소켓 연결을 끊으려면, socket.leave()에 방 이름을 파라미터로 전달해야 한다. 같은 소켓 ID를 가지고 있으면 연결을 끊지 않는다. 루프로 전체 방을 돌면 콜백 함수를 호출해서 실행을 계속할 것이다.

방금 Socket.IO의 주요 부분인 연결 함수가 무엇인지 알게 됐다. 연결 함수 안에 전체 이벤트 리스너들을 등록할 것이다. 지금 리스너는 아무것도 하지 않고 뼈대만 갖췄다. 이제 리스너가 본 역할을 할 것이다. 다음은 socketConnection 안에 추가할 코드다.

첫 리스너인 GetMe 코드를 다음과 같이 만들어 보자.

```
socket.on('GetMe', function(){
  socket.emit('GetMe', models.User(socket.request.user.id, socket.
request.user.displayName, socket.request.user.provider));
  });
```

간단한 함수지만 기억해야 할 주의사항 두 가지가 있다. 첫 번째 주의사항은 Socket.IO 이벤트명인 GetMe는 클라이언트에게 전송하는 이벤트 이름이어야 한다. 그래야 이벤트를 추적하기가 쉽다. 클라이언트는 소켓이 전송한 이벤트를 호출할 것이다. 만약 각각 이벤트마다 다른 이름이 지어져서, 서버에는 GetMe로 전송되고, 클라이언트에는 Me로 전송되면 이벤트가 두 개가 생성된다. 두 번째 주의할 점은 리퀘스트 데이터request data를 이용하는 것이다. 인증 함수 socketAuth가 실행 중일 때 세션에서 패스포트 유저 오브젝트를 가져와서 리퀘스트 데이터 유저에 등록한다. 리퀘스트 데이터는 핸드셰이크handshake 변수로 접근할 수 있다. 소켓에 연결되면 데이터에 여러 번 접근할 수 있다.

다음 두 챗트chat 리스너를 보자.

```
socket.on('GetChat', function(data){
  redisChat.getChat(data.room, function(chats){
    var retArray = [];
    var len = chats.length;
    chats.forEach(function(c){
      try{
        retArray.push(JSON.parse(c));
      }catch(e){
        log.error(e.message);
      }
      len--;
      if (len === 0) socket.emit('GetChat', retArray);
    });
  });
});

socket.on('AddChat''AddChat''AddChat', function(chat){
  var newChat = models.Chat(chat.message, chat.room,
    models.User(socket.handshake.user.id, socket.handshake.user.
displayName, socket.handshake.user.provider));
  redisChat.addChat(ne wChat);
  socket.broadcast.to(chat.room).emit('AddChat', newChat);
  socket.emit('AddChat', newChat);
});
```

GetChat은 room이라는 프로퍼티를 갖고 있는 데이터 오브젝트를 전달받았다. 새 레디스 getChat 함수로 챗트 배열을 리턴해보자. 각기 chat 오브젝트가 직렬화되어있기 때문에 자바스크립트 객체로 재파싱해야 한다. 비동기 forEach 문에서 파싱해서 챗트 배열을 클라이언트에게 돌려 보낸다.

AddChat은 두 가지 모델을 만든다. 하나는 chat 오브젝트이고 다른 하나는 chat 오브젝트에 들어갈 user 오브젝트이다. 이 두 모델 함수들은 함수들 간에 퀴시인 터페이스quasi-interface를 만들기 때문에 편리하다. 호출한 함수는 새 오브젝트에 들어갈 프로퍼티를 알려준다. 그리고 나서 new chat은 레디스에 등록된다. 마지막으로, new chat 메시지를 방에 있는 모든 유저에게 전파한다. 다음은 room 함수에 대한 코드다.

```
socket.on('GetRoom', function(){
  redisChat.getRooms(function(rooms){
    var retArray = [];
    var len = rooms.length;
    rooms.forEach(function(r){
      retArray.push(models.Room(r));
      len--;
      if(len === 0) socket.emit('GetRoom', retArray);
    });
  });
});

socket.on('AddRoom''AddRoom''AddRoom', function(r){
  var room = r.name;
  removeAllRooms(socket, function(){
    if (room !== '')
    {
      socket.join(room);
      redisChat.addRoom(room);
      socket.broadcast.emit('AddRoom', models.Room(room));
      socket.broadcast.to(room).emit('AddUser',
        models.User(socket.handshake.user.id, socket.handshake.user.
displayName, socket.handshake.user.pr ovider));
      redisChat.addUserToRoom(socket.handshake.user.id, room);
    }
  });
});
```

GetRoom 함수는 레디스에 있는 모든 방들을 가져오고 room 오브젝트 배열을 생성해서 리턴한다. AddRoom 함수는 removeAllRooms 함수를 실행해서 새로운 방이 유일하게 연결된 방이 되도록 한다. 나머지 함수들은 콜백 함수 안에 있어서 모든 방들이 제거되면 실행할 것이다. 기타 방들의 연결을 끊었으므로 새로운 방에 조인한다. AddRoom 이벤트는 새로운 방들을 만들거나 기존에 있던 방들을 조인하는 유저들이 있을 때 사용한다. 방에 조인하고 나서 레디스가 방을 인식하면(방은 정렬된 세트에 저장되므로 타임스탬프만 업데이트 됨을 주의하라.) 함수는 두 이벤트를 전송할 것이다. 첫 번째는 AddRoom 이벤트다. 방이 생성되면, 실시간으로 다른 유저들의 방 리스트도 업데이트된다. 그다음에 유저가 조인했다는 이벤트가 전송된다. 비슷한 방식으로, 조인한 방의 모든 유저들의 유저리스트도 새로운 유저가 조인하면 업데이트된다. 마지막으로, 레디스에도 유저가 조인한 것을 알려준다.

마지막 리스너는 이벤트의 연결을 해지하는 역할을 한다. 마지막 리스너는 다음과 같다.

```
socket.on('disconnect', function(){
  removeAllRooms(socket, function(){});
});
```

Socket.IO는 연결했던 방들을 모두 자동적으로 없애지만, `RemoveUser` 이벤트를 전송하기 위해 콜백을 사용한다. 그렇게 하지 않으면 연결 해지된 방들에 유저들이 그대로 남아있게 되고, 유저가 다른 방에 접속해야지만 유저가 삭제되기 때문이다.

Socket.IO는 이제 준비가 끝났다. 즉, 프론트엔드에 필요한 모든 리스너들을 생성했다는 뜻이다. 실시간 인터페이스를 설계할 때 스트럭쳐를 만드는 것은 좋은 방법이다. 이벤트가 발생할 때마다 매번 다른 이벤트 이름을 생성하는 것은 쉽지만 이벤트 경로를 추적하기 어렵다. REST와 비교했을 때 특히 그렇다. REST<small>Representational States Transfer</small> 메소드는 HTTP 동사와 리소스를 사용한다. 지금 스트럭쳐도 챗트 예제처럼 동사와 명사를 사용한다. `GetChat`과 `AddChat`이 있다. 더 많은 액션을 발생시키기 위해 `UpdateChat`과 `RemoveChat`을 쓸 수도 있다. Socket.IO 인터페이스는 예측 가능하여 유용하다. 액션은 CRUD<small>Create Read Update Delete</small> 메소드와 매핑된다. 액션과 REST 메소드는 같은 방식으로 쓰인다. 함수를 URL과 매핑할 때 REST는 매우 유용하다.

리액트 컴포넌트 만들기

리액트는 6장에서 예제들로 설명했다. 리액트는 DOM을 조종하고 DOM 이벤트 리스너 역할을 한다.

여러 컴포넌트에서 사용할 생명주기 이벤트를 잠깐 리뷰해보겠다. 첫 번째 나오는 함수는 componentWillMount인데, 컴포넌트가 DOM에 렌더링되기 전에 발생한다. 그리고 componentWillUnmount가 있는데, 초기화한 오브젝트들을 없애준다. 이 두 함수는 한 생명주기에 한 번만 발생한다. componentDidUpdate 함수는 컴포넌트가 변경사항을 렌더링하고 나서 실행된다. componentDidUpdate 함수는 여러 번 실행될 수 있다.

컴포넌트를 이제 정적인 자바스크립트 파일로 만들 것이다. static이란 새 폴더 아래 js라는 폴더를 만들어 보자. 그리고 나서 componenets.js라는 파일을 생성한다. 첫 번째 컴포넌트는 room form이다. room form은 유저가 로그인한 후 방의 이름을 보고 입장하거나 이전에 생성된 방에 조인할 때 필요하다. 다음 코드를 복사해서 component.js에 붙여 넣어 보자.

```
var RoomForm = React.createClass({
  componentWillMount: function(){
    this.channel = postal.channel();
    this._boundForceUpdate = this.forceUpdate.bind(this, null);
    this.props.rooms.on('add change remove', this._boundForceUpdate, this);
  },
  componentWillUnmount: function() {
    this.props.rooms.off("add change remove", this._boundForceUpdate);
  },
  joinRoomHandler: function(){
  this.channel.publish('Room.Join', {roomName:
    this.refs.roomName.getDOMNode().value});
  },
  render: function(){
    return React.DOM.div({className: 'col-sm-8 col-sm-offset-2'},
      React.DOM.h2(null, 'Please Select a Room'),
      React.DOM.input({type: 'text', placeholder: 'Room Name',
        className: 'form-control', ref: 'roomName'}, null),
  React.DOM.button({className: 'btn btn-primary btn-block topmargin',
    onClick: this.joinRoomHandler}, 'Join Room'),
  React.DOM.ul(null,
    this.props.rooms.map(function(r){
      return React.DOM.li({className: 'list-unstyled'}, React.
```

```
        DOM.a({href: '#room/' + r.get('name')}, r.get('name'))
            );
        })
    )); }
});
```

코드가 꽤 길지만 끊어서 보면 쉽게 이해할 수 있다.

우선 어떻게 데이터를 핸들링할지 명확해야 한다. 6장 예제에서는 props와 state로 언제 업데이트할지를 추적했다. 7장에서는 rooms란 이름의 prop을 전달받는 백본 컬렉션을 사용한다. RoomForm이 rooms 컬렉션에 있는 add, change, remove 이벤트의 리스너를 등록하고, 호출되는 함수는 컴포넌트의 forceUpdate이다.

이제 RoomForm을 컨텍스트로 사용하는 forceUpdate에 대한 레퍼런스를 만들 것이다. 레퍼런스는 컴포넌트가 언마운트unmounted 상태일 때 함수를 제거할 수 있게 해준다. 레퍼런스를 만들지 않으면 메모리 누수momory leak가 일어날 것이다. 레퍼런스는 새 엘리먼트를 등록하거나 수정하거나 rooms 컬렉션에서 제거할 때 RoomForm이 자동으로 렌더링하게 해준다.

Postal.js는 글로벌 버스 역할로써 RoomForm과 연결하고 이벤트를 등록할 수 있게 한다.

그럼 joinRoomHandler 클릭 이벤트 핸들러를 알아보겠다. joinRoomHandler는 postal.js에서 Room.Join이라는 이벤트를 텍스트 엘리먼트 인풋 값과 함께 생성한다.

글로벌 이벤트 버스는 이벤트와 이벤트 핸들러를 분리한다. RoomForm은 유저가 방에 조인하는 여부를 알 수 없다. RoomForm은 이벤트를 생성해서 관련 있는 오브젝트에 보내기 때문이다. 컴포넌트는 다른 컴포넌트의 영향을 받지 않기 때문에 재사용이 가능하다.

그다음 render이다. React.DOM은 생성할 HTML 엘리먼트를 전부 포함한다. render는 React.DOM에 있는 h2, 텍스트 인풋, 버튼, ul을 리턴할 것이다. 버튼은 클릭 리스너가 연결되어 있고 ul은 인자의 rooms 컬렉션을 포함한다.

RoomForm를 보면 다른 컴포넌트들을 예측할 수 있다. RoomForm은 마운트하고 언마운트하고 이벤트를 핸들링하고, 렌더링한다. 이 맥락에서 RoomForm은 기초적인 컴포넌트이다.

다음 그림은 렌더링한 컴포넌트이다.

다음 컴포넌트는 UserView이다. 코드는 다음과 같다.

```
var UserView = React.createClass({
  render: function(){
    var name = this.props.useName ? this.props.user.get('user') :
null;
  return React.DOM.div(null,
    React.DOM.img({src: this.props.user.image(this.props.size),
className: 'img-circle', title: this.props.user.get('user')}),
    name
  )}
});
```

UserView는 렌더링만 하지만 두 가지 프로퍼티가 필요하다. size란 프로퍼티와 백본 유저 모델이다(곧 모델에 대해 배울 것이다). 또 useName이란 옵셔널한 프로퍼티도 있다. useName 값이 true이면 UserView는 유저명을 등록하고, false거나 전달받은 값이 없으면 유저명을 등록하지 않는다. 이는 뷰를 상태나 프로퍼티에 따라서 다르게 렌더링하는 것을 보여준다. React.DOM 엘리먼트 안에 if 문을 쓸 수 없으므로 홀딩 변수_{holding variable}를 React.DOM을 쓰기 전에 세팅해야 한다. 다음 그림은 UserView의 모습이다.

리액트 컴포넌트는 재사용 가능하고 수정도 가능하다. UserList에 UserView를 넣어보겠다.

```
var UserList = React.createClass({
  render: function(){
    var me = this.props.me;
    return React.DOM.ul({className: 'list-unstyled'},
      this.props.collection.map(function(user){
        if (me.id !== user.get('id'))
          return React.DOM.li(null, UserView({user: user, size: 50,
            useName: true}))
      }) ) }
});
```

UserList는 렌더링에 두 가지 프로퍼티(me, collection)를 사용한다. me 프로퍼티는 지금 로그인한 유저의 유저 모델이다. 채팅 방에 들어 갔을 때 자신의 이름을 렌더링할 필요는 없다. 다른 프로퍼티인 collection은 유저 모델의 백본 컬렉션이다. 백본 컬렉션은 map 함수가 있어서 컬렉션에 있는 각 유저를 순회한다.

또 UserView를 쓰는 컴포넌트는 ChatMessage이다. 다음 코드를 작성해 보겠다.

```
var ChatMessage = React.createClass({
  render: function(){
    var pull;
    if (this.props.me.id === this.props.chat.get('user').id)
      pull = 'pull-right';
    else
      pull = 'pull-left';
    var timeAgo = moment(this.props.chat.get('ts')).fromNow();
```

```
    return React.DOM.li(null,
      React.DOM.div({className: 'bg-primary chat-message ' + pull},
        this.props.chat.get('message')),
      React.DOM.div({className: 'clearfix'}, null),
      React.DOM.div({className: pull},
        UserView({user: this.props.chat.get('user'), size: 20,
          useName: true}), React.DOM.small(null, timeAgo)),
      React.DOM.div({className: 'clearfix'}, null)
    )
  }
});
```

ChatMessage는 조금 더 복잡한 렌더링 로직으로 이뤄졌다. 우선, me와 chat이 있다. me가 누군지는 아까 설명했고, chat는 메시지, 타임스탬프, 메시지를 쓴 유저 정보를 갖고 있는 백본 챗트 오브젝트이다. ChatMessage가 첫 번째로 할 일은 메시지를 생성한 유저를 확인하는 것이다. 생성한 유저가 본인이면 오른쪽에, 다른 사람이면 왼쪽에 메시지가 위치한다. 그다음에 Moment.js를 사용해서 챗트 오브젝트가 생성된 시간 정보를 얻을 수 있다. pull과 timeAgo 스트링 변수로 엘리먼트들을 렌더링할 준비가 되었다. 리액트에서 중첩 엘리먼트를 만드는 것은 ChatMessage처럼 까다로울 수 있다. list 아이템에 서로 다른 4가지 div를 넣어서 리턴해야 한다. 첫 번째 div는 메시지이고 그다음은 float clear div이고, UserView, 생성 시간, 마지막 float clear div이다.

다음 그림은 방금 생성된 챗트 메시지 그림이다.

ChatMessage를 넣을 ChatList를 만들어 보자.

```
var ChatList = React.createClass({
  render: function(){
    var me = this.props.me;
    return React.DOM.ul({className: 'list-unstyled'},
      this.props.chats.map(function(chat){
        return ChatMessage({chat: chat, me: me});
      }))}
});
```

ChatList에 생소한 코드는 없다. UserList와 거의 똑같다. ChatList는
ChatMessage를 ul로 리턴한다. ChatList를 렌더링하면 다음 그림과 같이 보인다.

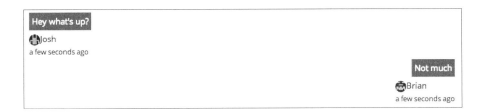

어떻게 챗트 메시지를 만들까? ChatForm으로 만들면 된다. ChatForm 코드는 다음
과 같다.

```
var ChatForm = React.createClass({
  componentWillMount: function(){
    this.channel = postal.channel();
  },
  formSubmit: function(e){
    e.preventDefault();
    var message = this.refs.message.getDOMNode().value;
    if (message !== '')
    {
      this.channel.publish('Chat.Add', {message: message});
      this.refs.message.getDOMNode().value = '';
      this.refs.message.getDOMNode().placeholder = '';
    }else{
        this.refs.message.getDOMNode().placeholder =
        'Please enter a message';
```

```
      }
    },
    render: function(){
    return React.DOM.div({className: "row"},
      React.DOM.form({onSubmit: this.formSubmit},
        React.DOM.div({className: "col-sm-2"},
          UserView({user: this.props.me, size: 50,
          useName: true})),
        React.DOM.div({className: "col-sm-8"},
          React.DOM.input({type: "text", className:
          "form-control", ref: "message"}, null)),
        React.DOM.div({className: "col-sm-2"},
          React.DOM.button({className: "btn btn-primary"}, 'Send'))
    ))}
  });
```

ChatForm은 RoomForm과 매우 비슷하다. submit 이벤트가 발생하면 postal.
js로 데이터를 전달한다. 처음 부분에 페이지 리프레시refresh를 막기 위해
e.preventDefault()를 쓴다. 그리고 텍스트 인풋 값을 확인한다. 인풋 값이 비어
있으면 postal.js로 메시지를 보내지 않고 유저가 무언가 입력해야 된다는 플레이
스 홀더place holder 메시지를 보이게 한다. 플레이스 홀더는 자연스럽게 유저에게
알려줄 수 있는 방법이다. 값이 입력되면 postal.js로 메시지가 전송된다. 그다음
에 인풋과 플레이스 홀더를 빈 문자열로 만들어서, 인풋이 비어있을 때마다 플레
이스 홀더 메시지가 보이는 것을 막는다. 빈 문자열로 submit하는 것만 방지할 목
적이기 때문이다.

render 함수는 직관적이다. 폼이 들어있는 div를 리턴한다. render 함수는 접속
한 유저를 보여주는 UserView를 사용한다. 다음 그림은 폼이 렌더링 됐을 때 모습
이다.

Josh   Send

마지막으로 ChatView를 보겠다. 이 컴포넌트는 다른 컴포넌트들을 모두 사용한다. 코드는 다음과 같다.

```
var ChatView = React.createClass({
  componentWillMount: function(){
    var channel = postal.channel();
    this._boundForceUpdate = this.forceUpdate.bind(this, null);
    this.props.chats.on('add change remove', this._boundForceUpdate,
this);
  this.props.users.on('add change remove', this._boundForceUpdate,
this);
  this.chatSub = channel.subscribe('Chat.Add', this.chatAdd);
  },
  componentWillUnmount: function() {
  this.props.chats.off("add change remove", this._boundForceUpdate);
  this.props.users.off("add change remove", this._boundForceUpdate);
  this.chatSub.unsubscribe();
  },
  componentDidUpdate: function(){
    var chatList = this.refs.chatList.getDOMNode();
    chatList.scrollTop = chatList.scrollHeight;
  },
  chatAdd: function(data){
    this.props.chats.sync('create', {message: data.message, room:
this.props.room});
  },
  render: function(){
    return React.DOM.div({className: "row"},
      React.DOM.div({className: 'row'},
        React.DOM.div({className: "col-sm-2"}, UserList({collection:
this.props.users, me: this.props.me}) ),
        React.DOM.div({className: "col-sm-8 chat-list", ref:
'chatList'},
    ChatList({chats: this.props.chats, me: this.props.me})
      )
    ),
  ChatForm({me: this.props.me})
    );
  }
});
```

첫 번째인 componenetWillMount 함수는 postal 채널에 연결하고 전달받은 백본 컬렉션에 리스너를 등록한다는 점에서 RoomForm과 비슷하다. ChatView 에서의 차이점은 Chat.Add 메시지를 읽는 것인데, 이 메시지들은 ChatForm에 전송할 것이다.

두 번째 함수는 componentWillUnmount인데, 컬렉션 리스너 등록을 해지하고 postal.js에서 읽은 메시지를 삭제한다.

componentDidupdate 함수는 컴포넌트가 렌더링할 때마다 실행한다. componenetDidupdate는 챗트를 홀딩하는 div에 메시지가 등록될 때마다 스크롤 이 최하단에 위치하도록 해준다.

chatAdd 함수는 postal.js가 Chat.Add를 읽을 때 실행된다. chatAdd는 백본 컬 렉션에게 메시지를 등록하라고 명령한다. add 이벤트 리스너를 실행하고 있으므 로 컴포넌트가 재렌더링된다.

마지막으로 render 함수인데 별 것 없다. 다른 컴포넌트에서 거의 모든 엘리먼트 를 만들었기 때문이다. UserList와 ChatList, ChatForm을 렌더링하고 필요한 프 로퍼티를 넘기는 역할을 한다.

리액트 요약

지금까지 리액트 컴포넌트들로 유저 인터페이스를 만드는 방법을 배웠다. 다음 주제로 넘어가기 전에 강조하고 싶은 것이 하나 있다. 컴포넌트를 크게 두 가지 로 나누면 RoomForm과 ChatView이다. 백본 컬렉션을 업데이트하는 컴포넌트 리 스너는 RoomForm과 ChatView뿐이다. 백본 컬렉션은 리액트 상태로 존재하는데, RoomForm과 ChatView가 리액트 상태를 사용하지 않고 리스너 함수로 업데이트하 기 때문이다. 상태가 수정되면 컴포넌트는 서브컴포넌트subcomponent에 프로퍼티 를 전달한다. 이 방식으로 하면 컴포넌트를 재사용할 수 있어 편리하다. 예를 들어, UserView는 유저가 접속했는지 아니면 방에 있는지 신경 쓰지 않는다. ChatList 도 메시지가 등록 됐는지 메시지가 어느 방에 있는지 신경 쓰지 않는다. ChatList 기능은 전달받은 챗트들의 배열을 렌더링하는 것이기 때문이다.

백본 모델

전체 뷰를 만들었고 그 중 몇 개는 모델과 컬렉션을 레퍼런싱했는데 이제 그 모델과 컬렉션을 만들 차례다. 첫 번째로 만들 파일 이름은 models.js로 static/js/ 안에 만들 것이다. model.js에서 모델과 컬렉션, 라우터의 정의를 기록할 것이다.

모델과 Socket.IO 동기화

백본 모델과 컬렉션은 REST 프레임워크에서 작동하도록 설계되었다. 각 백본 모델과 컬렉션은 CRUD(Create, Read, Update, Delete) 오퍼레이션을 해당 URL로 보내는 싱크 메소드를 갖고 있다. 애플리케이션이 서버에서 클라이언트로 데이터를 전송할 때 REST를 사용하지 않고 Socket.IO를 사용한다. 내장 어댑터는 없으므로 임의 어댑터를 만들어야 한다. 어댑터를 몇 개로 쪼개서 살펴본다. 다음 코드가 첫 단락이다.

```
var SocketListener = function SocketListener(noun, collection, socket)
{
  var addModels = function addModels(models){
    collection.add(collection.parse(models));
  };
  var removeModels = function removeModels(models){
    collection.remove(collection.parse(models));
  };
  socket.on('Add' + noun, addModels);
  socket.on('Get' + noun, addModels);
  socket.on('Remove' + noun, removeModels);
  var destroy = function destroy(){
    socket.removeListener('Add' + noun, addModels);
    socket.removeListener('Get' + noun, addModels);
    socket.removeListener('Remove' + noun, removeM odels);
  };
  return {destroy: destroy};
};
```

SocketListener에 noun, collection, socket 인스턴스를 넘긴다. noun은 동기화 할 대상인데 예를 들면 chat이 될 수 있다. SocketListener는 비동기적으로

동기화하고 있기 때문에 컬렉션에 대한 레퍼런스가 필요하다. REST API를 통해 동기화 할 때 모든 동기화 작업은 요청 기반이다. 컬렉션이 새 모델을 요청하면 서버는 새 모델로 응답한다. Socket.IO와는 다른 방식의 작업이다. Socket.IO에서는 리스너를 만들고 리스너를 사용해서 모델을 컬렉션에 등록하거나 삭제한다. 각기 리스너 기능은 간단하다. 모델을 파싱하고 등록하거나 컬렉션에서 삭제한다.

모델을 등록하거나 삭제하는 단계에서 뷰를 렌더링한다. 컴포넌트들이 컬렉션의 add, change, remove 이벤트 리스너를 갖고 있으므로 리스너 함수가 실행되면 다른 컴포넌트에 이벤트를 전송할 것이다.

다음으로, 리스너를 만들겠다. noun이 인자인 이유는 보면 알 것이다. noun이 Chat이면 AddChat, GetChat, RemoveChat 이벤트 리스너를 만들 것이다. 이 리스너는 add와 remove 함수를 호출할 것이다.

마지막 함수는 destroy다. destroy는 Socket.IO의 모든 리스너를 제거한다. destroy 함수에 대한 레퍼런스 객체를 변수로 만들어서 호출할 수 있다.

SocketListener로 Socket.IO 이벤트 리스너를 만들었지만 이벤트 발생은 어떻게 할까? 백본의 디폴트 동기화 메소드인 SocketSync.SocketSync로 이벤트를 발생시킨다. SocketSync 코드는 다음과 같다.

```
var SocketSync = function SocketSync(method, model, options){
  var socket = Backbone.socket;
  var create = function create(model, options, noun){
  socket.emit('Add' + noun, model);
};
var read = function read(model, options, noun){
  socket.emit('Get' + noun, options);
};
switch(method){
  case 'create':
    create(model, options, this.noun);
    break;
  case 'read':
    read(model, options, this.noun);
    break;
  }
};
```

백본 동기화에 필요한 인자는 method, model, options인데 CRUD를 직접 실행할 메소드다. 아직 컬렉션이 업데이트나 삭제는 하지 않았으므로 create와 read만 수행하겠다. create와 read 함수는 간단하다. create와 read는 Socket.IO 이벤트에 전송한다. 서버가 챗트 메시지 배열로 응답하면 SocketListener은 응답 리스너를 실행하고 모든 챗트들을 컬렉션에 등록한다.

SocketSync에서 쓰는 백본 익스텐션extension이 두 가지 있다. 첫 번째는 Backbone.socket인데, 디폴트가 아니다. socket이란 프로퍼티를 만들어서 Socket.IO 연결에 설정해야 한다. 두 번째 익스텐션은 컬렉션의 noun이란 프로퍼티이다. noun도 백본에 내장된 프로퍼티가 아니므로 직접 만들어야 한다.

모델 생성

모델을 정의하겠다. 여기서는 한 개만 정의한다. 순수 자바스크립트 객체가 방들을 관리하므로 여러 모델을 만들지 않아도 된다. User 모델을 다음과 같이 만들어 보자.

```
var User = Backbone.Model.extend({
  image: function(size){
    switch(this.get('type')){
      case 'local':
        return this.gravatar(size);
        break;
      case 'facebook':
        return this.facebook(size);
        break;
      case 'google':
        return this.gravatar(size);
        break;
    }
  },
  gravatar: function gravatar(size){
    return 'http://www.gravatar.com/avatar/' + md5(this.get('id')) +
'?d=retro& s=' + size;
  },
  facebook: function facebook(size){
```

```
        return 'http://graph.facebook.com/' + this.get('id') + '/
    picture/?height=' + size;
    }
});
```

User 모델은 image 함수에서 이미지 URL로 리턴한다. 유저가 어디에 속한 유저인지 확인한다. 페이스북이면 페이스북 사진을 아니면 그라바타를 쓴다. image 함수는 UserView가 img 엘리먼트를 만들 때 사용한다.

이제 컬렉션 생성으로 넘어간다. 컬렉션 생성 부분에서 대부분의 컬렉션 인터렉션이 이뤄진다.

 모델 생성 코드는 http://www.myersdaily.org/joseph/javascript/md5-text.html에서 받은 MD5 라이브러리가 필요하다. 바우어(Bower) 패키지인 Cryptojs를 사용해도 좋다.

컬렉션 생성

컬렉션에 부가적인 기능을 많이 등록하지는 않는다. 백본 컬렉션 확장을 통해 백본 동기화와 이벤트 발생이 이뤄지게 하려는 것이 목적이다. 다음 두 컬렉션을 생성해보자.

```
var UserCollection = Backbone.Collection.extend({model: User});
var RoomsCollection = Backbone.Collection.extend();
```

인자의 모델 옵션은 컬렉션이 전달받은 순수 오브젝트의 타입을 User로 변환하도록 설정하기 위해 썼다.

RoomsCollection의 경우 room 오브젝트는 단순해서 모델 옵션은 불필요하다. 오브젝트명만 있으면 된다.

이제 ChatCollection만 생성한다. ChatCollection 생성 코드는 다음과 같다.

```
var ChatCollection = Backbone.Collection.extend({
  parse: function(data){
    if (Array.isArray(data)){
```

```
      return _.map(data, function(d){
        d.user = new User(d.user);
        return d;
      });
    }else {
      data.user = new User(data.user);
      return data;
    } }
  });
```

ChatCollection은 백본 컬렉션 오브젝트로서 지금까지 다룬 모델에 없었던 중첩 모델 형태를 나타낸다. 서버에서 리턴한 user 프로퍼티는 자바스크립트 객체이므로 User 모델로 변환할 것이다. 컬렉션에 오브젝트를 등록하면 오브젝트가 백본 모델화 되지만 컬렉션은 각 프로퍼티가 모델 정의에 맞게 변환하는 방법을 모른다. 그래서 parse 메소드를 사용한다.

parse 메소드는 먼저 오브젝트가 배열형인지 확인하는데 처음 방에 들어갈 때 확인한다. 서버는 해당 방에 있는 메시지 배열을 리턴한다. 유저 프로퍼티가 User 모델로 변환된 오브젝트 배열을 리턴할 때는 _.map을 사용하고 오브젝트가 배열형이 아니면 유저 프로퍼티만 바꿔서 리턴한다.

백본 모델 정의는 User에서 끝난다. 지금까지 모델 한 개와 컬렉션 세 개를 만들었다. 프론트엔드 쪽에 복잡한 모델을 구성할 필요는 없다. add나 change 이벤트가 발생할 때 필요한 컬렉션만 있으면 되기 때문이다. 백본과 Socket.IO를 연결하는 로직만 구성하면 된다. SocketListener은 서버에서 발생한 이벤트 연결 리스너를 실행하고, 응답을 파싱해서 컬렉션에 등록하고 나서 백본과 리스너로 연결된 이벤트에 전송한다.

백본 라우터

백본 기능 한 가지를 더 사용할 것인데 바로 라우팅이다. 백본 라우터는 URL에 있는 해시 수정사항에 리스너를 연결하고 이벤트를 발생시킨다. 라우터는 특정 패턴에 맞출 수 있고 파라미터도 가져올 수 있다. 다음 코드와 같이 라우터를 생성해보자.

```
var Router = Backbone.Router.extend({
  routes: {
    '': 'RoomSelection',
    'room/:room' : 'JoinRoom',
    '*default' : 'Default'
  }
});
```

라우터는 백본 오브젝트와 같은 방식으로 만드는 데 라우터를 확장시켰다. Router 오브젝트는 패턴을 프로퍼티로 갖고 이벤트 이름을 값으로 갖는다. 라우터에는 '뒤로' 버튼 기능과 싱글 페이지 자바스크립트 애플리케이션의 내부 링크 기능이 있다. 예를 들어, /chat#room/test 링크를 걸면 애플리케이션은 RoomSelection이 아니라 JoinRoom에서 시작할 것이다.

Router는 캐치올catch-all과 라우트 두 개만 있으면 된다. 첫 번째 라우트는 URL에 해시가 없는 경우와 해시(/chat#)만 있는 경우를 매칭한다. 두 번째 라우트는 room/ URL과 매칭하고 그 뒤에 나오는 것을 파라미터로 넘긴다. 마지막으로, 디폴트 라우트는 모든 경우를 매칭한다. 세 라우트는 순서대로 작동하므로 모든 라우트를 캐치한다.

컬렉션과 뷰 합치기

컬렉션을 초기화하고 뷰를 렌더링하기 위한 파일 하나를 생성한다. chat.js를 자바스크립트 파일을 보관하는 static/js/에 만든다. chat.js는 이제 다루게 될 모든 코드를 포함한다. chat.js는 다음 코드로 시작한다.

```
var PacktChat = window.PacktChat || {};
PacktChat.Chat = function(el){
  var $root = $('#' + el),
  socket = io.connect("http://localhost:3000/packtchat"),
  me = null,
  connected = false;
```

```
  //초기화될 것임
  var router,
    roomsCollection,
    userCollection,
    chatCollection;
var GetMe = function GetMe(user){
  me = new User(user);
  Backbone.history.stop();
  startChat(me);
  Backbone.history.start();
  connected = true;
};
socket.on('connect', function(){
  if (!connected) socket.emit('GetMe');
});
socket.on('GetMe', GetMe);
```

PacktChat이라는 네임스페이스를 먼저 만들 것이다. PacktChat에 대한 레퍼런스로 윈도우에 이미 정의되어 있는지 확인하고 없으면 새로운 오브젝트를 만든다. 지금은 프로퍼티를 하나만 등록하지만 여러 개를 등록하려면 오브젝트 생성문을 각 프로퍼티 실행 이전에 사용하면 된다. 이제 함수를 만들어서 챗트 페이지에 필요한 것들을 세팅해보자.

함수 시작 부분에서 변수를 선언한다. 렌더링 시작점인 루트 엘리먼트 변수를 먼저 선언한다. 루트 엘리먼트 변수는 PacktChat.Chat()에 전달할 엘리먼트 아이디로 초기화한다. Socket.IO에 연결하고 나서 변수를 선언한다.

다음 함수는 GetMe인데, 'GetMe'라는 Socket.IO 이벤트에서 실행한다. GetMe는 우선 me라는 변수를 User 모델로 선언한다. 그리고 나서 해시 수정사항과 라우터를 추적하는 데 쓰는 백본 히스토리 기록을 멈춰서, 데이터 로딩 이전에 라우트가 실행되지 않게 한다. 그다음에 startChat을 실행한다. 그리고 나서 connected 값을 true로 바꾸면서, 백본 히스토리 기록을 다시 시작한다. GetMe는 채팅이 시작되기 전에 현재 유저(나)에 대한 레퍼런스를 만들어 준다.

그다음 함수는 Socket.IO인데, Socket.IO는 필요한 리스너를 등록하는 역할만 한다.

모든 것을 초기화할 메인 함수 startChat을 생성해보자.

startChat의 시작 부분은 다음과 같다.

```
var startChat = function startThis(){
  router = new Router();
  Backbone.socket = socket;
  Backbone.sync = SocketSync;
  roomsCollection = new RoomsCollection();
  roomsCollection.noun = 'Room';
  userCollection = new UserCollection();
  userCollection.noun = 'User';
  chatCollection = new ChatCollection();
  chatCollection.noun = 'Chat';
  var roomsSync = new SocketListener('Room', roomsCollection, socket);
  var userSync = new SocketListener('User', userCollection, socket);
  var chatSync = new SocketListener('Chat', chatCollection, socket);
  roomsCollection.fetch();
  var channel = postal.channel();
  var roomJoin = channel.subscribe('Room.Join', roomFormEvent);
```

첫 부분은 모든 컬렉션과 오브젝트를 선언한다. 먼저 아까 정의한 Router를 선언한다. 그다음에 소켓 레퍼런스와 동기화 함수를 백본에 등록한다. 그리고 나서 roomsCollection의 noun과 컬렉션을 생성한다. 그다음에 각 컬렉션과 noun에 대한 SocketListener를 만든다. 그리고 나서 room 컬렉션을 불러오는데, room에 대한 뷰를 먼저 렌더링할 확률이 높기 때문이다. fetch()는 동기화 함수와 read 메소드를 사용할 것이고, 'GetRoom'이라는 소켓 이벤트를 생성할 것이다. 마지막으로, 'Room.Join' 이벤트와 리스너로 연결할 postal 채널을 만든다.

그다음에 또 새로운 함수가 필요하다. 다음 4개의 함수를 더 추가 해보자.

```
function roomFormEvent(message){
  roomsCollection.add({name: message.roomName, id: message.
roomName});
  router.navigate('room/' + message.roomName, {trigger: true});
  };
  function RoomSelection(){
    roomsCollection.sync('create', {name: 'lobby', id: 'lobby'});
```

```
    React.unmountComponentAtNode($root[0]);
    React.renderComponent(RoomForm({rooms: roomsCollection}), $root[0]);
  }
function JoinRoom(room){
  userCollection.reset();
  chatCollection.reset();
  roomsCollection.sync('create', {name: room, id: room});
  chatCollection.fetch({room: room});
  userCollection.fetch({room: room});
  React.unmountComponentAtNode($root[0]);
  React.renderComponent(ChatView({users: userCollection, chats:
  chatCollection, room: room, me: me}), $root[0]);
  };
  function DefaultRoute(){
      router.navigate('', {trigger: true});
  };
```

첫 번째 함수인 roomFormEvent는 'Room.Join' postal 이벤트와 연결되어 있다. roomFormEvent는 전달받은 room 이름을 roomsCollection에 등록한다. 그다음에 라우터가 방을 조인할 때 쓰는 함수를 실행하기 위해서 navigate 함수와 {trigger:true}를 사용한다. 트리거 값이 메소드와 함께 전달되지 않으면 라우터는 라우트에서 함수를 실행하지 않는다.

그다음 함수는 RoomSelection이다. RoomSelection 함수는 lobby라는 방에 유저를 넣는다(방이 없으면 생성한다). 그리고 나서 루트 엘리먼트에 렌더링된 컴포넌트를 언마운트하고 RoomForm을 루트 엘리먼트에 렌더링한다.

JoinRoom 함수도 RoomSelection과 비슷하게 실행된다. 방에 입장할 때 rooms 컬렉션에 등록한다. create 커맨드는 Socket.IO 이벤트를 발생시켜 서버를 정렬된 세트로 업데이트하고 현재 유저를 방에 등록한다. 그다음 함수가 하는 일은 chatCollection과 userCollection을 리셋하는 것이다. 리셋 메소드는 컬렉션에 있는 현재 모델을 모두 삭제한다. 방이 각각 다른 메시지와 유저를 갖고 있기 때문이다. 컬렉션을 리셋하면 해당 방의 메시지와 유저를 가져온다. 마지막으로, 루트 엘리먼트의 컴포넌트를 언마운트 하고 ChatView를 렌더링한다.

마지막 함수인 DefaultRoute는 매칭되지 않는 해시를 모아 room selection으로 보낸다.

다음 코드는 PacktChat.Chat 함수의 마지막 코드다.

```
router.on('route:RoomSelection', RoomSelection);
  router.on('route:JoinRoom', JoinRoom);
  router.on('route:Default', DefaultRoute);
  };
};
var pc = new PacktChat.Chat('react-root');
```

각 라우터 이벤트에 대한 리스너가 필요하다. 이벤트는 route:로 시작한다. 마지막에 새로운 오브젝트를 생성해서 모든 컴포넌트를 렌더링할 PacktChat.Chat의 ID를 넘긴다. 이로 인해 새 오브젝트와 오브젝트들과 리스너가 초기화된다.

지금까지 모든 프론트엔드 자바스크립트 파일을 만들었다. 코드를 좀 더 모듈화할 수 있지만, 분량이 많아지고 책의 범주에서 벗어나기 때문에 하지 않았다. 또 자바스크립트는 한 페이지 정도밖에 안 되기 때문에 과잉될 수 있다. 모듈화하려면 각 컴포넌트와 모델, 컬렉션, 페이지 통합 오브젝트(PacktChat.Chat)를 각기 파일로 저장해야 한다. 그러면 페이지에 필요한 것들만 로딩해서 복사 붙여 넣기의 번거로움을 피할 수 있다.

그런데 아직 사이트가 완성되지 않았다. 파일들을 조금씩 수정해야 한다.

CSS와 레이아웃 수정

static/css/의 style.css에는 두 가지 CSS 룰이 있다. 다음 코드를 파일에 붙여 넣자.

```
.chat-message {padding: 5px; margin: 5px 0;}
.chat-list {max-height: 500px; overflow: auto;}
```

위 코드 두 줄로 챗트 페이지가 더 나아졌다.

이제 bower_componenets 디렉토리를 익스프레스에서 쓸 것이다. app.js를 열어 다음 코드를 static 다음에 추가한다.

```
app.use(express.static(__dirname + '/static'));
app.use(express.static(__dirname + '/bower_components'));
```

static에 대한 레퍼런스들이 많으면 익스프레스는 파일을 찾기 위해 각 디렉토리를 돌아다닐 것이다.

그다음에 자바스크립트 파일들을 레이아웃 및 챗트 페이지에 추가한다. 먼저, views/ 폴더에 있는 layout.ejs를 열어 다음 자바스크립트 파일 리스트가 헤드에 있는지 확인한다.

```
<script type="text/javascript" src="//cdnjs.cloudflare.com/ajax/libs/
socket.io/0.9.16/socket.io.min.js"></script>
<script type="text/javascript" src="/jquery/dist/jquery.js"></script>
<script type="text/javascript" src="/underscore/underscore.js"></
script>
<script type="text/javascript" src="/backbone/backbone.js"></script>
<script type="text/javascript" src="/react/react.js"></script>
<script type="text/javascript" src="/postal.js/lib/postal.js"></
script>
<script type="text/javascript" src="/momentjs/moment.js"></script>
<script type="text/javascript" src="/js/md5.js"></script>
```

layout.ejs는 필요한 라이브러리들을 모두 로딩한다. 헤드에 로딩해야 애플리케이션 페이지 스크립트application page-specific script를 로딩하기 전에 로딩할 수 있다.

views/폴더에 있는 chat.ejs를 다음 코드와 똑같이 만든다.

```
<div id='react-root'></div>
<script type="text/javascript" src="/js/models.js"></script>
<script type="text/javascript" src="/js/components.js"></script>
<script type="text/javascript" src="/js/chat.js"></script>
```

이제 챗트 페이지를 실행하기 위한 것은 모두 준비됐다.

책 범위에 맞춰서 간단하게 구성한 것들이 있다. 헤드에 라이브러리 파일을 넣고 페이지에 로딩함으로써, 필요한 라이브러리와 애플리케이션 로딩을 단순화했다.

새 워커 등록

지금 해결해야 되는 문제가 있다. 방들이 많이 생기고, 메시지들이 많이 축적되면, 레디스의 메모리 공간이 부족해진다. 레디스 데이터를 삭제하고 새로운 워커를 사용해야 한다.

workers 디렉토리 안에 chat.js이란 파일을 만들자. 다음 코드로 함수를 시작한다.

```
var client = require('../redis').client,
  log = require('../middleware/log');
var delta = 60 * 60 * 1000 * 3; //10800000
var interval = 60 * 60 * 1000 * 2; //7200000
```

레디스 클라이언트와 로거를 선언한다. 그리고 delta와 interval을 선언한다. 비활성화되거나 3시간 전(10,800,000밀리세컨드 전)에 생성된 방이나 챗, 유저는 삭제한다. 삭제를 위한 체크는 2시간(7,200,000밀리세컨드)마다 한다. 시간을 config 파일에 설정해서 프로그램이 실행될 때 자동 설정되도록 할 수 있다. 이제 체크를 위한 코드를 알아보자.

```
function RemoveRooms(){
  log.debug({message: 'Removing Rooms', ts: Date.now()});
  client.zrangebyscore('rooms', '-inf', ((new Date).getTime() -
delta), function(err, rooms){
    if (err !== null) log.error({message: 'Error in Remove Rooms',
err: err, ts: Date.now()});
    else {
      rooms.forEach(function (room) {
client.multi()
      .zrem('rooms', room)
      .del('rooms:' + room + ':chats')
      .exec(); });
  }});
};
```

RemoveRooms 함수가 첫 번째로 하는 일은 메시지 로그를 남기는 것이다. 함수가 백그라운드에서 작동하므로 실행 여부를 확인할 수 없다. 따라서, 로그 함수를 호출하는 것이 중요하다. 그다음에 zrangebyscore를 호출해서 인자 값의 범위에 있는 엘리먼트만 리턴되게 한다. 그래서 값들 사이에서 루프를 돌면서 rooms 정렬 세트와 rooms:roomname:chats 정렬 세트의 엘리먼트를 삭제한다. 이 시점에서 room은 더 이상 존재하지 않는다. 에러가 발생하면 레디스 커맨드로 로그를 남긴다. RemoveRooms는 리턴 값이 없기 때문에 동기화 방식으로 실행할 수 있다. 루프를 돌다 보면, 실시간으로 실행될 수 있다. 그다음은 챗트 메시지를 제거하는 것인데 코드는 다음과 같다.

```
function CleanUpChatsFromRoom(){
  log.debug({message: 'Cleaning Up Chats', ts: Date.now()});
  client.zrange('rooms', 0, -1, function(err, rooms){
    rooms.forEach(function(room){
      client.zremrangebyscore('rooms:' + room + ':chats', '-inf',
((new Date).getTime() - delta));
    });
  });
};
```

먼저, 방 리스트를 가져온다. 그다음에 각 방에서 3시간이 지난 메시지를 갖고 있는 챗트 정렬 세트를 확인하고 챗트를 삭제한다. CleanUpChatsFromRoom 함수에는 공간 효율성을 위해 에러 체크나 로그함수를 넣지 않았지만 넣을 수는 있다.

다음은 유저 체크를 위한 코드이다.

```
function CleanUpUsers(){
  log.debug({message: 'Cleaning Up Users', ts: Date.now()});
  client.zrangebyscore('users', '-inf', ((new Date).getTime() -
  delta), function(err, users){
    users.forEach(function(user){
      client.multi()
      .zrem('users', user)
      .del('user:' + user)
      .del('user:' + user + ':room')
```

```
       .exec(); });
   });
};
```

CleanUpUsers 함수는 3시간 동안 비활성화 된 유저를 삭제한다. 각 유저를 순회하면서 users 정렬 세트에서 삭제하고 해시와 유저 룸 키user room keys를 삭제한다.

다음은 CleanUp 함수를 setInterval로 2시간마다 실행하는 코드다.

```
function CleanUp() {
  RemoveRooms();
  CleanUpCha tsFromRoom();
  CleanUpUsers();
};
setInterval(CleanUp, interval);
CleanUp();
```

CleanUp 함수는 RemoveRooms, CleanUpChatFromRoom, CleanUpUsers를 실행하는데, setInterval로 2시간마다 실행한다. CleanUp()은 마지막 줄에 위치하여 처음 실행할 때, 2시간 이후가 아니라 바로 시작할 수 있게 한다.

애플리케이션 사용 시도

이제 애플리케이션을 사용할 수 있다. http//localhost:3000으로 들어가서 로딩해보자. 사이트에 로그인하면 챗트 페이지로 리다이렉트 된다. 그러면 room form 컴포넌트가 보인다. 방을 등록해보자. 아니면 새로 윈도우 창이나 탭을 띄워서 방을 등록하고 실시간 반영되는지 확인해보라.

그러면 두 윈도우 창에서 같은 방에 들어가 스스로 채팅을 할 수 있다. 챗트 메시지는 실시간으로 보일 것이다.

요약

리액트와 백본을 사용해서 유저 인터페이스를 만들어 보았다. 모든 리액트 컴포넌트는 재사용 가능하고 확장할 수 있다. 예를 들면, 이름을 클릭해서 자세한 유저 정보가 보이는 프로필 페이지를 쉽게 보여줄 수 있는데, `UserView`에 코드 몇 줄 추가하고 `Router`에 `route` 설정만 하면 된다.

백본 모델을 Socket.IO와 연결하려고 분해해 보았다. 이는 라이브러리가 대신 해줄 수도 있지만, 과정을 보여주기 위해서 하드코딩으로 했다. 백본 모델을 100% 활용하진 않았으므로 다음 번에 잘 써보기 바란다.

코드량이 꽤 많았는데 맨땅에서 시작해서 Node.js 애플리케이션을 결국 완성했다. 라이브러리 특성을 살펴보기 위해 둘러가야 하기도 했다. 코드를 간결하게 만들기 위해 생략한 것들(로그나 테스팅 함수 등)도 있었다.

8장에서는 실제 운영 시스템에 적합한 애플리케이션으로 만드는 작업을 배울 것이다.

8

애플리케이션 개발을 위한 자바스크립트 사용 사례

지금 책을 읽는 사람들에게 신경 쓰이는 것이 있을 수 있다. 코드 기반에 아직 해결해야 할 크고 중요한 문제들이 남아있기 때문이다. "로컬 호스트를 제외하고 다른 서버에서도 작동할 수 있을까?"라는 질문으로 이 문제들을 정리할 수 있다. 질문에 대한 답은 "아니오"다. 이 문제는 8장에서 해결된다. 재활용할 수 있고 한 번에 실행되는 스크립트형 빌드 시스템을 배울 것이다. 방금 빌드 시스템에 붙인 수식어는 중요한 의미를 담고 있다. 한 줄의 명령어로 애플리케이션을 빌드할 수 있어야 한다. 빌드 단계를 여러 단계로 나누면 빌드나 실행 과정 중 버그가 생길 수 있다. 이것은 시간과 에너지 낭비이다. 다음은 8장에서 다루는 내용이다.

- 테스트 환경 설정
- 환경 간 차이 없애기
- Grunt 설치
- 코드 전처리

- 코드 린팅linting
- 코드 통합 및 축소
- 정적 파일과 CDN 주소

노드 패키지 버전

설치할 새로운 패키지가 남아 있다. 그런트Grunt는 Node.js에서 실행되는 자바스크립트 자동 태스크 실행기이다. 태스크를 정의하면 그런트가 처리한다. 패키지는 다음 버전으로 설치한다.

- grunt-cli: 0.1.13
- grunt-contrib-clean: 0.5.0
- grunt-contrib-concat: 0.4.0
- grunt-contrib-jshint: 0.8.0
- grunt-contrib-uglify: 0.4.0
- grunt-preprocess: 4.0.0
- grunt-contrib-nodeunit: 0.4.0
- istanbul: 0.3.0
- nodeunit: 0.9.0

위 디펜던시들은 package.json 파일에 devDependencies란 프로퍼티를 만들어서 추가할 것이다. devDependencies는 디펜던시처럼 개발이나 테스트 목적으로 만든 오브젝트이다. package.json의 devDependencies는 다음과 같다.

```
"devDependencies": {
  "grunt-cli": "0.1.13",
  "grunt-contrib-clean": "0.5.0",
  "grunt-contrib-concat": "0.4.0",
  "grunt-contrib-jshint": "0.8.0",
  "grunt-contrib-nodeunit": "0.4.0",
```

```
    "grunt-contrib-uglify": "0.4.0",
    "grunt-preprocess": "4.0.0",
    "istanbul": "0.3.0",
    "nodeunit": "0.9.0"
  },
```

npm install를 실행하면 패키치 설치는 완료된다.

테스트 환경 설정

테스트는 아직까지 해본 적이 없다. 이것은 좋지 않은 습관이다. 이를 바로 잡자. 테스트를 빌드하면 어떻게 생성되는지 확인할 수 있다. tests란 디렉터리를 만들고 routes.js 파일을 생성하라.

routes.js 파일을 열어 다음 코드를 복사/붙여넣기 한다.

```
var routes = require('../routes'),
  config = require('../config'),
  nodeunit = require('nodeunit'),
  Request = require('./request'),
  Response = require('./response');

exports.indexRouteTest = function(test){
  var res = new Response();
  test.equal(res.view, undefined);
  routes.index({}, res);
  test.equal(res.view, 'index');
  test.equal(res.viewData.title, 'Index');
  test.done();
};
```

routes.js는 인덱스 경로를 테스트한다. 응답 객체를 렌더링해서 index를 뷰로 해서 Index란 타이틀의 객체와 함께 전달한다. 인덱스 경로를 테스트하기 위해 Node.js와 익스프레스Express 스택 전체를 설치하지는 않고 실제 필요한 것만 만들겠다. 응답 객체가 필요하니까 응답 객체를 저장하는 가짜 렌더링 함수와 응답 객체를 만들 것이다. 테스트를 실행하기 전에 응답객체를 만들어야 한다.

response.js를 tests 디렉터리 안에 만들고 다음 코드를 추가한다.

```
module.exports = function Response(){
  return {
    url: '',
    locals: {},
    redirect: function(redirectUrl){this.url = redirectUrl;},
    render: function(view, viewData){
      this.view = view;
      this.viewData = viewData;
    },
    redirect: function(url){this.url = url;}
  }
};
```

response.js는 테스트에 필요한 프로퍼티와 함수가 포함된 객체를 리턴한다. 객체를 만들 때 코드를 보고 어떤 함수가 실행될 지 확인한 후에 그 함수들을 객체에 포함한다. 또한, 함수가 정확히 실행됐는지 테스트할 방법이 있어야 한다.

render의 경우, view와 viewData라는 프로퍼티를 만들어서 정확한 스트링과 객체가 전달 되었는지 확인한다. 요청이 들어오는 테스트 객체는 이 방식을 사용하면 된다. 같은 tests 디렉터리 안에 request.js를 만들고 다음 코드를 추가한다.

```
module.exports = function Request(){
  return {
    logoutCalled: false,
    flashCalled: false,
    body: {},
    session: {isAuthenticated: false,passport: {}},
    logout: function(){this.logoutCalled = true},
    flash: function(f, m){
      this.flashName = f;
      this.flashMessage = m;
      this.flashCalled = true;
      return f;
    },
    csrfToken: function(){return 'csrf';}
  };
}
```

아까와 비슷한 방식으로 응답 객체를 만들었다. 이제 뭔가 실행해보고 실행됐다는 것을 알릴 방법이 있어야 한다.

실제 테스트 시에는 테스트 객체를 외부 함수에 전달한다. 테스트 객체에 `assert`를 실행하고 완료되면 `test.done()`을 실행한다. 인덱스 경로는 요청과 응답 객체로 쓸 빈 객체와 함께 호출한다. 그다음에 인덱스 경로와 같이 호출된 객체를 확인할 수 있다. 다음 커맨드라인을 실행하면 테스트 통과하는지 알 수 있다.

```
$node_modules/.bin/nodeunit ./tests/routes.js
```

`nodeunit`을 로컬로 설치했다만, bin 폴더에서 호출하면 된다.

실행 후 출력은 다음과 같다.

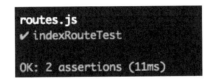

다음은 tests/middleware.js를 만들고 다음 코드를 추가한다.

```javascript
var util = require('../middleware/utilities'),
  config = require('../config'),
  nodeunit = require('nodeunit'),
  Request = require('./request'),
  Response = require('./response');

exports.requireAuthTest = nodeunit.testCase({
  setUp: function(cb){
    this.req = new Request();
    this.res = new Response();
    this.nextExecuted = false;
    this.next = function(){this.nextExecuted = true}.bind(this);
    cb();
  },
  'Not Authenticated': function(test){
    this.req.session.isAuthenticated = false;
    util.requireAuthentication(this.req, this.res, this.next);
```

```
    test.equal(this.res.url, config.routes.login);
    test.equal(this.nextExecuted, false);
    test.done();
  },
  'Authenticated': function(test){
    this.req.session.isAuthenticated = true;
    test.equal(this.nextExecuted, false);
    util.requireAuthentication(this.req, this.res, this.next);
    test.equal(this.res.url, '');
    test.equal(this.nextExecuted, true);
    test.done();
    }
  });
```

middleware.js는 좀 더 복잡하다. 다음 테스트에 필요한 요청 및 응답 객체를 정의해야 한다. 그리고 나서 nodeunit.testCase로 테스트 그룹을 빌드한다. 테스트 그룹은 requireAuthentication 미들웨어를 테스트한다. 각 테스트를 실행하기 전에 setUp 함수가 실행돼서 각 테스트에 필요한 객체들을 만든다. 객체는 새로운 테스트를 실행하기 전에 생성된다.

첫 번째 테스트는 로그인하지 않은 사람을 가정한다. this.res.redirect가 config 로그인 주소에 실행되도록 한다. 그다음에 next()가 실행되지 않도록 한다. 이 테스트는 다음 커맨드라인으로 실행한다.

$node_modules/.bin/nodeunit ./tests/middleware.js

모든 함수에는 테스트가 있어야 한다. 함수는 미들웨어, 라우트, 레디스, 패스포트 인증 함수 등도 포함한다. 익스프레스 스태틱 미들웨어는 테스트하지 않아도 된다. 라이브러리 함수만 실행하는 것이라면 테스트하지 않아도 되지만, 추가할 게 있으면 예를 들어 패스포트 같은 경우에는 테스트를 해야 한다. 대부분 한 개의 함수를 테스트 하기 위해 Node.js 서버 전체를 설치하는 것은 피한다. 이 경우에는 자바스크립트의 동적 성질을 이용하는 것이 좋다. 필요한 객체와 프로퍼티를 만들면 된다. 그다음 질문은 "모든 테스트가 끝났는지 어떻게 알 수 있는가?"이다.

별첨 코드에는 테스트를 더 추가했다. 테스트를 종류별로 모두 나열하는 것은 지루할 것이기 때문이다.

코드 커버리지에 이스탄불 응용

코드 커버리지code coverage는 개발자에게 코드가 얼마나 테스트됐는지를 알려주는 툴이다. 코드 커버리지는 실행된 라인을 각각 주시하고 추적한다. 그리고 테스트하는 동안에 실행된 전체 라인의 퍼센트를 알려 준다.

이스탄불Istanbul은 이미 설치되었을 것이다. 이스탄불에게 nodeunit으로 테스트를 실행하라고 하면 나머지는 알아서 할 것이다. 테스트가 tests 폴더에 있으면 다음 코드를 실행하라.

```
./node_modules/.bin/istanbul cover node_modules/nodeunit/bin/nodeunit --
tests/
```

이 커맨드라인은 nodeunit 자체를 실행하는 것과 똑같이 테스트를 시작할 것이다. 테스트가 끝나면 커버리지의 요약 정보를 볼 수 있다. 이는 다음 그림과 같다.

```
========================== Coverage summary ==========================
Statements   : 67.5% ( 54/80 )
Branches     : 28.57% ( 4/14 )
Functions    : 43.48% ( 10/23 )
Lines        : 67.5% ( 54/80 )
```

그림은 테스트된 코드의 양을 보여주는 명세서다. 주의할 점은 파일에만 해당된다는 점이다. 코드 커버리지 툴 중 일부는 디렉터리 전체를 테스트해서 모두 포함시키지만 이스탄불은 파일만 테스트한다. 모든 파일에 각각 테스트를 돌리는 것도 해결 방법 중 하나다.

요약 정보에 이어서 이스탄불은 테스트된 라인들을 보여주는 HTML 형식의 명세서를 만든다. 프로젝트 루트 폴더에서 coverage/lcov-report/index.html로 가보자. 아무 브라우저나 켜서 주소창에 입력하면 다음 그림과 같은 페이지를 볼 수 있다.

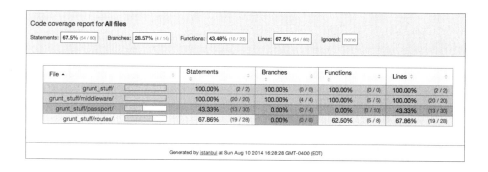

각 폴더를 클릭하면 테스트한 파일의 리스트를 볼 수 있다. 각 파일은 어떤 라인이 실행되고 몇 번 실행됐는지를 보여주는 정보다. 정보 예시는 다음과 같다.

```
20        function register(req, res){
21    1     res.render('register', {title: 'Register', message: req.flash('error')});
22        };
23
24    1   function registerProcess(req, res){
25          if (req.body.username && req.body.password)
26          {
27            user.addUser(req.body.username, req.body.password, config.crypto.workFactor, function(err, profile){
28              if (err) {
29                req.flash('error', err);
30                res.redirect(config.routes.register);
31              }else{
32                req.login(profile, function(err){
33                  res.redirect(config.routes.chat);
34                });
35              }
36            });
37          }else{
38            req.flash('error', 'Please fill out all the fields');
39            res.redirect(config.routes.register);
40          }
41        };
42
```

초록색은 테스트에 성공한 함수고 red는 실패, yellow는 아직 테스트되지 않은 함수를 뜻한다. 코드 커버리지를 사용하면 다음 테스트를 식별하는 것이 쉬워진다. 파일을 테스트에서 require하고 빨간색으로 강조된 라인들이 있는지 보고 빨간색이 없어질 때까지 테스트를 생성하면 된다.

 Nodeunit은 Node.js를 테스트하는 용도로 적합하다. 프론트엔드 코드를 테스트한다면 Qunit(http://qunitjs.com/)도 추천한다.

다양한 환경 설정

애플리케이션을 열 때 문제가 있다. 애플리케이션은 본인 컴퓨터에서만 접근 가능하다. 이 문제를 해결하려면 환경 간의 차이를 찾아서 없애야 한다. 이 프로세스는 자동화할 것이다. 로컬 호스트의 레퍼런스를 모두 검색해서 디플로이할 때마다 변경할 수는 없다. 그러므로 Twelve Factor 앱의 지시에 따를 것이다(http://12factor. net/).

투웰브 팩터 앱

투웰브 팩터Twelve Factor 앱은 헤로쿠Heroku 사람들이 만들었다(https://www.heroku. com/). 헤로쿠는 서비스로 제공되는 플랫폼Paas, Platform as a Service으로 소량의 코드 수정을 통해 애플리케이션을 쉽게 호스트하고 스케일아웃할 수 있다. 이 기능이 애플리케이션에 필요한 기능이다. 투웰브 팩터 앱은 헤로쿠 사람들이 경험을 통해 어렵게 만든 기능을 최적화한다.

가장 좋은 것은 환경 설정 기능이다. 환경 설정은 환경에 따라 매우 다를 것이다. 예를 들어, 개발하는 경우에 레디스, RabbitMQ, Socket.io는 로컬호스트를 통해 전부 연결한다. 실제로 운영하는 시스템에서 이 서비스들은 적어도 두 개 이상의 서버에서 작동한다. 변경 가능한 환경 설정을 모두 환경 변수에 저장하는 것이 좋다. 이는 투웰브 팩터 앱에서도 추천하는 바이다.

환경 설정을 저장하는 것은 여러 종류의 디플로이를 가능하게 한다. 각 디플로이 사이의 코드 기반은 항상 똑같다는 것이 주요 장점이다. 디플로이 사이에서 매번 파일을 수정할 필요가 없기 때문이다.

config 파일 수정하기

환경 설정이 쉽게 확인되는 첫 번째 장소는 config 파일이다. config.js를 열어 파일을 다음과 같이 수정하라.

```
var config = {
  port: process.env.PORT,
  secret: process.env.SECRET,
  redisPort: process.env.REDIS_PORT,
  redisHost: process.env.REDIS_HOST,
  routes: {
    login: '/account/login',
    logout: '/account/logout',
    register: '/account/register',
      chat: '/chat',
      facebookAuth: '/a uth/facebook',
      facebookAuthCallback: '/auth/facebook/callback',
      googleAuth: '/auth/google',
      googleAuthCallback: '/auth/google/callback'
    },
    host: process.env.HOST,
    facebook: {
      appID: process.env.FACEBOOK_APPID,
      appSecret: process.env.FACEBOOK_APPSECRET
    },
    google: {
      clientID: process.env.GOOGLE_APPID,
      clientSecret: process.env.GOOGLE_APPSECRET
    },
    crypto: {
      workFactor: 5000,
      keylen: 32,
      randomSize: 256
    },
    rabbitMQ: {
      URL: process.env.RABBITMQ_URL,
      exchange: process.env.RABBITMQ_EXCHANGE
    }
  };
  module.exports = config;
```

많은 프로퍼티가 한 가지 방식으로 수정됐다. 각 설정에 process.env.VARIABLE_ NAME을 추가했다. 서버를 재시작하기 전에 환경 변수를 정해줘야 한다.

환경 파일 생성

지원하고자 하는 각 환경마다 두 개의 파일을 만들 것이다. 첫 번째 파일은 퍼블릭 변수고, 두 번째는 더 상세한 정보다. 페이스북 앱 아이디가 대표적인 경우다. 파일을 두 개로 나눈 것은 버전 컨트롤 시스템에 상세 정보는 필요하지 않기 때문이다.

 이번에 다룰 파일은 리눅스와 맥 OS X에서만 작동한다. 윈도우에서도 같은 기초 작업이 필요하지만 여기서는 자세히 다루지 않겠다.

프로젝트의 루트 폴더에 첫 번째 환경 파일을 만들자. 파일명은 dev.env이고 파일 내용은 다음과 같다.

```
export NODE_ENV=development
export SECRET=secret
export PORT=3000
export HOST='http://localhost:3000'
export SOCKETIO_URL='http://localhost:3000/packtchat'
export GIT_HEAD=`git rev-parse HEAD`
export STATIC_URL='http://localhost:3000'
export AWS_BUCKET='packtchat'
```

변수들을 엑스포트해서 다음 셸 생성 시에 쓸 경우를 대비한다. 변수명과 이퀄 기호 사이에 공백이 없어야 변수와 값이 제대로 설정된다.

다른 방식으로 설정된 변수가 하나 있는데, GIT_HEAD이다. GIT_HEAD는 git rev-parse HEAD 커맨드의 결과 값이다.

dev.env에 설정하는 이유는 각 설정이 앱 키나 패스워드를 외부에 나가도 수정하지 않기 때문이다. 환경 변수가 설정되는 곳에서 레퍼지토리의 코드를 수정하지 않고 오픈 소스화할 수 있는지 확인하는 것도 좋은 방법이다. dev.env에서 수정해야 되는 것은 없다. dev_secret.env라는 이름의 환경 파일을 다음 코드로 만들어 보자.

```
export SECRET=secret
export REDIS_HOST=localhost
export REDIS_PORT=6379
export RABBITMQ_URL='amqp://guest:guest@localhost:5672'
export RABBITMQ_EXCHANGE='packtchat.log'
export FACEBOOK_APPID='APP_ID'
export FACEBOOK_APPSECRET='APP_SECRET'
export GOOGLE_APPID='APP_ID'
export GOOGLE_APPSECRET='APP_SECRET'
export AWS_ACCESS_KEY_ID='AWS_KEY' #to be set
export AWS_SECRET_ACCESS_KEY='AWS_SECRET_KEY' #to be set
```

환경 변수는 같은 방식으로 설정했다. 모든 키들이 앱 키를 리셋하고 패스워드를 바꾸게 만들기 때문에 있는 것이다. dev_secret.env는 git이나 다른 버전 컨트롤 시스템에서는 확인하면 안 된다. 다른 프로그래머들은 어떻게 파일에 접근할지에 대한 문제도 생기는데, 이것은 경우에 따라 다르다. 어떤 조직에서는 공유 드라이브를 사용해서, 새 프로그래머가 파일에 접근할 수 있는 방법을 알려주는 문서를 추가한다.

터미널을 열어서 프로젝트 디렉터리로 들어가자. 다음 커맨드라인을 타이핑하라.

$source dev.env
$source dev_secret.env

source는 터미널에 입력된 파일을 읽고 환경 변수를 추가한다. 그리고 나면 환경 설정된 서버를 작동시킬 수 있다. 로컬 서버를 실행할 때마다 프로그램을 실행하기 전에 환경 변수를 추가해야 한다. 그렇게 하지 않으면 설정이 완벽하게 되지 않는다.

추가 환경 설정

컨피그 파일을 환경에서 로드하기 때문에 더 많은 환경을 쉽게 추가할 수 있다. 환경을 바꾸면 서버도 다르게 설정된다. 각 환경은 따로 설정되기 때문에 간단하다. 개발과 실제 운영은 다른 서버에서 실행한다(지금 테스트하는 경우를 제외하고). prod라는 환경 파일을 만들겠다. dev.env와 dev_secret.env의 사본 이름을 prod_ env와 prod_secret.env로 바꾼다. prod.env에서 첫 번째 줄을 제외하고 모두 똑같다. 첫 번째 라인은 다음과 같이 바꿔라.

```
export NODE_ENV=production
```

실제로 URL, 레디스, RabbitMQ, 페이스북 앱, 구글 앱, 아마존 웹 서비스 키를 운영하면 환경 파일을 업데이트할 수 있다.

그런트 소개

환경 설정은 끝났고, 다른 것을 해보자. 태스크를 실행할 무언가가 필요하다. 이 때 그런트를 사용하면 된다. 그런트가 실행할 태스크 리스트를 줄 것이다. 먼저 Gruntfile.js 파일을 만들자.

기본 그런트 파일 빌드

Gruntfile.js는 그런트의 환경을 설정한다. Gruntfile.js는 그런트에게 어떤 태스크를 수행할지, 어떻게 수행할지, 어떤 순서로 할지를 정해준다. 이제 기본 Gruntfile.js를 프로젝트 루트 폴더에 생성한다. 다음 코드를 파일에 추가한다.

```
module.exports = function(grunt) {
  grunt.initConfig({
    pkg: grunt.file.readJSO N('package.json')
  });
  grunt.loadNpmTasks('grunt-contrib-uglify');
  grunt.loadNpmTasks('grunt-contrib-concat');
  grunt.loadNpmTasks('grunt-contrib-jshint');
  grunt.loadNpmTasks('grunt-preprocess');
  grunt.loadNpmTasks('grunt-contrib-clean');
  grunt.loadNpmTasks('grunt-contrib-nodeunit');

  // 기본 태스크
  grunt.registerTask('default', []);
  grunt.registerTask('prep', []);};
```

그런트는 Node.js에서 실행되기 때문에 같은 모듈 시스템을 사용한다. Gruntfile.js 에 전달된 `grunt` 객체를 `grunt.initConfig`로 환경 설정하겠다. `grunt` 객체는 프로 퍼티로 정의된 태스크 전체를 포함한다. 지금은 package.json에 있는 다른 태스크 에 대한 정보를 로드하는데 예를 들면 프로젝트 명, 버전, 작성자가 있다. 그다음에 설치한 모든 그런트 패키지를 로드할 것이다. 이렇게 하면 각 태스크를 사용할 수 있다. 마지막으로, 태스크 리스트를 만든다. 디폴트 태스크는 인자 없이 그런트가 호출될 때 실행된다. 다른 태스크는 `Grunt prep`같은 인자로 호출될 때 실행된다.

테스트 자동화

지금까지 만든 테스트들을 그런트가 자동화할 것이다. 다음 코드를 `grunt.initConfig`에서 pkg 프로퍼티 바로 다음에 추가한다.

```
pkg: grunt.file.readJSON('package.json'),
nodeunit: {
    all: ['tests/*.js']
  }
```

새로운 프로퍼티를 추가했으니 앞에 있는 프로퍼티 마지막에 컴마를 붙여줘야 한 다. 이 코드가 어떤 일을 하는지 대충 짐작은 갈 것이다. tests 디렉터리 안의 자바 스크립트 파일 전체를 테스트 한다. 다음에는 그런트에 이 태스크를 실행할 시기 를 알려주어야 한다.

```
grunt.registerTask('default', ['nodeunit']);
grunt.registerTask('prep', ['nodeunit']);
```

그런트가 실행될 때마다 위 코드를 실행할 것이다. 실패한 테스트는 그런트가 다 른 태스크를 실행하는 것을 막을 것이다. 다음 코드를 테스트할 함수에 추가하면 막을 수 있다.

```
test.equal(true, false);
```

테스트가 실패하면 그런트는 프로세스를 즉시 멈출 것이다. 바로 우리가 원하는 바다.

파일 전처리

chat.js에서 하드 코딩한 Socket.io URL을 바꾸어야 한다. 로컬 호스트로 연결되어 있어서 실제 운영 중인 시스템에서는 작동하지 않는다. 개발 중인 시스템과 실제 운영 시스템 사이에서 수동적으로 코드를 바꾸기는 어렵다. grunt-preprocess를 사용해서 특정 파일을 파싱하고 각 파일 안에 코드를 추가/삭제/수정할 것이다. 환경을 맞추기 위해 Socket.io URL을 바꿀 때와 자바스크립트 파일의 여러 가지 버전을 로딩할 때도 같은 방법을 사용한다.

먼저 할 일은 자바스크립트 파일 전체를 이동시키는 것이다. 파일들을 빌드하면 다른 태스크가 파일들을 정적 폴더로 옮기기 때문이다. 프로젝트의 루트 폴더 안에 js_src 디렉터리를 만들고 그 안에 src 디렉터리를 만들겠다. 그다음에 chat.js, componenets.js, md5.js, models.js를 js_src/src로 옮긴다. 그리고 나서 chat.js의 파일명을 chat.pre.js로 바꾼다. chat.pre.js를 열고 다음과 같이 수정하라.

```
socket = io.connect('/* @echo SOCKETIO_URL */'),
```

전처리는 넘겨준 파일들을 실행하고 특정 키워드를 찾는다. @echo가 바로 그 키워드이다. 디폴트로 전처리는 환경변수를 컨텍스트로 사용하는데, 이미 SOCKETIO_URL을 환경 변수로 정의해서 편리하게 쓸 수 있다. 전처리는 코드를 환경변수 값으로 바꾸어 준다.

그다음 전처리할 파일은 레이아웃이다. views/layout.ejs 이름을 views/layout.pre로 바꿔라. 헤드 엘리먼트에 있는 다음 코드를 수정하라.

```
<!-- @if NODE_ENV='production' -->
  <script type="text/javascript" src="<!--@echo STATIC_URL -->/js/
Frameworks.<!-- @echo GIT_HEAD -->.min.js"></script>
  <!-- @endif -->
  <!-- @if NODE_ENV!='production' -->
  <script type="text/javascript" src="<!--@echo STATIC_URL -->/js/
Frameworks.js"></script>
  <!-- @endif -->
```

전처리는 if 루프도 실행한다. 지금 실제 운영되고 있는지 아닌지를 확인하고 어떤 자바스크립트 파일을 포함할 것인지 결정한다. 실제 운영할 때는 (아직 만들지 않은) 축소한 파일을 사용하고, 축소하지 않은 파일은 개발 중일 때 사용한다. 개발 중일 때는 에러가 나면 해당 라인 넘버를 찾아야 하기 때문이다. 코드에 구분점을 정할 수도 있다. 다음 코드를 body 닫힘 태그 전에 추가한다.

```
<div class="containe r">
<small>Commit: <!-- @echo GIT_HEAD --></small>
</div>
</body>
```

각 페이지 하단에 git이 서버가 쓰고 있는 것을 커밋하는 것을 볼 수 있다. 커밋하는 것이 많지 않아 눈에 띌 것이다. 커밋 부분을 숨기거나 자바스크립트 변수에 설정해서 에러 로그를 기록할 수도 있다.

views/chat.ejs 이름을 views/chat.pre로 바꾸고, chat.pre 내용을 아래와 같이 수정하라.

```
<div id='react-root'></d iv>
<!-- @if NODE_ENV='production' -->
<script type="text/javascript" src="<!--@echo STATIC_URL -->/js/
ChatPage.<!-- @echo GIT_HEAD -->.min.js"></script>
<!-- @endif -->

<!-- @if NODE_ENV!='production' -->
<script type="text/javascript" src="<!--@echo STATIC_URL -->/js/
ChatPage.js"></script>
<!-- @endif -->
```

chat.pre는 레이아웃이 하는 것과 역할이 똑같다.

이제 파일들을 처리할 그런트 태스크를 만들겠다. Gruntfile.js를 열고 이 코드를 initCOnfig 프로퍼티로 nodeunit 바로 다음에 추가한다. nodeunit 프로퍼티 다음에 컴마를 꼭 붙이는 것을 기억하자.

```
preprocess: {
  dist: {
    files: {
      'views/chat.ejs' : 'views/chat.pre',
      'views/layout.ejs' : 'views/layout.pre',
      'js_src/src/chat.js' : 'js_src/src/chat.pre.js'
    }
  }
}
```

전처리는 그런트-전처리를 포함시킬 때 하는 태스크이다. dist 타겟으로 파일 리스트를 사용하도록 설정하였다. 각 프로퍼티는 소스이고 프로퍼티명은 전처리가 전처리된 파일을 만드는 곳이다. 이름이 변경된 파일을 원래 위치에 갖다 놓을 때 알 수 있다. 이제 그런트가 태스크를 수행하도록 지시하면 된다.

전처리를 태스크의 각 배열에 추가한다.

```
grunt.registerTask('default', ['nodeunit', 'preprocess']);
grunt.registerTask('prep', ['nodeunit', 'preprocess']);
```

전처리는 터미널에서 그런트를 실행해서 테스트할 수 있다. 새로운 터미널을 열면 환경 파일을 소스로 사용함을 잊지 말자. 이제 새로운 layout.ejs, chat.ejs, chat.js 를 확인할 수 있을 것이다.

그런트를 사용한 폴더 비우기

static/js라는 빈 폴더가 생겼다. 자바스크립트를 빌드할 때마다 이 폴더를 사용할 것이다. 그런트가 축소한 파일의 파일명에 git commit을 추가하고 파일 크기는 더 커지지 않게 한다.

이제 clean 명령어를 사용한다. 디렉터리에 clean을 사용하면 디렉터리 내 전부를 지우게 된다. 다음 코드를 initConfig 프로퍼티에 다음 코드를 추가하고 또 이전 프로퍼티 다음에 컴마 붙이는 것을 기억하자.

```
clean:{
  dist:{
    src: ['static/js/*.js']
  }
}
```

위 코드의 옵션은 매우 간단하다. js란 확장자를 가진 파일은 static/js에서 지워진다. 이제 clean을 default와 dev에 쓸 태스크에 추가할 수 있다.

```
grunt.registerTask('default', ['nodeunit', 'preprocess', 'clean']);
grunt.registerTask('prep', ['nodeunit', 'preprocess']);
```

prep에서는 clean하지 않는 이유는 나중에 파일을 어디에서 로드할 것이기 때문이다. 위 코드처럼 서로 다른 태스크 리스트 작성도 가능하다.

소스파일 JSHinting

다음 실행할 태스크는 JSHint이다. JSHint는 자바스크립트 파일을 보고 버그나 이슈가 생겼는지 알려준다. 이를 린팅linting이라고 한다. 자바스크립트는 유연한 언어라서 이슈가 발생해도 실행된다. 린팅은 이슈들을 찾아서 실행하기 전에 플래그로 막고, 브라우저 상에서 에러를 잡는다. 린팅은 매우 유용해서 항상 사용하는 것이 좋다. 그런트는 자동으로 린팅을 설정할 수 있게 한다.

다음을 Gruntfile.js에서 clean 프로퍼티 다음에 추가한다.

```
jshint: {
  dist:{
    src: ['js_src/src/*.js', '!js_src/src/md5.js']
  }
}
```

이 코드는 clean과 매우 비슷하다. JSHint에서 실행할 파일들을 넘기는 것이다. 마지막 부분은 제외를 뜻한다. md5.js는 린팅에서 제외할 것이다. md5.js 코드를 작성하지 않아서 린팅에 실패하기 때문이다.

린팅에 실패하면 그런트는 전처리를 멈춘다. 그러면 이슈를 해결할 수 있다. 지금까지 쓴 코드는 린팅하지 않았는데 지금부터 린팅을 적용하겠다. JSHint를 처음 실행할 때 몇 가지 이슈가 발생한다. 에러는 다음 그림처럼 발생한다.

```
Linting js_src/src/chat.pre.js ...ERROR
[L19:C4] W033: Missing semicolon.
    }
```

다음 코드를 사용해서 다른 태스크에 이 태스크를 등록하라.

```
grunt.registerTask('default', ['nodeunit', 'preprocess', 'clean',
  'jshin t']);
grunt.registerTask('prep', ['nodeunit', 'preprocess']);
```

실제 운영에는 쓰지 않는 코드다.

린팅을 사용할 때 두 가지를 추천한다. 첫 번째는 'use strict'이다. 'use strict'는 린터와 브라우저가 자바스크립트를 더 엄격하게 만든다. 이전엔 실행 시 무시됐던 에러들이 지금은 에러를 발생시킨다. 찾기 어려운 런타임 에러에 대한 예방 조치다. 파일이나 함수에서 명령문 이전에 use strict를 넣어주기만 하면 된다. use strict는 해당 파일 혹은 함수를 스트릭트strict 모드로 바꿔준다. 두 번째는 Node.js 파일 전체를 린팅하는 것이다. 지금은 프론트엔드 파일만 린팅하지만, 나머지가 자바스크립트로 되어 있으므로 린팅의 도움을 받을 수 있다.

코드 통합

자바스크립트 코드를 전처리하고 린팅이 끝나면 두 그룹으로 나눈다. 첫 번째 그룹에는 챗트 페이지에 필요한 코드를 넣고 두 번째 그룹에는 전체 프레임워크를 넣는다. 이전에 라이브러리 6개와 애플리케이션 코드 요청을 4개 만들었다. 요청을 두 개로 만들겠다. concat 태스크를 만들어 보자.

```
concat:{
    app: {
      src: ['js_src/src/md5.js', 'js_src/src/components.js',
        'js_src/src/models.js', 'js_src/src/chat.js'],
      dest: 'static/js/ChatPage.js'
```

```
          },
      frameworks: {
        src: ['bower_components/jquery/dist/jquery.js', 'bower_
components/underscore/underscore.js',
        'bower_components/backbone/backbone.js', 'bower_components/
react/react.js',
        'bower_components/postal.js/lib/postal.js', 'bower_
components/momentjs/moment.js'],
        dest: 'static/js/Frameworks.js'
    }
  }
```

concat 태스크는 다른 태스크와 조금 다르다. 타겟 2개, 앱, 프레임워크를 갖고 있다. 이들은 호출될 때 각각 다른 일을 수행한다. 앱은 js_src/src 폴더에 있는 파일들을 모아서 static/js/ChatPage.js로 통합한다. ChatPage.js는 Node.js로 실행된다.

프레임워크도 비슷한 일을 하는데, 라이브러리 파일이 있는 bower_component 폴더들을 전부 검색한다. 지금은 하나의 파일 안에 필요한 라이브러리들이 들어 있다.

concat을 태스크 리스트에 추가하겠다.

```
grunt.registerTask('default', ['nodeunit', 'preprocess', 'clean',
'jshint', 'concat:app', 'concat:frameworks']);
    grunt.registerTask('prep', ['nodeunit', 'preprocess']);
```

concat을 추가하면 타겟 두 개를 실행하지만, 각 타겟이 어떻게 실행되는지 확인하기 위해 따로 추가했다.

코드 축소

축소는 그런트의 마지막 단계다. 각 파일을 탐색하면서 보조적인 내용은 제거해서 (예를 들어 공백, 뉴라인, 자세한 변수명 등) 파일 크기를 축소한다. 태스크를 빌드하기 전에 initConfig 안에서 pkg 다음에 새로운 프로퍼티를 추가한다.

```
  pkg: grunt.file.readJSON( 'package.json'),
  git_head: process.env.GIT_HEAD,
```

그런트는 태스크 내 변수를 사용할 수 있고 initConfig를 컨텍스트로 사용할 수
있다. 컨텍스트에 git_head를 추가해서 태스크를 축소하는 데 쓸 수 있는데, 바로
만들어 보겠다.

```
uglify: {
  dist: {
  files: {
  'static/js/ChatPage.<%= git_head %>.min.js' : '<%= concat.app.
dest %>',
  'static/js/Frameworks.<%= git_head %>.min.js' : '<%= concat.
frameworks.dest %>'
    }
   }
  }
```

이 태스크에는 새로운 점이 몇 개 있다. 첫째로, 각 파일명에 변수를 사용한다는
점이다. 그런트는 <%= %> 안을 변수의 값으로 변경할 것이다. git_head의 경우 긴
16진법 숫자인데, 현재 커밋에서 마지막으로 수정한다. 이로 인해 커밋이 될 때마
다 축소 파일은 고유한 이름을 갖게 된다. 그다음에 concat 커맨드로 호출한 값을
사용하는데, 이는 파일명을 변경할 때 이 태스크에서 에러가 발생하는 것을 막아
주기 때문이다. 다시 태스크 리스트에도 git_head와 concat을 추가해야 한다.

```
grunt.registerTask('default', ['nodeunit', 'preprocess', 'clean',
  'jshint', 'concat:app', 'concat:frameworks', 'uglify']);
grunt.registerTask('prep', ['nodeunit', 'preprocess']);
```

uglify가 파일에 하는 일은 다음과 같다.

```
Running "uglify:dist" (uglify) task
File static/js/ChatPage.4ab2340aa3394a13c6bb25699fb9ee31dad585c8.min.js created:
 15.06 kB → 9.91 kB
File static/js/Frameworks.4ab2340aa3394a13c6bb25699fb9ee31dad585c8.min.js create
d: 1.29 MB → 337.82 kB
```

요청 10개와 1.3MB 이상 크기에서 요청 2개와 347KB 크기로, 요청은 20퍼센트,
크기는 26퍼센트로 줄었다.

그런트 요약

서버를 시작하고 태스크를 자동화할 때마다 지금까지 만든 태스크들을 실행하는
것은 번거롭다. 서버를 테스트할 때마다 자바스크립트가 코드를 린팅하고 통합하
고 축소하게 할 수 있다. 또한 전처리기가 한 줄의 커맨드로 소켓과 URL 주소를
정확히 연결하고, 개발용 코드와 축소된 실제 운영상 코드를 풀 자바스크립트 버
전으로 로딩할 것이다.

그런트의 마지막 장점은 watch이다. grunt-contrib-watch를 package.json
에 추가하고 기존 태스크들과 비슷한 태스크 한 개를 정의해보자. 그러면 그런트
watch를 실행할 수 있고, watch되는 파일이 바뀔 때마다 자동으로 그런트가 그 파
일에서 태스크를 실행할 것이다. 이것을 확인하기 위해 js_src/src에 있는 모든 파
일을 watch하고, 린팅하고 통합해보면 알 수 있다. 코드를 추가해서 실수한 게 있
으면 바로 알 수 있고, watch된 파일은 정적 디렉토리로 옮길 것이다. Gruntfile.js
에 추가해볼 수 있는 태스크 예제가 아래에 있다.

```
watch: {
    files: ['js_src/src/*.js'],
    tasks: ['default']
  }
//grunt-contrib-watch를 로드해야 한다.
grunt.loadNpmTasks('grunt-contrib-watch');
```

files는 watch될 파일의 배열이다. tasks는 실행할 태스크다. grunt watch를 실
행하고 js_src/src의 자바스크립트 파일을 수정함으로써 테스트해볼 수 있다.

정적 파일과 CDN

지금은 자바스크립트와 CSS가 적용되는 익스프레스 스태틱 앱을 사용한다. 확장성 있는 사이트를 만들기 위한 최선의 방법은 정적 콘텐츠를 CDN_{Content Delivery} _{Network}에 푸시하는 것이다. 페이스북을 한 번이라도 사용했다면, CDN을 사용해 본 적이 있는 것이다. 페이스북 프로필을 자세히 보면 도메인이 계속 생기는 것을 볼 수 있다(fbstatic-a.akamaihd.net 같은). 이것은 페이스북이 static assets으로 쓰는 CDN이다. CDN은 같은 콘텐츠에 대해 여러 개의 서버를 가질 수 있다. 요청이 온 곳에 따라서 CDN은 가장 가까운 소스를 리턴한다. 아마존 심플 스토리지 서비스(S3)를 사용해서 애플리케이션으로 비슷한 예제를 다뤄본다.

S3가 CDN이 아니라고 생각하는 사람도 있는데, 맞는 말이다. 아마존은 클라우드 프론트 CloudFront라는 CDN을 사용한다. S3는 Node.js의 static assets 역할보다 더 나을 것이고, 애플리케이션 크기가 충분히 커지고 스코프가 넓어질 때까지 S3가 CDN 역할을 대신할 수 있다.

S3 버킷 생성

버킷으로 S3에서 스토리지 영역을 생성한다. 그 프로세스를 지금 해 볼 것이다. 다른 튜토리얼에서도 앞서 말했지만, 레이아웃과 웹 사이트 캡처 그림은 책을 쓴 시점에 해당된다. 이 프로세스의 단계들은 아마존이 언젠가 바꿀 것이라 생각한다. 기본 흐름은 유지되겠지만 말이다. 우선 할 일은 http://aws.amazon.com/에서 AWS(아마존 웹 서비스) 계정을 만드는 것이다. 처음 계정을 만들면 1년 동안 저용량을 무료로 받을 수 있다(카드 번호를 입력해야 하지만). 계정으로 AWS 콘솔에 로그인하면 사용할 수 있는 서비스를 볼 수 있다. **Storage & Content Delivery**(스토리지 및 컨텐트 전송) 하단의 S3를 클릭하라.

그리고 Create Bucket을 누르고 버킷명을 만든다. 버킷명은 전역에서 고유하므로 애플리케이션 식별자를 추가하는 것이 좋다. 예를 들어, packtchat-s3-cdn-bucket 같이 만들면 좋다. 그리고 나서 Create를 누르면, S3 버킷이 만들어진다!

이제 사용자를 설정할 것이다. 콘솔 첫 페이지로 가거나 Identity and Access Management(IAM)를 선택한다. IAM 첫 페이지에서 메뉴의 왼쪽에서 Users를 클릭하고, Create New Users를 클릭하라. 한 명만 있으면 되니, 사용자명을 입력하라. Create를 클릭하라. Download Credentials를 클릭하거나 Access Key ID나 Secret Access Key를 복사해야 한다. Close Window를 클릭하면, 이 정보는 다시 볼 수 없다. 정보를 리셋하고 새로운 크리덴셜을 만들 수 있으니 아예 방법이 없지는 않다. 임의로 만든 사용자의 화면은 다음과 같다.

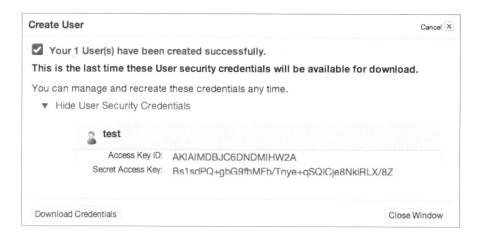

이제 AWS 크리덴셜이 있으니 비밀 환경 파일에 추가할 수 있다. 크리덴셜을 AWS_ ACCESS_KEY_ID와 AWS_SECRET_ACCESS_KEY 변수에 추가한다.

그다음 단계는 새 버킷에 권한을 설정하는 것이다. 실제 링크가 아닌 버킷 로우를 클릭하라. 제대로 클릭했으면 프로퍼티 리스트가 오른쪽에 나타나야 한다. 프로퍼티 리스트가 안 보이면 버킷의 컨텐트로 이동할 것이다. 우측의 프로퍼티 리스트에서 Permissions을 확장하고, Edit Bucket Policy(버킷 정책 편집)을 클릭하라. AWS 정책은 설정하기 어렵고, 매뉴얼도 헷갈린다. 사용할 정책은 다음과 같다.

```
{
  "Statement": [
    {
      "Sid": "PublicReadForGetBucketObjects",
      "Effect": "Allow",
      "Principal": {
        "AWS": "*"
      },
      "Action": "s3:GetObject",
      "Resource": "arn:aws:s3:::bucket_name/*"
    },
    {
      "Sid": "PacktchatUserFullPermissions",
      "Effect": "All ow",
      "Principal": {
        "AWS": "arn:aws:iam::user_number:user/user_name"
      },
      "Action": "s3:*",
      "Resource": [
        "arn:aws:s3:::bucket_name",
        "arn:aws:s3:::bucket_name/*"
      ]
    }
  ]
}
```

정책에는 두 가지가 있다. 첫 번째 정책은 생성한 버킷에 있는 오브젝트를 아무나 접근하게 하는 것이다. 첫 번째 정책이 없으면 모든 요청이 거절되기 때문에 중요하다. 두 번째 정책은 새로 생성된 사용자가 버킷 내 모든 액션을 완료하도록 접근 권한을 주는 것이다. AWS는 9장에서 더 자세히 다룬다. user_name, user_number, bucket_name은 선택된 값으로 변경된다. user number는 IAM이다.

파이썬과 가상 환경 설치

다음 단계는 파이썬 스크립트를 빌드해서 디렉터리 안의 모든 파일을 모아서 S3 버킷에 푸시하는 것이다. 스크립트를 빌드하기 전에 파이썬의 가상 환경을 만들어야 한다. 현재 프로젝트의 패키지만 로컬에 설치하고 한 패키지의 여러 버전들로 프로젝트를 만들어도 된다. 파이썬은 virtualenv를 사용한다. virtualenv는 맥 OS X의 파이썬 2.7.5 버전에 맞춰 설치할 것이다. 터미널을 열어서 다음 커맨드를 실행한다.

```
$sudo easy_install pip
$pip install virtualenv
```

pip은 파이썬 패키지 매니저이고 먼저 설치한 후 virtualenv를 설치하는 데 사용한다. 이제 가상 환경을 만들 수 있다. 다음 커맨드를 실행하라.

```
$virtualenv venv
$source venv/bin/activate
```

첫 번째 커맨드는 venv 디렉터리 안에 가상 환경을 만들고 활성화한다. 제대로 작동하면, 프롬프트 앞에 (venv)라는 것을 볼 수 있다. 이 메시지를 통해 가상 환경에 들어왔다는 것을 알 수 있다. 활성화 스크립트는 PATH를 새로 생성한 디렉터리 안의 파이썬으로 바꿔준다. 그다음에 새로운 패키지를 설치하면, 패키지들이 이 디렉터리 안에 설치되고 전역으로 설치되지 않는다. 활성화 스크립트에 필요한 것들을 담은 파일을 만들어서 requirements.txt라고 파일명을 정한다. 파일을 만들고 다음 라인을 추가한다.

```
boto==2.29.1
```

그다음에 다음 커맨드를 터미널에서 실행하라.

```
pip install -r requirements.txt
```

pip은 Boto 2.29.1 특정 버전을 설치하는데, 이것은 AWS와 연결할 파이썬 라이브러리다. 이제 파이썬 스크립트를 작성할 수 있다. static.py란 파일을 만들고 다음 코드를 추가한다.

```
import boto
import os
```

```
from boto.s3.key import Key

root_dir = './static/'

def upload(file_name):
    k = Key(bucket)
    k.key = file_name
    k.set_contents_from_filename(root_dir + file_name)
    print 'Uploading %s' % root_dir + file_name

def walk(directory):
    for (source, dirs, files) in os.walk(directory):
        #remove first directory
        d = source.replace(directory, '')
        for file in files:
            if (file != '.DS_Store'):
                file_list.append(d + '/' + file)
        map(walk, dirs)

def clean_js():
    for key in bucket.list(prefix='js/'):
        key.delete()

conn = boto.connect_s3()

#the AWS keys are in the env
bucket = conn.get_bucket(os.environ['AWS_BUCKET'])

clean_js()
file_list = []
walk(root_dir)
map(upload, file_list)
```

static.py에 대해 간단하게 설명하면 이렇다. 먼저, 필요한 라이브러리들을 임포트하고 업로드할 디렉터리를 만든다. 업로드 함수는 인자가 파일명이고 S3 버킷에서 오브젝트(스크립트에서 키에 해당)를 만든다. walk가 디렉터리를 반복해서 탐색하고 파일을 로딩할 것이다. 파일은 스태틱이 아니라 루트에서 만들어야 하기 때문에, walk는 첫 번째 디렉터리를 삭제해야 한다. 그다음엔 파일명이 .DS_Store(맥 OSX 시스템 파일명)이 아니면 리스트에 추가한다. clean_js 함수는 js 디렉터리에 업로드하기 전에 모든 파일을 삭제한다. 그런트가 하는 것처럼 고유한 파일명을 만든다. 마지막으로 실제 수행 과정을 살펴보자. 먼저 S3에 연결한다. connect_s3 함수는 크리덴셜을 갖거나 비밀 환경 파일에 설정한 환경변수들을 찾을 것이다. 그다음에 버킷명으로 모든 파일을 처리한다. 다음 커맨드라인을 실행해 확인할 수 있다.

```
(venv)$source prod.env
(venv)$source prod_secret.env
(venv)$python static.py
```

파이썬 스크립트가 환경 파일에 정의된 변수를 찾기 때문에 환경 파일을 알려줘야 한다. 모든 설정이 잘 완료되면, 스크립트가 CSS와 자바스크립트 파일을 S3에 업로드하는 것을 확인할 수 있다. 이제 가상 환경에서 나와 다음 커맨드라인을 실행하라.

```
(venv)$deactivate
```

이제 실제 운영 시스템인 STATIC_URL이 S3로 이동하도록 설정할 수 있다. prod.env를 열어서 다음과 같이 바꿔라.

```
export STATIC_URL='https://your_bucket_name.s3.amazonaws.com'
```

뷰 파일은 로딩된 환경 파일에 맞는 자바스크립트 파일을 로딩한다. 예를 들어, 레이아웃은 실제 운영되는 S3에서 고유한 이름을 가진 축소된 프레임워크 자바스크립트 파일과 개발 중인 로컬 파일을 로딩한다.

새로운 툴 스크립트 생성

몇 개의 태스크는 자동화했지만 각 태스크가 성공하기 위해 두 세 줄의 커맨드라인을 실행해야 한다. 커맨드 한 줄로 실행할 수도 있다. 개발 서버를 실행하는 스크립트를 만들고 스태틱 파일을 만드는 것이다. 먼저, set_env.sh 파일을 만든다. set_env.sh는 환경 파일 전체를 로딩해 여러 커맨드를 실행할 수 있다. 다음 코드를 붙여 넣어보자.

```bash
#!/bin/bash
if [ $# -ne 1 ]; then
  echo "Please pass in the environment as the first argument"
  exit 1
fi

source ./$1.env
source ./$1_secret.env

if [ $? != 0 ]; then
  echo "Create the needed environment files"
  exit $?
fi
```

이 코드는 bash를 사용한다. bash를 사용해본 경험이 없다면, 조금 이상해 보일 것이다. 첫 번째 if 절은 전달된 인자 (?#)의 개수를 확인하고, 1이 아닌지 확인한다. 만약 1이면 커맨드를 종료하고 사용자에게 environment 인자가 필요하다고 알려준다. 그다음 단계는 첫 번째 인자 ($1)에서 환경 파일의 이름을 빌드하는 것이다. 두 번째 if 절은 이전에 수행된 커맨드의 종료 상태가 0이 아닌지 확인하고, 0이 아니면 종료한다. 파일이 존재하면, 종료 상태가 0이다.

그다음엔 server_prep.sh라는 파일을 만들고, 다음 커맨드를 실행해서, 실행 가능한 파일로 만든다.

$chmod a+x server_prep.sh

그리고 다음 코드를 추가한다.

```
#!/bin/bash

source ./set_env.sh $1
./node_modules/.bin/grunt prep
```

./node_modules/.bin/grunt prep 스크립트는 set_env.sh를 사용한다. set_env.sh로 가용한 모든 환경 변수들을 얻게 된다. 그러면 prep 스크립트가 로컬에 설치된 그런트를 사용해서 전처리 파일들이 준비됐는지 확인한다.

$./server_prep.sh 'dev'

prep으로 layout.ejs와 chat.ejs가 생성됐는지 확인할 수 있다.

이제 S3로 스태틱 파일들을 옮길 스크립트를 만들자. collectstatic.sh 파일을 만들고 다음 코드를 추가한다.

```
#!/bin/bash
source ./set_env.sh $1

./node_modules/.bin/grunt

virtualenv venv
source venv/bin/activate
pip install -r requirements.txt

python static.py
deactivate
```

방금 전에 쓴 prep 스크립트와 매우 비슷하다. 먼저, 환경 변수들을 가져오는 것으로 환경을 준비한다. 그다음엔 모든 자바스크립트 파일이 통합되고 축소됐는지 확인한다. 그런 다음 가상 환경이 설정됐는지 확인한다. 마지막으로, 파이썬 스크립트를 실행해서 파일을 업로드한다.

각 스크립트는 환경 변수 설정에 따라 다른 작업을 실행한다. 스테이징staging 환경을 생성할 땐 바뀔 변수만 변경하고 staging이란 인자를 넣어서 스크립트를 실행하면 된다.

요약

애플리케이션이 점점 탄탄해지고 있다. 필요한 테스트들을 많이 만들고 자동 실행을 설정했다. 8장이 되기 전까지 로컬호스트에서만 실행할 수 있었다. 이제는 여러 환경에 배치하여 실행할 수 있다. 환경간 차이(URL, 접속 문자열connection string, 앱 아이디 등)들을 없앰으로써 가능했다. 그다음에 그런트로 환경에 따라 애플리케이션을 빌드하는 자동 실행 태스크를 만들었다. 태스크는 또한 자동 실행 방법 중 최선을 선택하게 설정됐다. 마지막으로, 태스크를 스크립트로 만들어서 각 태스크는 한 줄의 명령어로 실행되도록 만들었다.

9장에서는 실제로 애플리케이션을 다른 서버에 배치하는 방법을 배운다.

9

배치와 확장성

이제 아마존 일래스틱 컴퓨트 클라우드EC2, Elastic Compute Cloud를 사용해서 애플리케이션을 배치할 수 있다. EC2는 인기 있는 클라우드 공급자다. 지금은 애플리케이션이 컴퓨터에만 존재한다. 이제 앤시블Ansible을 사용해서 모든 디펜던시를 설치하고 EC2 인스턴스에 코드를 배치할 것이다. 그다음에 애플리케이션을 어떻게 그리고 왜 확장할 것인지 살펴본다. 9장에서 다루는 내용은 다음과 같다.

- EC2의 정의 및 인스턴스 생성 방법
- 앤시블
- 앤시블의 역할
- 확장하는 방법

다루는 주제가 많으므로 바로 시작한다.

EC2 서버 생성

EC2는 아마존의 공용 클라우드에서 컴퓨팅을 담당한다. 아마존에서 서버를 만들고 서버에 있는 것과 서버가 할 일을 관리하겠다. 우분투 새 버전 외에 특정 EC2 이미지를 활용하지는 않겠다. 그래야 인스턴스들을 많이 생성할 수 있다.

8장에서 만든 AWS 계정을 사용할 것이다. AWS 콘솔에 들어가서 Compute & Networking 서브 메뉴에서 EC2를 클릭하라.

그리고 나서 Instances 서브 메뉴에서 Instances 클릭하라. 인스턴스는 특정 이미지를 실행하는 머신의 종류이다.

이제 새로운 인스턴스를 만들 것이다. Launch Instance을 클릭하라. 클릭하면 인스턴스 설정 창이 뜬다. 빠른 시작 메뉴를 사용해서 최근 우분투 이미지를 사용할 것인데, 지금 버전은 14.04 LTS다. 64비트를 사용해서 그 이미지를 선택한다. 그다음에 Type을 선택한다. 지금은 t2.micro만 사용한다. t2.micro가 가장 작고 싼 옵션인데, 지금으로선 충분하다.

Next: Confi gure Instance Details(다음: 인스턴스 고급 설정)을 클릭하라. 여기선 입력할 게 없으므로, Next: Add Storage(다음: 스토리지 추가)를 클릭하라. Add Storage에서 드라이브를 더 추가할 수 있지만, 지금은 건너뛰겠다. 기존 드라이브 크기를 8GB에서 16GB로 올리는 것도 좋지만, 인스턴스 실행이 멈출 때 스토리지가 지워지고 기본 이미지로 바뀐다는 것을 알아 두자. 이를 방지하기 위해 앤시블이 있다. Next: Tag Instance(다음: 인스턴스 태그하기)를 클릭하라. Tag Instance는 배치 과정의 주요 과성이다. 다음 키-값 쌍의 형식인 태그를 인스턴스에 추가해보자.

- Redis:Role
- RabbitMQ:Role
- Chat:Deploy
- Worker:Deploy
- prod:Env
- HAProxy:Role

인스턴스 태그를 추가하면 나중에 앤시블이 특정 인스턴스들을 설정할 수 있다. 그리고 나서, Next: Confi gure Security Group(다음: 보안 그룹 설정)을 클릭하라. 새로운 그룹을 만들어서 SSH, HTTP, 포트 3000이 오픈돼 있는지 확인할 것이다. 마지막 할 일은 새 그룹이 스스로와 연결할 수 있게 하는 것이다. TCP 전체를 추가하고 나서 IP에 sg를 입력하면 보안 그룹 리스트를 볼 수 있다. 지금 쓰고 있는 보안 그룹을 선택하라. 그러면 그룹 내 인스턴스끼리 내부 EC2 IP 주소(10.X.X.X 형식인) 혹은 공용 DNS 주소로 연결할 수 있다.

 보안을 더 확실히 하고 싶으면 본인의 공용 IP 주소에 SSH 암호를 걸면 된다. IP 주소가 바뀌면 문제가 될 수 있다. IP 주소를 오픈하면 스크립트는 확실히 실행되지만, 보안 문제가 있다.

그다음에 Review and Launch을 클릭하고 Launch을 마지막으로 클릭하라. 다음 화면에서 특정 키 쌍을 생성하거나 사용하라고 할 것이다. 첫 인스턴스이므로 생성해야 된다. 키를 꼭 기억해야 한다. 키로 인스턴스에 SSH로 접속할 수 있고, 앤시블에서도 키를 사용한다. .ssh 디렉터리에 개인 키를 저장하자. 그러면 인스턴스 준비는 완료된 것이고, 실행할 수 있다. 실행 전까지 몇 초나 몇 분 이내로 걸린다.

인스턴스가 실행되면 인스턴스 정보를 확인할 수 있다. 맨 왼쪽의 박스를 클릭하면 아래창에 인스턴스 정보가 뜬다. 첫 번째 탭인 Description에 공용 DNS 주소가 있다. ec2-IP-ADDRESS.compute-1.amazonaws.com 같은 형식으로 되어 있을 것이다. DNS 주소를 복사하고, 터미널을 열고, 다음 커맨드를 실행해서 머신에 SSH로 접속하라.

```
$ssh ubuntu@ec2-IP-ADDRESS.compute-1.amazonaws.com -i ~/.ssh/aws_key.pem
```

우분투 이미지는 '우분투'를 기본 사용자로 설정하므로, 로그인을 꼭 해야 된다. 또한 SSH가 새 AWS 키를 사용하도록 설정해야 한다. 그러면 SSH로 접속해서 셸을 사용할 수 있다. 첫 번째 클라우드 서버를 만들었으니 이제 서버를 빌드해보자.

AWS EC2 요약

EC2에는 여러 가지 기능이 있다. 서버 생성은 기초에 불과하다. 제어를 더 하고 싶으면 고유 이미지(AMI 혹은 아마존 머신 이미지Amazon Machine Images)를 만들 수도 있는데, 우분투 AMI면 지금으로선 충분하다.

우분투 AMI는 인스턴스 스토어를 사용하기 때문에 문제점이 하나 있다. 드라이브에 있는 데이터가 인스턴스 실행 중에만 유지되는 것이다. 인스턴스가 중단되거나 종료되면 데이터는 사라진다. 대부분의 서버들은 수명이 짧다. 즉, 서버가 데이터 상태를 저장하지 않고, 아무 조건 없이 시작 혹은 종료될 수 있다. 중요한 데이터는 이 방식으론 작업할 수 없다. 예를 들면 데이터베이스 서버가 그렇다. 그러므로 일래스틱 블록 스토어EBS를 각각 만들어서 이미지에 붙여야 한다. EBS 볼륨은 인스턴스와 독립적으로 유지된다. 모든 시스템 관리 태스크는 유지되어야 한다. 예를 들어, 볼륨이 처음 마운트 됐을 때, 정형화되어야 하고 전체 백업을 해야 된다. 클라우드라고 해서 문제가 없거나 관리가 필요 없는 것은 아니다.

지금은 데이터를 유지할 필요가 없다. 모든 데이터가 임시로 만든 레디스에 저장될 것이기 때문이다. RabbitMQ는 로그만 저장하므로 유지할 필요 없다. 데이터를 저장하고 싶으면, EBS 볼륨을 붙여서 설정 파일에 레디스를 설정하고, RabbitMQ 컨피그 파일에서 경로를 설정해 주면 된다.

 지금 다루는 주제는 고가용성 배치가 아니라는 것을 기억하자. 레디스가 갑자기 종료되면 애플리케이션 전체가 종료된다. 고가용성 설정은 지금 단계가 아니다. 레디스 센티넬과 레디스 클러스터링이 안정적으로 작동할 때 고가용성을 구현할 수 있다.

앤시블은 무엇인가

앤시블Ansible은 서버를 관리하고, 코드를 배치하는 툴이다. 앤시블은 파이썬으로 작성되었고 컨피그 파일을 관리하고, 소프트웨어를 설치하고, 깃에서 코드를 불러오는 등 여러 가지 작업을 할 수 있다. 또 다른 장점은 앤시블은 에이전트가 필요 없다는 것이다. SSH를 쓰기 때문에 시작하기 전에 뭔가 설치하거나 준비할 게 없다. 앤시블을 설치해서 배치 스크립트를 만들어 보자.

앤시블 설치

앤시블이 파이썬을 쓰기 때문에 이전에 만든 가상 환경을 사용할 수 있다. 앤시블을 dev-requirements.txt라는 새 파일에 추가할 것이다. 파일 내용은 다음과 같다.

```
-r requirements.txt
ansible==1.6.3
```

그다음에 pip으로 설치한다.

```
$source venv/bin/activate
(venv)$pip install -r dev-requirements.txt
```

pip으로 설치하는 이유는 앤시블을 실제 운영 서버에 설치하지 않아도 명시적으로 선언해 주는 것이 좋기 때문이다. dev-requirements.txt 파일에 requirements.txt를 포함하기 위해 옵션을 사용했다. 그러면 requirements.txt 기반의 패키지 그룹을 선택할 수 있다.

앤시블은 플레이북_{playbook}을 통해 사용할 수 있다. 플레이북은 여러 서버에서 실행되는 태스크들의 리스트이다. 앤시블로 만든 EC2 저장소 스크립트(https://raw.githubusercontent.com/ansible/ansible/devel/plugins/inventory/ec2.py 혹은 구글 앤시블 EC2 저장소 스크립트)를 사용할 것이다. ansible이란 새 디렉터리를 프로젝트의 루트 폴더에 만들고 이 스크립트를 ec2.py란 파일을 만들어 저장하라. EC2 저장소 스크립트는 EC2 인스턴스를 거쳐서 가용성 지역 그리고 인스턴스명, 사용된 키, 인스턴스 타입, 가장 중요한 태그를 참고하여 그룹을 만들 것이다. 첫 번째로 할 일은 프로젝트의 루트 폴더에 ansible이란 디렉터리를 만들고 ec2.py 파일을 다운로드 해서 ansible에 넣어라. 이 스크립트는 파이썬으로 만들었기 때문에 AWS와 통신할 때 boto란 라이브러리를 쓴다. boto는 가상 환경에 이미 설치돼 있을 것이다. ec2.py가 있는 ansible 디렉터리에 ec2.ini라는 파일을 하나 더 만들 겠다. ec2.ini는 ec2.py의 컨피그 파일이다. 다음 코드를 ec2.ini에 넣어라.

```
[ec2]
regions = us-east-1
regions_exclude =
destination_variable = public_dns_name
vpc_destination_variable = ip_address
route53 = False
cache_path = ~/.ansible/tmp
cache_max_age = 0
```

대부분의 설정은 잘 되었다. regions와 cache_max_age만 바꾸면 된다. regions 는 지역 혹은 인스턴스를 만든 지역들로 설정하면 된다. Cache_max_age 설정값은 0으로 하여 변경되면 바로 확인할 수 있다.

스크립트를 테스트하기 전에 EC2에 접근할 수 있는 크리덴셜을 받아야 한다. 스 크립트가 boto를 쓰기 때문에 AWS 크리덴셜 환경을 살펴볼 것이다. 그러므로 이 전에 만든 사용자에게 접근 권한을 주거나 새로운 사용자를 만들어서 권한을 줄 수 있다. 새로운 사용자를 만들면 크리덴셜을 분리해서 로딩할 수 있게 따로 환경 파일을 만들어 줘야 한다. 환경 파일 이름은 ec2_secret.env다. ec2_secret.env 는 비밀 정보이기 때문에 버전 제어할 때는 쓰지 않는 게 좋다.

사용자에게 권한을 주는 것은 매우 쉽다. IAM으로 들어가서 Users를 클릭하고 원 하는 사용자를 선택하고, Permissions 탭을 클릭해서 Attach User Policy(사용자 정책 적 용)을 누른다. Attach User Policy 창에 들어가면 Amazon EC2 Full Access(아마존 EC2 모 두 접근)이란 정책 템플릿이 있다. 이 템플릿을 선택해서 사용자에게 적용하라. 이제 사용자에게 질의를 실행하고 만들거나 AMI를 삭제할 수 있는 권한이 생겼다. 이 제 저장소 스크립트를 테스트할 수 있다. 가상 환경을 빠져 나와 터미널을 열고 다 음 커맨드를 입력하라.

```
$source venv/bin/activate
(venv)$source dev_secret.env #or wherever our AWS credentials are in
(venv)$cd ansible
```

```
(venv)$chmod u+x ec2.py
(venv)$./ec2.py
```

현재 인스턴스들을 참조하는 리스트를 확인할 수 있다. 같은 인스턴스가 여러 리스트에 속해 있는 것이 보인다. 예를 들어 tag_Redis_Role 같은 각 태그마다 리스트가 있는 것도 확인할 수 있다. 태그 그룹들에 대해서 첫 앤시블 커맨드를 실행해보자. 커맨드 프롬프트를 열어서 다음 커맨드를 실행하라.

```
(venv)$ansible all -m ping -i ec2.py --private-key=~/.ssh/aws_key.pem -u
Ubuntu
```

커맨드를 짧게 분석해보겠다. All이란 호스트 패턴은 모든 호스트에 매칭된다. 그다음 -m ping은 앤시블이 각 호스트에서 ping 모듈을 쓰도록 지시한다. ping 모듈은 ping 커맨드와 다르다. ping 모듈은 앤시블의 모듈로써 각 호스트와 통신할수 있는지 표시해준다. 그다음 -i와 -u 옵션은 설명을 생략하겠다. 이 커맨드가 실행되면 다음 그림과 같은 결과가 나온다.

```
ec2-50-19-156-37.compute-1.amazonaws.com | success >> {
    "changed": false,
    "ping": "pong"
}
```

SSH 인증 시에 쓸 개인 키를 커맨드에 넣었다. 이 키는 아마존이 부여한 것이다. -private-key= 파라미터를 매번 넣거나 아니면 다음 커맨드를 실행해서 SSH 키에 추가해도 된다.

```
$ssh-add ~/.ssh/aws_key.pem
```

aws_key.pem을 아마존에서 받은 키 파일명으로 바꾸는 것을 기억하자. 나머지 커맨드는 SSH 키가 추가됨을 가정하고 실행할 것이다.

앤시블 롤 사용

이제 서버를 구축할 수 있다. 앤시블에서 쓸 수 있는 유용한 개념이 있는데 '롤'과 '플레이북'이다. 한 가지 역할만 하는 롤을 정하고, 특정 서버들에 롤을 적용할 수 있다. 또 롤은 컴퍼넌트 혹은 아키텍쳐의 빌딩 블록이고, 플레이북은 같이 수행되는 컴퍼넌트와 태스크 그룹이다. 플레이북은 롤이 있는 서버에서 어떤 태스크가 수행되는지 리스트로 알려준다. 먼저 첫 번째 롤인 레디스를 만들어 보자.

먼저 ansible이라고 이름 지은 프로젝트의 루트에서 새 디렉터리를 만든다. 이 디렉터리 안에서 roles라는 디렉터리를 또 만든다. 그다음에 roles에서 redis라는 디렉터리를 또 만든다. 마지막으로 redis 안에 tasks 디렉터리를 만든다. 구조와 파일명은 앤시블에 의해 결정되므로 이에 따라야 한다. 이제 tasks 디렉터리 안에서 main.yml이란 파일을 만들어 보자.

디렉터리 구조는 다음과 같다.

YML은 'Yet Another Markup Language(YAML)'를 지칭한다. 앤시블은 플레이북에 대해 모든 정보를 저장하기 위해 YML을 광범위하게 사용한다. main.yml에 다음 코드를 붙여넣기 하라.

```
---
  - name: Install Redis
    apt: name=redis-server=2:2.8.4-2 state=present

  - name: Bind to all Interfaces
    lineinfile: dest=/etc/redis/redis.conf regexp=^bind line='bind
0.0.0.0'
  register: redisconf

  - name: Redis Started
```

```
        service: name=redis-server state=started enabled=yes

    - name: Redis Restarted
      service: name=redis-server state=restarted
      when: redisconf.changed
```

위는 레디스를 설치하기 위해 실행해야 할 태스크 리스트다. 보면 알 수 있듯이 앤시블은 선언적인 문법을 사용한다. 그래서 이해하기 쉽다. 각 태스크는 이름과 수행할 커맨드 혹은 모듈을 포함한다. 각 태스크는 이름, 커맨드, 모듈을 수정할 수 있는 옵션을 여러 개 가질 수 있다. 첫 번째 태스크는 redis-server의 특정 버전을 설치하기 위해 디폴트 레퍼지토리repository에서 apt를 사용한다. 9장에서도 버전을 고정하겠다. 패키지 업데이트로 인한 문제를 예방하기 위해서다.

 우분투 패키지를 사용해서 http://packages.ubuntu.com/에서 redis-server 이름과 버전을 찾을 수 있다.

bind 0.0.0.0의 라인값이 redis config 파일에 있는지 확인하는 다음 태스크를 살펴볼 것이다. 다음 태스크는 또한 자신을 redisconfig로 등록해서 다른 태스크들이 redis config 파일이 변경되었는지 확인할 수 있게 한다.

다음 태스크는 redis-server가 시작 되고 부트 블록에서 시작하도록 설정되었는지 확인해준다. 마지막 태스크는 제약조건이 있다. redisconf.changed 상태가 됐으면 서비스를 재시작하고 아니면 그대로 실행한다.

태스크가 정의됐으니 어떤 서버에 태스크를 부여할지 정하겠다. ansible 디렉터리에 redis.yml이란 파일을 만들고, redis.yml에 다음 코드를 붙여 넣는다.

```
- hosts: tag_Redis_Role
  remote_user: ubuntu
  sudo: yes
  roles:
    - redis
```

특정 태그를 쓰는 hosts란 패턴이 위에 있다. 레디스를 실행할 서버가 적절하게 태그됐는지 확인한 다음, 사용자는 우분투고, 각 커맨드에는 sudo를 쓰라고 지시 해주어야 한다. 마지막으로 롤의 리스트를 확인해야 한다. 앤시블은 roles 디렉터 리에서 redis 디렉터리를 찾고 main.yml에서 태스크를 로딩한다. 터미널을 열어 서 다음 커맨드를 실행하라.

```
(venv)$ansible-playbook -i ec2.py redis.yml --limit tag_prod_Env
```

각 태스크에 대해서 다음 그림과 같은 결과를 얻을 수 있다.

```
TASK: [redis | Install Redis] *********************************************
ok: [ec2-50-19-156-37.compute-1.amazonaws.com]

TASK: [redis | Bind to all Interfaces] ***********************************
ok: [ec2-50-19-156-37.compute-1.amazonaws.com]
```

주의할 점은 커맨드에 --private-key 파라미터가 없다는 것이다. 위 커맨드는 ssh-add를 실행하거나 --private-key를 덧붙이지 않으면 실행에 실패한다.

앤시블의 큰 장점은 태스크를 실행하기 전에 현재 상태를 확인할 수 있다는 것이 다. 앤시블이 플레이북을 처음 조회할 때, 모든 파일에 대한 설치 혹은 설치된 것 을 확인을 해준다. 두 번째로 실행하면 앤시블이 실질적으로 하는 일은 없다.

이제 RabbitMQ롤을 설치해 보겠다.

RabbitMQ 설치

RabbitMQ 설치는 레디스와 설치과정이 비슷하다. 첫 번째로 할 일은 롤 하위 디 렉터리를 만드는 것이다. 지금은 rabbitmq 하위 디렉터리에 files와 tasks를 만 들겠다. rabbitmq과 하위 폴더를 포함하는 roles는 다음 그림과 같다.

```
├── rabbitmq
│   ├── files
│   │   └── rabbitmq.config
│   └── tasks
│       └── main.yml
```

이제 롤을 사용할 YAML 파일을 만들어 보겠다. ansible 디렉터리에 rabbitmq. yml을 redis.yml과 같은 레벨에 만들겠다. rabbitmq.yml은 다음과 같다.

```
- hosts: tag_RabbitMQ_Role
  remote_user: Ubuntu
  sudo: yes
  roles:
    - rabbitmq
```

rabbitmq.yml의 주요점은 태그된 롤이다. 이제 rabbitmq 롤을 만들겠다. rabbitmq/tasks에 main.yml에 다음 코드를 작성한다.

```
---
- name: Install RabbitMQ
  apt: name=rabbitmq-server=3.2.4-1 state=present

- name: Rabbitmq.config
  copy: src=rabbitmq.config dest=/etc/rabbitmq/rabbitmq.config
  register: rabbitmqconfig

- name: RabbitMQ Started
  service: name=rabbitmq-server state=started

- name: Enable RabbitMQ management
  shell: rabbitmq-plugins enable rabbitmq_management

- name: Restart RabbitMQ Service
  service: name=rabbitmq-server state=restarted

- name: Force RabbitMQ to Reload Config
  shell: rabbitmqctl {{ item }}
  with_items:
    - stop_app
    - reset
    - start_app
  when: rabbitmqconfig.changed
```

main.yml에는 새로운 점이 몇 가지 있다. 첫 번째는 copy이다. copy는 파일이 없거나 다르면 로컬 파일을 복사해서 원격 호스트로 옮긴다. main.yml에서는

rabbitmq.config 파일을 복사한다. 앤시블 `roles`를 사용하므로 복사할 파일의 전체 경로를 정의하지 않아도 된다. 앤시블은 롤 하위 구조인 files 디렉터리에서 파일을 찾기 때문이다.

`copy` 다음은 셸의 역할이다. `shell`은 셸 명령어를 실행한다. 이 셸에서는 RabbitMQ 관리를 위한 플러그인을 사용한다.

마지막에는 아이템 리스트로 루프를 만든다. 루프에서 각 아이템은 `{{ item }}`로 표시된다. 여기선 간단한 아이템만을 사용했지만 프로퍼티 또한 사용 가능하다. RabbitMQ가 config 파일을 재로딩하는데, 서버가 다시 시작할 때 바뀐 환경이 적용되지 않기 때문이다.

이 외의 롤 수행 단계들은 redis config 파일에 저장돼 있다. 이제 rabbitmq/files 디렉터리에 rabbitmq.conf 파일을 최종적으로 만들겠다.

rabbitmq.conf는 다음과 같다.

```
[{rabbit, [
  {default_user,<<"nonguest">>},
  {default_pass,<<"uniquepassword">>}
]},
{rabbitmq_management, [{listener, [{port, 15672}]}]}
].
```

RabbitMQ의 config 파일 문법은 조금 이상하지만 기본 사용자, 패스워드, 매니지먼트 포트를 바꾼다. 실제 운영 서버에 필요한 최소 작업이다. 이제 플레이북을 실행해서 RabbitMQ를 설치하기 위해 다음 명령어를 사용하겠다.

```
(venv)$ansible-playbook -i ec2.py rabbitmq.yml --private-key=~/.ssh/aws_
key.pem --limit tag_prod_Env
```

레디스 플레이북처럼 앤시블도 설치와 RabbitMQ 설정을 해주어야 한다.

웹 매니지먼트 인터페이스를 쓰고 싶으면, 인스턴스에 해당된 보안 그룹을 수정해야 한다. AWS 콘솔에서 **EC2**로 가서 **Security Groups**을 클릭하라. 그다음에 **Actions** 드롭다운 메뉴에서 인바운드 규칙들을 수정할 수 있다. 포트넘버 15672와 연결되는 Custom TCP를 사용해서 자신의 컴퓨터만 연결하는 My IP를 선택한다. 이제 http://OUR-EC2-IPADDRESS:15672로 들어가서 손님이 아닌 사용자로 로그인 할 수 있다.

이제 백엔드 서비스가 설치됐다. 데이터베이스를 만들면 앤시블 플레이북도 이런 방식으로 설치할 수 있다. 바이너리 파일을 설치하고, config 설정하고 부팅할 때 시작하도록 설정하면 된다.

애플리케이션 설치

애플리케이션의 기본 설치는 돼 있다. 코드를 만들고, Node.js를 시작하면 된다. 애플리케이션을 배포하는 데 몇 가지 단계가 있으므로 여러 가지 롤을 사용하겠다. 첫 번째 롤은 nodejs다. ansible/roles 아래에 nodejs 디렉터리와 그 아래에 tasks 디렉터리를 만들고, tasks 안에 main.yml을 만들겠다. main.yml 코드는 다음과 같다.

```
---
  - name: Install Node.js
    apt: name=nodejs-legacy state=present update_cache=yes

  - name: Install NPM
    apt: name=npm state=present update_cache=yes
```

update_cache 문이 새로 생겼다. update_cache는 apt-get이 Node.js와 npm 최신 버전을 업데이트해서 사용하도록 지시한다. apt가 보안 업데이트 때문에 설치에 실패하는 경우가 종종 있다. 차선책으로 git을 사용하는데, 이 프로젝트도 git으로 버전 관리하고 있고, 특히 배포하는 경우에는 더욱 추천한다. tasks 디렉터리의 main.yml에 git 롤을 생성하겠다. git이 수행할 태스크들은 다음과 같다.

```
---
  - name: Install Git
    apt: name=git state=present

  - name: Check app path
    file: path={{ project_path }} mode=0755 state=directory
```

```
  - name: Directory for SSH
    file: path=/root/.ssh/ state=directory

  - name: Copy SSH key over
    copy: src=~/.ssh/ssh_key_for_git dest=/root/.ssh/key mode=600

  - name: Git Clean
    shell: removes={{ project_path }}/.git cd {{ project_path }} && git
clean -xdf

  - name: Git checkout
    git: repo={{ project_repo }}
         dest={{ project_path }}
         version={{ branch }}
         accept_hostkey=yes
         key_file=/root/.ssh/key
```

Git Clean은 removes란 옵션을 사용하는데, removes의 디렉터리나 파일이 존재
하지 않으면 실행시 삭제한다. 처음 실행 시에는 .git 디렉터리가 없으니 생략된
다.

다음으로 볼 것은 project_path, project_repo, branch란 변수다. 각 변수는 곧
선언된다. 이 파일 모듈은 파일이나 디렉토리의 존재 여부를 확인하고, 존재하지
않으면 만드는 역할을 한다. git 모듈이 특정 레퍼지토리를 확인해서 전달받은 디
렉터리에 브랜치를 만든다. Git 레퍼지토리에 접근권한이 있는 SSH 키도 복사해
야 한다.

코드 배포

appdeploy란 롤을 만들겠다. role 디렉터리 아래 tasks와 templates를 만들고,
tasks 안에 main.yml 파일을 만들어 다음과 같은 코드로 작성한다.

```
---
  - name: Create App user
    user: name={{ project_user }}

  - name: Copy Secret Environment file
```

```
        template: src=../../../../{{ deploy_env }}_secret.env dest={{ project_
path }}

    - name: Copy Normal Environment file
      template: src=../../../../{{ deploy_env }}.env dest={{ project_ path }}

    - name: Run Server Prep
      command: chdir={{ project_path }} ./server_prep.sh {{ deploy_env }}

    - name: Create Project etc
      file: path=/etc/{{ project_name }} state=directory

    - name: Create start_server.sh
      template: src=start_server.j2 dest=/etc/{{ project_name }}/start_
server.sh mode=755

    - name: Create stop_server.sh
      template: src=stop_server.j2 dest=/etc/{{project_name}}/stop_
        server.sh mode=755

    - name: Install forever globally
      command: creates=/usr/local/bin/forever chdir={{project_path}}
        npm install -g forever

    - name: Create init script
      template: src=init_script.j2 dest=/etc/init.d/{{project_name}} mode=755
    - name: Create rc.d links
      shell: update-rc.d {{ project_name }} defaults 80

    - name: Restart Service
      shell: service {{ project_name }} restart
```

여러 변수들을 사용하는 태스크들이 많이 있다. 각 태스크를 살펴보고 중요한 파일들을 짚고 넘어 가겠다.

첫 번째로 볼 것은 user 모듈이다. user 모듈은 사용자가 존재하는지 확인하는 모듈이다. 그다음에 환경 파일을 복사한다. 루트 폴더에 있는 .env 파일을 로딩하기 위해 상위 디렉토리로 이동한다. 같은 코드를 가진 파일이 두 개 이상 있는 것은 매우 안 좋다. 그러므로 파일은 분기 코드를 포함하는 경우가 대부분이다. 대신 복사할 원본이 있어야 한다. 눈치 빠른 독자들은 알겠지만, 환경 파일은 템플릿으로 불린다. 템플릿을 사용해서 비밀 파일을 수정할 수 있다. prod_secret.env에서 REDIS_HOST와 RABBIT_URL만 수정하면 된다.

```
{% for role in groups['tag_Redis_Role'] %}
  {% for server in groups['tag_prod_Env'] %}
    {% if role == server %}
export REDIS_HOST={{ hostvars[server]['ec2_private_ip_address'] }}
    {% endif %}
  {% endfor %}
{% endfor  %}
{% for role in groups['tag_RabbitMQ_Role'] %}
  {% for server in groups['tag_prod_Env'] %}
    {% if role == server %}
export RABBITMQ_URL='amqp://nonguest:uniquepassword@{{ hostvars[server]
  ['ec2_private_ip_address'] }}:5672'
    {% endif %}
  {% endfor %}
{% endfor %}
```

Redis_Role과 prod_Env 그룹에서 루프를 돌아서 그 둘과 매칭되는 서버를 찾고 있다. RabbitMQ에서도 마찬가지 작업이 이뤄진다. 루프를 통해 맞는 태그가 있는 인스턴스를 동적으로 탐색해서 앤시블이 서버 주소를 알려준다. 이렇게 설정하지 않으면 배포할 때마다 비밀 파일을 수정해야 한다.

정적 IP 주소와 DNS가 일반적으로 이런 작업을 해주는데, 그러면 prod_secret파 일을 쓰지 않아도 된다. 로컬에서 개발할 때도 마찬가지이다. 모두 로컬호스트로 작업하므로 템플릿 루프를 만들 필요가 없다. 템플릿 태그가 존재하지 않으면, 앤 시블에 있는 파일이 복사되어 쓰인다. 배포 직전에 환경을 생성할 경우 이 방법이 적합한데, 배포 전까지 IP주소를 모르기 때문이다. 템플릿 태그가 있으면 로컬에 서 셸 스크립트(server_prep.sh나 collectstatic.sh)를 사용할 수 없다.

일반 환경 파일에서도 마찬가지 방식이 적용된다. prod.env에서 처리하는 방식은 다음과 같다.

```
{% for role in groups['tag_HAProxy_Role'] %}
  {% for server in groups['tag_prod_Env'] %}
    {% if role == server %}
export HOST='http://{{  hostvars[server]['ec2_public_dns_name'] }}/'
export SOCKETIO_URL='http://{{  hostvars[server]['ec2_public_dns_ name']
}}/packtchat'
    {% endif %}
  {% endfor %}
{% endfor %}
```

prod에서 만들어도 실제 프로그램 운영 시에는 공용 DNS명을 고정해서 사용할 수 있다(적어도 그렇게 해야 한다).

다음 단계는 배포 환경에서 server_prep.sh를 실행하는 것인데, 환경 파일을 로딩한 후에 실행한다. server_prep은 그런트를 사용해 자바스크립트, 레이아웃, 챗 뷰를 전처리시킨다.

다음 세 태스크는 서로 관련이 있다. 프로그램을 실행하기 위해선 시작 스크립트와 종료 스크립트가 필요하다. 프로젝트가 들어있는 etc 폴더를 만들겠다. 그리고 다음 코드로 만들어진 start_server.j2 템플릿에서 start_server.sh 파일을 만들겠다.

```
#!/bin/bash

cd {{ project_path }}
source {{ deploy_env }}.env
source {{ deploy_env }}_secret.env


forever --pidFile /home/{{ project_user }}/{{ project_name }}.pid -a -l /
home/{{ project_user }}/{{ project_name }}.log start {{ project_ path }}/{{
project_exec }}
```

forever를 실행하기 전에 prep을 사용하는데, forever는 애플리케이션 시작 및 모니터링을 하는 노드 패키지다. 스레드가 죽으면 forever은 스레드를 재실행하는 것이다. forever가 .pid 파일과 콘솔 로그파일을 버리도록 지시한다. 서버에

SSH로 접속하고 이 스크립트를 실행하면, 애플리케이션은 포트넘버 3000에서 사용 가능하다.

stop_server.j2는 다음과 같다.

```
#!/bin/bash
forever stop {{ project_path }}/{{ project_exec }}
```

노드 프로세스를 중단했으니 prep은 이제 쓰지 않는다.

forever를 사용하려면 설치해야 한다. npm을 사용해 forever를 전역적으로 설치하겠다. creates 옵션은 파일의 존재 여부를 확인하는데, 존재하면 아무것도 안하고, 존재하지 않으면 명령어를 실행한다.

마지막 세 가지 단계도 서로 연관이 있다. 첫 번째 단계는 템플릿에서 init 스크립트를 실행한다. init_script.j2 템플릿은 다음과 같다.

```
#!/bin/bash

start() {
  echo "Starting {{ project_name }}"
  su - {{ project_user }} /etc/{{ project_name }}/start_server.sh
  RETVAL =$?
}

stop() {
  if [ -f /home/{{ project_user }}/{{ project_name }}.pid ];then
    echo "Shutting Down {{ project_name }}"
    su - {{ project_user }} /etc/{{ project_name }}/stop_server.sh
    rm -f /home/{{ project_user }}/{{ project_name }}.pid
    RETVAL=$?
  else
    echo "{{ project_name }} is not running."
    REVAL=0
  fi
}

restart() {
  stop
```

```
    start
  }

  case "$1" in
    start)
      start
      ;;
    stop)
      stop
      ;;
    restart)
      restart
      ;;
    *)
      echo "Usage: {start|stop|restart}"
      exit 1
      ;;
  esac
  exit $RETVAL
```

위는 배쉬 스크립트로, 여러 가지 문법이 포함돼 있다. 스크립트는 실행하면 크게 start와 stop으로 나뉜다. 각 스크립트를 실행할 때 su라는 커맨드로 다음 명령 어를 실행할 사용자를 바꾼다. su는 보안적인 관점에서 사용자가 최소한 읽기 권한이 있는지 확인하므로 중요하다. 프로세스가 꼬이면 사용자가 아무것도 할 수 없게 된다. stop 함수는 .pid 파일을 확인하고 서버를 중단하거나 서버가 실행되지 않는다는 메시지를 출력한다. 스크립트는 /etc/init.d 디렉터리에 위치한다. 이 제 service project_name start, stop, restart를 실행할 수 있다.

update-rc.d는 부팅할 때 각 실행 수준에 따라 자동 실행되도록 스크립트를 만든다.

마지막으로 서버가 코드의 최신 버전을 수행하고 있는지 확인하기 위해 서버를 재실행한다.

롤을 전부 만들었으니, 이제 롤을 사용하는 스크립트를 만들겠다. appdeploy.yml 이란 스크립트를 ansible 디렉터리에 안에 만들고, 다음 코드를 쓴다.

```
  - hosts: tag_Chat_Deploy
    remote_user: ubuntu
    sudo: yes
    vars_files:
    - vars.yml
    roles:
    - nodejs
    - git
    - appdeploy
  - hosts: tag_Chat_Deploy[0]
    remote_user: ubuntu
    sudo: yes
    vars_files:
    - vars.yml
    tasks:
    - name: Install Pip
      apt: name=python-pip state=present

    - name: Install Virtualenv
      shell: pip install virtualenv
    - name: Collect Static
      command: chdir={{ project_path }} ./collectstatic.sh {{ deploy_ env }}
```

이번에도 필요한 부분만 설명하겠다. `Chat Deploy`란 태그를 가진 인스턴스를 타 겟으로 삼겠다. vars.yml에 모든 변수가 정의된 것을 알 수 있다. vars.yml을 확인 해보겠다.

```
project_name: nodechat
project_path: /var/node/chat
project_repo: git@bitbucket.org:user/project.git
project_user: nodechat
project_exec: app.js
```

여기선 모든 변수들과 값들을 추가한다. 지금까지 사용한 롤은 이 변수에 대한 접 근 권한을 갖는다.

그다음엔 실행할 롤을 정의했는데 `nodejs, git, appdeploy`다.

그다음엔 태스크에 대한 새 호스트 그룹을 정의했다. 새로운 커밋이 발생할 때마다 축소한 자바스크립트를 S3에 업로드해야 하기 때문이다. 이렇게 하지 않으면 뷰는 존재하지 않는 자바스크립트 파일을 로딩하려고 할 것이다. tag_Chat_Deploy는 객체들의 그룹이기 때문에 인덱스를 지정할 수 있다. 인덱스 0이거나 첫 번째 인스턴스로 선택한다. 이렇게 하지 않으면 그룹 내 인스턴스 개수만큼 정적 파일을 업로드하게 된다. 따라서 한 번만 업로드할 수 있게 설정한다. virtualenv를 설치하려면 pip이 필요하고, virtualenv를 통해 collectstatic.sh를 실행할 수 있다.

"deploy_env와 branch 변수는 어디 있는가?"라고 질문할 수 있다. vars.yml 파일엔 없었다. 이 변수들은 커맨드라인에 전달되는데, 이제 확인해보겠다.

```
(venv)$ansible-playbook -i ec2.py appdeploy.yml --limit tag_prod_Env
--extra-vars "deploy_env=prod branch=master"
```

추가적인 변수들은 커맨드라인에 넘겨서 모든 태스크와 롤이 접근할 수 있다.

이 롤을 수행한 후에 http://EC2IP-ADDRESS:3000에 들어가서 사이트를 확인할 수 있다. Socket.io는 포트넘버 3000 대신 80에 접속하려고 하기 때문에 작동하지 않을 것이다. 포트 80에 접속하는 법은 곧 배우게 된다. 그 전에 워커들을 만드는 방법을 알아 보겠다.

주목할 점은 npm install이나 bower install 명령어는 실행하지 않았다는 것이다. npm FAQ에선 다음과 같이 설명한다.

> npm으로 dev 환경의 디펜던시는 관리할 수 있지만, 배포 스크립트에서는 사용할 수 없습니다.

이는 Git 저장소가 node_modules와 bower_components를 보관해야 한다는 것을 의미한다.

9장에 실린 코드는 필요한 모듈이 설치되어 배포할 준비가 된 코드다.

워커 설치

애플리케이션에는 두 개의 워커가 필요한데, 하나는 RabbitMQ에서 로그를 가져오고 다른 하나는 몇 시간마다 레디스를 청소하는 역할을 한다. 이 태스크는 새로운 롤을 생성할 필요가 없으므로 매우 쉬운 작업이다. 이미 만든 롤을 사용할 것이다. 애플리케이션 배포를 세 개의 롤로 나눈 이유다. 간단하게 롤을 정의해주면 쓸 수 있다. ansible 디렉토리에 worker.yml을 만들겠다. worker.yml에 들어갈 내용은 다음과 같다.

```
- hosts: tag_Worker_Deploy
  remote_user: ubuntu
  sudo: yes
  gather_facts: false
  vars_files:
    - vars.yml
  roles:
    - nodejs
    - git
    - { role: appdeploy, project_name: nodechat_worker_chat,
        project_ exec: workers/chat.js }
    - { role: appdeploy, project_name: nodechat_worker_log,
        project_ exec: workers/log.js }
```

appdeploy.yml과 위 코드는 매우 비슷하다. 같은 코드 기반에 노드로 워커를 실행하고 있기 때문이다. 차이점은 마지막 두 롤 태스크다. 여기선 appdeploy 롤을 사용하지만 각 롤의 특정 컨텍스트 변수context variable는 바꾼다. project_name은 각각 따로 init 스크립트를 만들고, project_exec은 수행할 워커 스크립트를 가리킨다. 이 코드를 실행하면 인스턴스에는 세 개의 forever 애플리케이션이 실행되고 있을 것이다.

다중 애플리케이션 서버 로드 밸런싱

10개의 애플리케이션 서버가 실행될 때 하나의 URL로 어떻게 로딩할 수 있을까? 바로 로드 밸런싱을 사용하는 것이다. HAProxy란 로드 밸런서를 설치하면 공용 서버가 설치된다. 로드 밸런서는 각 애플리케이션 서버 정보를 인식하고 각

318

백엔드 서버에 요청을 보낸다. 백엔드 서버가 요청을 처리하지 않으면 EC2 서버를 돌리고 로드 밸런서에 알리면, EC2에 요청을 보내기 시작할 것이다. 이제 새로운 롤이 필요하므로 ansible/roles 아래에 haproxy란 디렉터리를 만들고, files, tasks, templates를 haproxy 디렉터리 아래에 만들겠다. tasks 아래에 main.yml 파일을 만들고 다음 코드를 작성한다.

```
---
- name: Install HAProxy
  apt: name=haproxy=1.4.24-2 state=present

- name: Enable HAProxy
  copy: src=haproxy_default dest=/etc/de fault/haproxy

- name: Create config
  template: src=haproxy.cfg.j2 dest=/etc/haproxy/haproxy.cfg

- name: HAProxy Restart
  service: name=haproxy state=reloaded
```

위는 간단한 태스크의 나열이다. HAProxy를 설치한 후 설정하는 내용이다. 두 번째 태스크는 haproxy_default 파일이 필요하므로 haproxy/files 아래에 haproxy_default를 만든다. haproxy_default는 다음 라인만 있으면 된다.

```
ENABLED=1
```

이는 HAProxy가 init 스크립트로 제어하게 한다.

다음 태스크는 템플릿이 필요하므로 템플릿을 한 번 살펴보겠다. templates/haproxy.cfg.j2를 만든 다음에 아래 코드를 파일 첫 부분에 추가한다.

```
global
  chroot /var/lib/haproxy
  user haproxy
  group haproxy
  daemon

defaults
  log global
```

```
    contimeout 5000
    clitimeout 50000
    srvtimeout 50000

listen stats :1936
  mode http
  stats enable
  stats hide-version
  stats realm Haproxy\ Statistics
  stats uri /
  stats auth user:password

frontend public
  mode http
  bind *:80
  option httplog
  option dontlognull
  option forwardfor
  acl is_websocket path_beg /socket.io
  acl is_websocket hdr(Upgrade) -i WebSocket
  acl is_websocket hdr_beg(Host) -i ws
  use_backend ws if is_websocket
  default_backend node
```

위 코드의 대부분은 표준 HAProxy 환경 설정이다. 재미있는 부분은 ACL_{Access Control Lists}다. ACL는 요청이 들어오면, 업그레이드 헤더_{upgrade header}가 WebSocket 용도이거나 호스트 헤더가 ws로 시작하면 socket.io인지 확인한다. 이로 인해 웹소켓 트래픽을 잡을 수 있다. websocket 요청이면 ws 백엔드를 사용하고, websocket이 아니면 backend node를 사용한다. 이제 로드 밸런싱하는 백엔드를 만들어 보겠다.

```
backend node
  mode http
  cookie SERVERID insert
  balance leastconn
  {% for role in groups['tag_Chat_Deploy'] %}
    {% for server in groups['tag_' + deploy_env + '_Env'] %}
      {% if role == server %}
```

```
      server {{ server }}
        {{hostvars[server]['ec2_private_ip_address'] }}:3000
        cookie {{ server }}
      {% endif %}
      {% endfor %}
      {% endfor %}
```

백엔드는 HAProxy가 로드 밸런싱할 서버 리스트를 갖고 있다. 위 백엔드는
`leastconn` 밸런싱을 사용해서 새로운 연결이 될 때마다 연결 개수가 가장 적은
서버를 고른다. 배포된 서버를 모두 찾기 위해 이중 `for` 루프도 사용한다. `cookie`
`SERVERID insert`는 서버 라인에 기반한 공용 DNS명으로 쿠키를 만든다. 이는
요청에 응답하는 서버가 무엇인지 알 수 있게 한다. 이는 `sticky session`도 설정
해준다. 브라우저가 어떤 서버와 연결되면, HAProxy는 이 서버에 계속 요청을 보
낸다는 뜻이다. WebSocktet 백엔드는 다음과 같다.

```
backend ws
  mode http
  option http-server-close
  option forceclose
  no option httpclose
  balance leastconn
  cookie SERVERID insert
  {% for role in groups['tag_Chat_Deploy'] %}
  {% for server in groups['tag_' + deploy_env + '_Env'] %}
    {% if role == server %}
    server {{ server }} {{  hostvars[server]['ec2_private_ip_address']
      }}:3000 cookie {{ server }}
    {% endif %}
    {% endfor %}
    {% endfor %}
```

백엔드는 기본적으로 같다. 모든 Socket.io 서버의 리스트가 필요하다. 그다음엔
ansible의 최상위 디렉터리에 haproxy.yml 파일을 만들겠다. haproxy.yml은 다
음과 같다.

```
- hosts: tag_HAProxy_Role
  remote_user: ubuntu
```

```
    sudo: yes
    roles:
      - haproxy
```

이제 모두 준비가 됐으니 HAProxy 롤을 실행할 수 있다. 터미널을 열어서 다음 커맨드를 실행하라.

```
(venv)$ansible-playbook -i ec2.py haproxy.yml --limit tag_prod_Env
--extra-vars "deploy_env=prod branch=master"
```

실제로 운영할 HAProxy 서버는 정적 IP와 DNS명이 필요하므로, 브라우저에 로딩해야 애플리케이션이 작동한다.

로드 밸런싱을 테스트하기 위해 인스턴스를 만들고, Chat Deploy와 prod Env 태그를 추가하고, appdeploy와 haproxy 롤을 실행하겠다. HAProxy가 재시작하면 애플리케이션을 여러 브라우저에 로딩할 수 있고, 여러 서버에서 응답하고 있는지 쿠키를 확인할 수 있다.

 서버와 통신할 수 있는 보안 그룹을 추가해야 한다. 테스트할 때는 정적 IP가 없으므로 인스턴스 리스트에서 IP를 가져오겠다.

다음 그림은 쿠키에 설정할 SERVERID를 보여준다.

SERVERID	54.88.29.185

롤 자동화

5개의 태스크 파일을 가진 롤 6개를 만들었다. 여러 가지 롤을 한번에 실행할 수 있는 파일 구조를 만들 수 있다. site.yml과 deploy.yml파일을 만들겠다. site.yml은 다음과 같다.

```
---
  - include: redis.yml
  - include: rabbitmq.yml
```

```
        - include: appdeploy.yml
        - include: worker.yml
        - include: haproxy.yml
```

deploy.yml은 다음과 같다.

```
    ---
        - include: appdeploy.yml
        - include: haproxy.yml
```

그리고 나서 site.yml과 deploy.yml을 다음 커맨드를 사용해서 실행할 수 있다.

(venv)$ansible-playbook -i ec2.py site.yml --limit tag_prod_Env
--extravars "deploy_env=prod branch=master"

더 간략하게 자동화할 수도 있다. deploy.sh 파일을 프로젝트의 루트 폴더에 만들 겠다. 우선 다음 커맨드를 실행해서 수행 가능하게 한다.

$chmod a+x deploy.sh

그리고 다음 코드를 추가한다.

```bash
#!/bin/bash

if [[ $# -ne 3 ]]; then
  echo "Please pass in the playbook, environment, and git branch"
  exit 1
fi

cd ansible

ansible-playbook -i ec2.py $1 --limit tag_$2_Env --extra-vars
  "deploy_ env=$2 branch=$3"

if [ $? -ne 0 ]; then
  echo "Did you remember to add the SSH key with ssh-add? Do you have
an $2_secret.env file with the AWS credentials? Are the instances
tagged with tag_$2_Env?"
fi
```

위는 환경 설정과 Ansible 실행을 자동화해줄 bash 스크립트다. secret.env 파일이 파이썬 템플릿을 갖고 있으니 위 스크립트는 {%를 찾지 못한다고 하겠지만, AWS 크리덴셜이 필요한 이유를 찾을 것이다. 그러면 다음 명령어를 실행하면 된다.

```
$./deploy.sh site.yml prod master
```

위는 Git 브랜치 마스터에서 실제 운영할 site.yml을 실행한다.

앤시블 요약

앤시블은 매우 강력하고 확장성이 있다. 지금까지 설치한 방법으로 몇 분 안에 환경을 새롭게 만들 수 있다. 이제 앤시블에 대한 리뷰를 해보겠다.

먼저 롤에 관해서다. 롤은 호스트와 태스크를 그룹핑한다. 롤 안에는 디렉터리 구조가 있어서 중요한 컴퍼넌트들을 쉽게 로딩할 수 있다. 또한 변수를 사용해서 롤을 재사용할 수 있다. 이를 위해 appdeploy 롤을 사용했다. 주요 애플리케이션과 워커에 사용되었다. Node.js와 forever를 실행해야 하는 프로젝트에서 이를 사용할 수 있다.

예를 들어 새로운 롤이나 데이터베이스를 추가하고 싶을 때 roles 안에 새로운 디렉터리를 만들어 tasks, files, templates 등을 만들면 된다. 그다음은 앤시블 인벤토리 그룹이다. 인벤토리는 태그로 서버를 그룹핑하는 EC2로 만들었다. EC2는 서버를 롤과 환경으로 분리하게 해준다. 실제 웹 서버가 필요하면 태그를 사용해 새로운 인스턴스를 만들고 앤시블 태스크를 실행하면 된다. EC2를 사용하지 않으면 인벤토리 그룹을 사용해도 된다. 인벤토리 파일은 다음과 같이 만든다.

```
[tag_Chat_Deploy]
10.0.0.1
10.0.0.2
[tag_Redis_Role]
10.0.0.3
[tag_RabbitMQ_Role]
10.0.0.4
```

```
[tag_HAProxy_Role]
10.0.0.1
[tag_Worker_Deploy]
10.0.02
```

IP 주소로 앤시블이 찾는 태그와 매치시키면 된다. 지금까지 실행하면 모든 앤시블 명령어에 --limit 파라미터를 사용했다. 인벤토리에 하나의 환경만 존재한다면 앤시블 명령어로 없앨 수 있다. 예를 들어, prod_inventory와 dev_inventory를 만들었다면 다음 명령어를 실행하면 된다.

```
$ansible-playbook -i prod_inventory site.yml --extra-vars "deploy_
env=prod branch=master"
```

앤시블을 사용해서 스크립트를 만들고 로컬 파일을 실행할 수 있으면 서버에서 원격으로도 실행 가능하다. 아직 건드려 본 적도 없는 모듈과 Galaxy라고 불리는 롤 저장소도 있다(https://galaxy.ansible.com/). 앤시블은 무료지만 앤시블과 관련되어 구입할 수 있는 것도 있다. 유료 제품은 관리를 더 용이하게 한다.

새로운 환경 생성

애플리케이션에 새로운 환경을 쉽게 만들 수 있다. 테스트 환경이 필요하다고 가정해보겠다. 해야 될 것은 환경 파일(일반 및 비밀)을 만들고 태그가 있는 인스턴스를 만들어서 배포 스크립트를 실행하는 것뿐이다. 환경 파일은 버전 관리할 필요가 없는데, 스크립트가 구 버전을 덮어쓰기 때문이다.

확장성

클라우드 서버에 코드를 자동으로 올리게 하였지만, 확장성은 있을까? 먼저 애플리케이션을 다이어그램화한 그림을 보겠다.

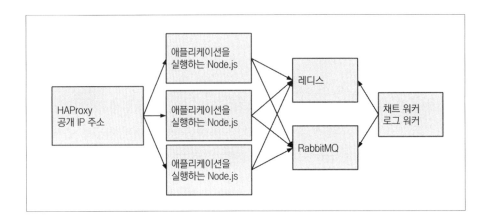

전면에 있는 사이트 주소가 HAProxy를 실행하는 서버다. 위 설정에서는 HAProxy를 실행하는 서버 한 개만 있으면 되고, 실제 운영할 때는 사이트의 정적 IP와 공용 DNS 레코드가 필요하다. HAProxy는 로드 밸런싱을 아주 잘 하고, 각 서버는 대량의 트래픽을 감당할 수 있다. 예를 들면 한 balanced DNS 레코드로 두 개의 서버를 실행할 수 있는데, 이 책에서 다룰 범위는 아니다.

HAProxy는 요청을 각 애플리케이션 서버에 전달한다. 이 서버들은 공용 DNS 레코드가 필요 없다. 애플리케이션 서버는 HAProxy 서버(및 SSH나 앤시블이 작동할 수 있는 컴퓨터)와 통신만 하면 된다. 각 애플리케이션 서버는 노드 인스턴스 한 개와 애플리케이션만 실행할 것이다. 앤시블이 여러 노드 인스턴스들을 실행하도록 설정할 수 있다. Node.js는 싱글 스레드 방식이므로 대부분의 컴퓨터가 한 번에 한 코어를 사용해서 쉽게 처리할 수 있다. start 스크립트와 HAProxy 컨피그를 수정하면 된다.

각 Node.js 인스턴스는 레디스와 연결된다. Node.js 인스턴스는 애플리케이션 계층의 state를 유지하기 때문에 이는 중요하다. 레디스는 (연결된 세션을 통해서)누가 로그인 했는지에 대한 정보와 방과 메시지(애플리케이션)를 저장한다. 애플리케이션 계층은 요청을 받아서 레디스에 현황을 물어보고, 응답을 보낸다. 이런 하이 레벨 관점은 Node.js나 Socket.io가 응답을 보낼 때 가능하다. 세션이 한 머신의 메모리에만 존재하면 다른 머신이 요청에 응답했을 때 어떤 사용자가 로그인했는지 알 수가 없다.

RabbitMQ는 로그에 사용된다. 레디스처럼 각 애플리케이션 서버는 자신의 연결을 직접 생성한다. 이는 RabbitMQ를 활용하지 못한 예제다. 하지만 예제를 만들어 볼 수는 있다.

지금 예제는 RabbitMQ를 이메일에 사용하고 있는데, 애플리케이션은 메일을 보내지 못하고 있다. 이메일은 리소스를 많이 사용한다. CPU 싸이클을 많이 차지하는 것이 아니라 응답할 서버가 필요하다는 뜻이다. HTTP 응답 시 이메일을 보내면 응답지연으로 인해 애플리케이션이 느려지거나 응답이 없을 수도 있다. 어떤 사람이 가입하거나 직접 채팅 메시지를 보낼 때(지금 이 기능은 없지만), 메일을 보낸다고 가정해보겠다. 우선 이메일 큐를 감시할 워커를 RabbitMQ에 만든다. 그리고 나서 이메일 큐에 메시지를 추가할 코드를 작성한다. 로그를 남기는 코드와 비슷하게 작성될 것이다. 각 애플리케이션 계층은 설계된 대로 작동만 하면 된다. 이메일 처리기를 빠르게 수정할 수도 있다. 이메일 워커를 중단하고 워커에 대한 배포 스크립트를 실행하면 된다.

마지막 애플리케이션 계층은 워커다. 워커 설정은 애플리케이션 계층과 Node.js, start, stop 스크립트 설정과 매우 비슷하다. 차이점은 워커는 RabbitMQ 큐 혹은 타임 인터벌time interval에 응답한다는 것이다.

확장성의 여러 가지 타입

확장성에는 수평과 수직 두 가지 타입이 있다. 어떤 타입이 애플리케이션 계층에 적용되는지 얘기해보겠다.

수평 확장

수평 확장은 응답할 서버를 늘리다는 의미다. 수평 확장은 실행하기 어렵지만 무한대로 확장할 수 있다. Node.js 웹 서버 계층은 수평적으로 확장한다. 애플리케이션 응답 속도가 지연되거나 느려지면 로드량을 처리할 인스턴스를 더 만들면 된다.

수평 확장 방법은 서버에 애플리케이션 상태를 저장하지 않는다. 요청에 대해 같은 서버가 응답하는지 알 수 없기 때문이다.

워커 계층은 수평으로 확장할 수 있다. 워커가 유지되지 않으면 더 많은 워커를 만들면 된다.

수직 확장

수직 확장은 확장하기 간편하다. 단점은 확장 크기에 제한이 있다는 것이다. AWS를 공급자로 사용하면 CPU 개수와 램의 GB 크기 최대치까지(현재 CPU 32개와 RAM 244GB 사용 중) 인스턴스를 만들 수 있다. 서버에 더 많은 리소스를 제공하기도 한다. HAProxy와 레디스, RabitMQ는 모두 수직 확장 가능하게 만들어졌다. 레디스 메모리가 부족하면 더 큰 인스턴스를 만들어서 레디스를 실행할 수 있다. 현재 AWS가 갖고 있는 최대 리소스량 정도면 매우 매우 큰 사이트를 만들지 않는 이상 한계에 도달하지는 않을 것이다.

모든 수직 서버는 수평적으로 확장 가능하다. 책에서 다룰 범위는 아닌 것이다. HAProxy는 상상 이상의 트래픽을 감당할 수 있다. 필요하면 순환식 DNS 개체에서 로드 밸런싱된 여러 개의 HAPRoxy를 실행할 수 있다. 레디스도 샤딩 _{sharding}을 할 수 있다. 샤딩은 요청 인자를 기준으로 요청을 나누는 것을 의미한다. RabbitMQ도 더 많은 요청을 처리하기 위해 클러스터링할 수 있다.

요약

AWS에서 인스턴스를 만들고 실행하는 방법을 배웠다. AWS를 사용하고 싶지 않으면 DigitalOcean이나 OpenShift 같은 클라우드 공급자를 사용하면 된다. 그리고 나서 애플리케이션을 설치하고 배포할 때 앤시블 스크립트를 만들면 된다. 마지막으로, 애플리케이션을 수평/수직 확장하는 법을 배웠다.

10장에서는 문제 해결 방법과 애플리케이션 디버깅에 대해 살펴본다.

10
디버깅과 문제 해결

이제 마지막 순서다. 빈 디렉터리로 시작해서 완전한 애플리케이션을 만들었다. 그 외 다른 것들을 애플리케이션에 추가하지는 않겠다. 만든 코드를 디버깅하고 메모리 누수를 찾는 방법을 알아보겠다. 다음은 10장에서 다루는 내용이다.

- 요청 검사
- 코드의 디버그 중단점 지정
- CPU 프로파일링profiling
- 메모리 누수 추적을 위한 힙 스냅샷

노드 패키지

여기서는 완전히 분리된 새로운 애플리케이션을 만들 것이다. 새로운 루트 디렉터리를 만들어야 한다. 의도적으로 이슈를 발생시키고 이슈를 조사할 것이다. 두 개의 노드 패키지를 도입하는데, 하나는 `node-inspector`이고 다른 하나는 `webkit-devtools-agent`다. 이 두 패키지를 devDependencies 안의 새로운 package.json에 추가하겠다. 테스트 용도로 작은 익스프레스 애플리케이션 예제를 만들겠다. 이 책을 쓰는 시점의 익스프레스 애플리케이션 버전은 다음과 같다.

- node-inspector: 0.7.4
- webkit-devtools-agent: 0.2.5
- express: 4.5.1

그다음에 `npm install`을 실행한다. `node-inspector`와 `webkit-devtools-agent`는 `npm install`에 `global` 플래그를 사용해서 전역으로 설치하는 것이 좋다. 전역으로 설치해야 지금 머신에 설치된 어떤 Node.js 애플리케이션이라도 디버깅할수 있다.

크롬 개발자 도구

10장에서는 구글 크롬(http://www.google.com/chrome)이 필요하다. 무료 다운로드이니, 지금 없으면 진행하기 전에 미리 설치해 놓겠다.

크롬 개발자 도구는 어떤 페이지의 HTML, CSS, 자바스크립트 상황에 대해 정확히 알려준다. 10장 후반에 자세히 다루기 전에 도구 쓰는 방법을 간략하게 설명한다. 먼저 할 일은 개발자 도구가 보이게 해 놓는 것이다. 가장 간단하게 웹페이지아무 데서나 마우스 오른쪽 버튼을 클릭을 하고 Inspect Element(요소 검사)를 누르면된다. 그러면 디폴트인 스크린 아래에 창이 생긴다. 창의 상단에는 8가지 탭이 있는데, 다음 그림과 같다.

Elements Network Sources Timeline Profiles Resources Audits Console

구글은 항상 크롬의 업데이트를 제작하고 있으며 이름과 순서, 기능이 언제든 바뀔 수 있다. 그렇지만 각 탭의 핵심 기능은 한 동안은 변하지 않을 것이다.

Elements

Elements 탭은 페이지에 있는 모든 HTML 요소를 보여준다. 마우스를 갖다 대면 페이지 내에서 해당되는 요소가 강조표시되고, HTML 요소를 클릭하면 오른쪽에 더 자세한 정보가 보인다. 부가적인 정보는 어떤 스타일이 적용됐고, 무시됐고, 실제 처리된 값은 무엇인지를 알려준다. 이번에 할 디버깅엔 Elements 탭을 쓰지 않지만 CSS 및 프론트엔드 문제 해결에는 필수적이다.

Network

Network 탭은 모든 요청을 보여준다. 탭이 비어 있으면 페이지 새로고침을 해야 된다. Network 탭을 열어야 요청이 확인된다. Network 탭에서 전체 로딩 프로세스를 확인할 수 있다. 첫 번째 요청은 HTML이다. 페이지에 따라서 여러 가지 CSS, 자바스크립트, 폰트 요청을 볼 수 있다. Network 탭에서 얻을 수 있는 정보는 많다. 먼저 HTTP 메소드, HTTP 상태 코드, HTTP 타입, 요청의 출처, 파일의 캐시 여부, 요청 시간을 알 수 있다. 각 요청을 클릭하면 더 세세한 정보를 확인할 수 있다. 요청과 응답 헤더, 로우 응답raw response, 쿠키 집합을 볼 수 있다. 각 특징에 대해서는 나중에 살펴본다. 네트워크는 요청을 확인할 때 매우 유용하다. 예를 들어 Ajax 호출을 할 때 필요하다. Network 탭은 호출 문제를 해결할 때 필요한 요청 정보에 대해서 로그를 남긴다.

Sources

Sources 탭에서 많은 시간을 보낼 것이다. 그러므로 소개 부분에서는 간단하게 넘어가겠다. 페이지에 로딩된 자바스크립트 소스가 모두 Sources 탭에 있다. 그러면 중단점을 설정해서 디버깅을 시작하고, 다음 함수가 호출되는 지점으로 갔다가(step in), 함수에서 나오거나(step out), 함수의 각 라인을 살펴볼 수 있다(step over). node-inspector 패키지는 브라우저상뿐만 아니라 서버상 자바스크립트에서 구현할 수 있게 해준다.

Timeline

Timeline은 이벤트와 데이터를 캡처하는 세 가지 방식이 있다. 다음 그림과 같다.

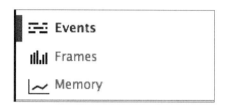

타임라인은 데이터가 발생하는 시점을 캡처해서, 나중에 확인할 수 있다. Events는 페이지 내 이벤트가 자바스크립트 이벤트이거나 네트워크, 렌더링 및 설계이든지 상관없이 모든 이벤트를 캡처한다. Events는 이벤트가 얼마나 오랫동안 그리고 어떤 순서로 발생하는지 추적한다. 이전에는 이러한 정보를 얻을 수 없었다. Frames는 애니메이션에 적합하다. Frames는 각 프레임 렌더링에서 무슨 일이 벌어지는지 분석해준다. 애플리케이션이 60fps 속도로 렌더링하지 않는 이유를 추적할 때 유용하다. 마지막으로, Memory는 힙과 힙에 저장된 내용의 요약 정보를 추적한다. 요약 정보는 문서, HTML 요소, 리스너가 포함된다. 요약 정보는 거의 쓰지 않을 것이다.

Profiles

Profiles은 타임라인이 제공하지 않는 자세한 메모리 정보를 뜻한다. 힙 스냅샷으로 힙에 있는 모든 객체를 조사할 수 있다. Profiles은 여러 개의 스냅샷을 찍고 비교할 수 있게 한다. 이는 10장 후반에서 다룬다. 힙 스냅샷뿐 아니라 힙 할당 기록과 할당됐을 때 힙의 변화를 알 수 있다. 힙 스냅샷과 힙 할당은 메모리 누수를 확인하기 위해 필수적이다.

마지막으로, Profiles엔 CPU를 많이 쓰는 함수를 찾아 내는 CPU 프로파일링 기능이 있다. 이 기능은 10장 후반에 다룬다.

Resources

Resources 탭은 브라우저가 로컬에서 추적하는 모든 항목들을 나열한다. 이는 쿠키, 로컬 저장소, 웹 SQL, 애플리케이션 캐시에 있는 모든 것을 의미한다. Resources 탭은 '1장, 익스프레스를 사용한 백엔드 개발'과 '9장, 배치와 확장성'에서 쿠키가 설정된 것을 보여주기 위해 사용했었다. 이 저장소들을 사용하는 무언가를 만들 때 Resources 탭은 매우 유용하다. 리소스도 지금은 다루지 않겠다.

Audits

Audits 탭은 기본적으로 성능 최적화 검사기이다. 검사기는 현재 로딩된 페이지를 검사해서 페이지가 더 효율적이고 높은 성능을 낼 수 있는 방법을 알려준다. 옵션과 추천은 설명을 생략해도 괜찮으니 더 이상 다루지 않겠다.

Console

마지막 탭은 Console이다. Console은 `console.log`에서 자주 참조된다. `cosole.log`에 전송된 로그는 모두 콘솔에 보인다. alert 창을 쓰는 것보다 콘솔 로그를 사용하는 것이 더 좋다. 어떤 객체를 디버깅할 때, 콘솔은 객체의 속성들을 펼쳐서 자세히 들여다 보게 하지만, alert는 object Object만 보여준다.

콘솔에서 자바스크립트를 직접 실행할 수도 있다. REPL 콘솔을 사용하면 된다. 코드가 어떻게 수행되는지 테스트할 수 있다. 코드는 전역 범위에서 실행된다는 것을 기억해야 한다. 클로저에 숨어있는 함수나 변수 혹은 즉시 실행 함수 `immediately invoked function`에는 접근권한이 없다는 뜻이다. 대부분의 자바스크립트 라이브러리는 전역 범위 변수를 최소한으로 줄이려고 한다. 범위에 따른 변수들을 어떻게 확인하는지 10장 후반에서 다룬다.

크롬이 제공하는 각 개발자 도구를 살펴보았다. 각 도구는 간략하게만 설명했다. 지금 다루지 못했지만, 도구로 쓸 수 있는 옵션과 예제가 많이 있다. 브라우저상에서 자바스크립트 동작 상황을 알고 싶을 때 크롬 도구를 쓰면 된다.

요청 분석

HTTP는 요청 기반이다. 브라우저가 요청을 만들고 웹 서버는 응답 객체로 응답한다. 이러한 상호 작용은 모든 브라우저 상에서 합당한 이유로 사용자들로부터 숨겨져 있다. 애플리케이션을 개발할 때, 이런 상호작용을 살펴봐야 한다. 이를 위해 크롬의 Network 탭을 사용한다.

이제 새로운 첫 번째 애플리케이션을 만들기 위해 requests란 디렉터리를 만든다. requests는 프로젝트의 루트 폴더다. 먼저 베이직 익스프레스 서버를 사용한다. 익스프레스 서버 사용 코드는 익스프레스의 API 문서에 있다. 'hello world'를 만드는 것처럼 가장 기본적인 코드다. app.js 파일을 만들어서 다음 코드를 추가한다.

```
var express = require('express');
var app = express();

app.get('/', function(req, res){
  res.send('hello world');
});

app.listen(3000);
```

크롬 개발자 도구를 열어서 Network 탭을 연다. 그다음에 http://localhost:3000 를 클릭하면 다음 그림을 볼 수 있다.

Name Path	Method	Status Text	Type	Initiator	Size Content	Time Latency	Timeline
localhost	GET	200 OK	text/html	Other	197 B 11 B	5 ms 4 ms	

웹 개발자로서 필요한 정보를 잘 요약해 놓았다. 이제 메소드, 상태, 요청 시간을 금방 확인할 수 있다. 페이지에서 Ajax 요청을 하면 각 요청은 위 정보들을 갖고 있다. 5년 전까지만 해도 이런 정보를 얻기는 쉽지 않았다.

실제 요청을 클릭하면 요청과 응답 헤더를 확인할 수 있다. 어떤 헤더가 전송되고 어떤 헤더를 수신했는지 쉽게 확인할 수 있어 매우 유용하다.

이제 정보를 바꿔보겠다. 헤더를 추가하고 상태 코드를 바꿔보겠다. 응답을 다음과 같이 수정한다.

```
app.get('/', function(req, res){
  res.set('Important-Header', 'test-value');
  res.send(500, 'hello world');
});
```

코드를 인위적으로 바꿔서 수행했지만 브라우저가 서버 교환하는 것을 볼 수 있게 해준다. Network 탭은 아래 그림과 같이 보인다.

Name Path	Method	Status Text	Type	Initiator	Size Content	Time Latency	Timeline		
								10 ms	15 ms
localhost	GET	500 Internal Se	text/html	Other	243 B 11 B	14 ms 14 ms			

네트워크 요청을 클릭하면 새로운 상태 코드로 바뀐 것을 확인할 수 있다.

```
▼ Response Headers        view source
   Connection: keep-alive
   Content-Length: 11
   Content-Type: text/html; charset=utf-8
   Date: Mon, 07 Jul 2014 03:00:34 GMT
   ETag: W/"b-222957957"
   Important-Header: test-value
   X-Powered-By: Express
```

Ajax 요청 예제를 따라해 보는 것으로 마무리 짓겠다. 먼저 500 상태 코드를 아래처럼 응답에서 지운다.

```
res.send('hello world');
```

그런 다음 Ajax 요청에 대한 POST 라우트를 만든다. app.js의 GET 라우트 바로 밑에 다음 메소드를 추가한다.

```
app.post('/', f unction(req, res){
  res.send('<h1>POSTED</h1>');
});
```

Node.js와 페이지를 재로딩한다. 다음 코드를 복사해서 자바스크립트 콘솔에 붙여 넣는다.

```
var xhr = new XMLHttpRequest();
var data = new FormData();
data.append('test', 'test-value');
xhr.open('POST', '/', true);
xhr.send(data);
```

위 코드는 간단한 폼을 붙여서 보낸 비동기 XML HTTP 요청(Ajax의 첫 번째 A와 X)이다. **Network** 탭으로 가보면 요청이 로그에 기록된 것을 볼 수 있다.

localhost	POST	200 OK	text/html	Other	168 B 6 B	3 ms 2 ms

방금 만든 요청과 매우 비슷해 보인다. 만든 요청을 클릭해서 헤더를 살펴보겠다. 헤더는 내용 형식이 `multipart/form-data`이고, 설정한 요청 합계를 보여준다. 또한 렌더링된 응답과 로우 응답을 볼 수 있다. 미리보기는 브라우저가 응답을 렌더링한 방식을 보여주고 응답Response은 로우 응답을 보여준다. 이 정보는 아웃풋 output을 확인해야 할 때 매우 유용하다. 예를 들면, 개발 중에 서버 에러가 생겨서 응답에 스택 흔적이 있을 때를 말한다.

자바스크립트와 관련해서 주의해야 할 점은 Ajax 요청이 완전히 처리된 것은 아니라는 점이다. 요청을 시작하긴 했지만, 응답의 상태 변화에 대한 리스너는 설정하지 않았다. 지금까지 본 것은 크롬이 추적해낸 것이다. 아직 작성하지 않은 세 개의 계층 아래 자바스크립트 코드가 있고 페이지에서 Ajax 요청을 만들어 낸다면 이 코드를 따라 가면 된다.

 XMLHttpRequest와 FormData를 사용할 때 주의할 점이 있다. 각 브라우저는 독특한 방식으로 이 객체들을 처리한다. FormData의 경우 어떤 브라우저는 지원하지 않는다. 돌아올 응답이 중요하면 XMLHttpRequest에 코드가 더 추가되어야 한다. 지금 크롬 최신 버전을 사용하고 있으므로 XMLHttpRequest와 FormData는 잘 작동할 것이다.

jQuery는 여러 브라우저를 지원하므로 이런 점에서 가치가 있다.

간단하게 요청 분석 방법에 대해 알아봤는데 모든 웹 개발자가 문제 해결을 할 때 필요한 주요 기능들을 살펴봤다. 개발자 도구는 디버깅 소요 시간을 몇 시간 줄여준다. 요청이 어떤 헤더와 페이로드로 만들어졌는지 확인하는 것은 항상 필요한 정보다.

디버깅

중단점breakpoint은 개발자에게 매우 유용하다. `console.log()`를 사용하는 것보다 훨씬 더 유용하다. 프론트와 백엔드에 어떻게 중단점을 만드는지 살펴보겠다.

프론트엔드 디버깅

첫 번째는 프론트엔드 디버깅이다. 디버깅할 자바스크립트부터 우선 만들어야 한다. static이란 디렉터리를 만들고 그 안에 debug.js란 파일을 만들겠다. debug.js에 들어갈 코드는 다음과 같다.

```
(function(){
  var body = document.body;
  (function(){
  var div = document.createElement('div');
```

```
  body.appendChild(div);
  })();

})();
```

스스로 호출하는 두 함수(범위를 다르게 하기 위해)가 페이지에 div를 만든다. 특이한 것은 없다. 그리고 응답에 스크립트를 만들어서 넣어야 한다. app.js를 열어서 다음 코드를 추가하거나 수정하겠다.

```
var express = require('express') ;
var app = express();

app.use(express.static(__dirname + '/static'));
app.get('/', function(req, res){
  res.set('Important- Header', 'test-value');
  res.send('hello world<script src="/debug.js"></script>');
});

app.post('/', function(req, res){
  res.send('<h1>POSTED</h1>');
});

app.listen(3000);
```

app.js를 매우 빨리 지저분하게 만들었다. 정식 HTML은 아니지만 크롬은 처리할 수 있다. Node.js와 크롬을 재로딩하겠다. 개발자 도구를 열어서 Sources 탭을 열고 localhost:3000을 펼쳐본다. 그러면 다음 그림과 같이 새로운 자바스크립트 파일을 발견할 수 있다.

debug.js를 클릭하면 새로운 창에 로딩된다. 라인 넘버를 클릭해 4번째 줄에 중단점을 만들 수 있다. 중단점이 생기면 파란색 화살표가 표시된다.

```
    debug.js ×
1   (function(){
2     var body = document.body;
3     (function(){
4       var div = document.createElement('div');
5       body.appendChild(div);
6     })();
7
8   })();
9
```

페이지를 재로딩하면 처리가 3번째 줄에서 끝난다. 3번째 줄부터 디버깅을 시작하고, 다음 함수가 호출되는 지점으로 갔다가(step in), 함수에서 나오거나(step out), 함수의 각 라인을 살펴볼 수 있다(step over). 다음 그림을 참고한다.

개념이 잘 이해가 되지 않으면 https://developer.chrome.com/devtools/ docs/ javascript-debugging에 있는 구글 디버깅 문서를 참고한다.

첫 번째 라인을 살펴보면 Scope Variables 아래에서 각 범위를 확인할 수 있다. Local, Closure, Global이 있을 것이다. 참조되는 변수들은 해당 범위에 있다. 각 객체를 펼쳐서 프로퍼티와 메소드를 확인할 수 있는데 다음 그림을 참고한다.

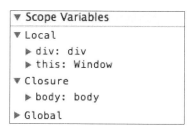

특정 프로퍼티를 찾을 때 Watch Expressions를 사용해서 빠르게 확인할 수 있다. 페이지 수행을 재시작하고 Elements를 클릭한다. 그러면 body의 마지막에 빈 div가 추가된 것을 확인할 수 있다.

페이지를 다시 재로딩하면 중단점에서 멈추고 5번째 라인으로 가게 된다. 이제 Console 탭을 클릭한다. 콘솔에서 다음 코드를 입력한다.

```
div.id = 'console-test';
```

Sources로 돌아와 수행을 재시작한다. 마지막으로, Elements에 가면 이제 div가 console-test란 ID를 갖고 있는 것을 확인할 수 있다. 이는 디버깅할 때 콘솔이 전역이 아니라 중단점까지 수행하는 것을 알 수 있다. 페이지가 로딩되고 나서 콘솔에서 코드를 실행하면 div가 전역범위에 속하지 않으므로, 참조 에러가 발생한다. 모든 버그 가능성을 일일이 검사하지 않는 방식이 더 가치 있다고 볼 수 있다.

 크롬은 Pretty Print를 사용해서 코드를 인간이 읽을 수 있게 다시 만들어주기 때문에 축소된 코드를 디버깅하는 것이 더욱 쉽다. 축소된 코드를 소스맵으로 소스코드처럼 보이게 할 수도 있다. Grunt의 grunt-concat-sourcemap을 사용해서 소스맵을 자동으로 만들 수도 있다.

백엔드 디버깅

프론트엔드를 디버깅하는 것은 크롬이 서버에서 자바스크립트를 로딩해서 파싱하고 컴파일해주기 때문에 쉽다. 브라우저가 이미 해주고 있는 것이다. Node.js에서 실행되는 자바스크립트는 어떻게 디버깅할 것인가? node-inspector를 사용하면 된다. node-inspector는 로컬에 설치돼 있거나 다음 커맨드로 전역에 설치할 수 있다.

```
npm install -g node-inspector
```

node-inspector가 설치되면 위 커맨드를 실행해서 애플리케이션을 디버깅할 수 있다. 지금 Node.js 서버를 멈추고 node-inspector를 작동해보자.

node-debug app.js

크롬이 디버깅하기 위해 탭을 열 수도 있다. 탭이 열리지 않으면 http://localhost:8080/debug?port=5858에 접속해서 디폴트로 디버거와 연결할 수 있다. 로딩되는 페이지는 크롬에서 사용할 수 있는 전체 개발자 도구의 한 부분이다. 페이지에는 **Sources**와 **Console**이 있다. 생각해보면 이 두 개만 있어도 된다. DOM이나 네트워크는 없으므로 필요하지 않다.

7번째 줄에 중단점을 설정하겠다. 다른 탭에서 애플리케이션을 로딩하면 중단할 것이다. Node.js를 디버깅하는 것은 프론트엔드 자바스크립트를 디버깅하는 것과 똑같다. 같은 도구와 레이아웃이 있다. 코드를 살펴보고, 현재 범위에서 참조되고 있는 변수를 찾고, 아무 node_module 코드나 로딩해서 중단점을 설정할 수 있다.

코드가 중단점에서 중단되면, **Console** 탭으로 이동한다. 그리고 다음 코드를 콘솔에서 실행한다.

```
res.set('console-test', 'test');
```

코드를 수행한 후에 디버깅 툴로 코드를 재수행하겠다. 사이트를 로딩하고 있는 탭으로 이동해서 **Network** 탭을 살펴보겠다. **Network** 탭에 console-test: test라는 새로운 응답 헤더가 보일 것이다. 프론트엔드와 같은 방식으로, 중단된 범위 내에서 코드를 수행할 수 있다.

디버깅 요약

node-inspector는 크롬 개발자 도구를 사용해서 Node.js에서 실행되고 있는 코드를 디버깅하게 해준다. 이는 매우 유용하다. 크롬으로 자바스크립트를 디버깅하고 있었다면, node-inspector의 강점을 알게 됐을 것이다. 어떤 자바스크립트 디버거도 사용하고 있지 않다면, 크롬과 node-inspector가 디버깅을 도와줄 것이다.

애플리케이션 CPU 프로파일링

다음 문제 해결 방법은 CPU 프로파일링이다. CPU 프로파일링은 어떤 함수가 CPU를 많이 쓰는지 알려준다. 이를 위해 `webkit-devtools-agent`를 사용한다. 도구 설정은 디버깅보다 조금 더 복잡하다.

먼저 할 일은 모듈 참조 코드를 넣는 것이다. app.js를 열어서 아래 코드 중 강조된 부분을 상단에 넣는다.

```
var agent = require('webkit-devtools-agent');
var express = require('express');
var app = express();
```

기본적으로 할 일은 위 코드를 넣는 것이 전부다. 실제 운영할 코드였다면 개발 중인지 아닌지 확인하고 나서 모듈을 로딩했을 것이다. 이번에는 우선 node를 실행하겠다.

다음 단계는 프로세스 실행 중인 node에 USR2 시그널을 전송하는 것이다. 시그널은 프로세스를 알리는 한 방식이다. 일반적인 시그널은 TERM인데 프로세스에게 작업을 중지하고 종료하라는 지시를 내린다. USR2는 사용자가 정의한 시그널이다. 시그널을 받으면 개발자가 알아서 처리한다는 뜻이다. Webkit-devtools-agent는 USR2를 받으면 디버깅을 시작한다. 디버깅은 커맨드 몇 개로 시작할 수 있다. `pgrep` 커맨드가 실행 가능하면 사용할 수 있다. 터미널을 또 하나 열어서 다음 커맨드를 실행한다.

```
pgrep node
```

이 커맨드는 node의 PID(프로세스 ID)를 반환한다. `pgrep`가 시스템에 없으면 다음 커맨드를 사용하면 된다.

```
ps -A | grep -m1 'node app.js' | awk '{print $1}'
```

이 커맨드는 pgrep와 같은 일을 수행한다. 전체 프로세스를 나열하고 서버를 시작한 커맨드에 grep을 사용하고 PID를 출력하는 것으로 마무리한다.

두 커맨드 중 하나와 `kill` 커맨드를 파이프로 연결해서 프로세스에 시그널을 보낼 수 있다. 리눅스가 실행되고 있으면 `kill -SIGUSR2`을 수행하고, 맥 OS X은 `kill -USR2`를 수행한다. 맥 OS X에서 실행되는 두 커맨드는 다음과 같다.

```
pgrep node | xargs kill -USR2
ps -A | grep -m1 'node app.js' | awk '{print $1}' | xargs kill -USR2
```

`xargs` 커맨드는 파이프로 들어온 명령어를 받아 들이고 다음 커맨드에 인자로 사용한다. 노드가 로딩된 `webki-devtools-agent` 모듈로 실행되고 있으면, 노드 터미널에서 다음 그림과 같은 결과를 볼 수 있다.

```
webkit-devtools-agent: Spawning websocket service process...
webkit-devtools-agent: A proxy got connected.
webkit-devtools-agent: Waiting for commands...
webkit-devtools-agent: Websockets service started on 0.0.0.0:9999
```

USR2 시그널을 다시 보내면 에이전트agent를 종료할 것이다. 그다음 단계는 http://c4milo.github.io/node-webkit-agent/26.0.1410.65/inspector.html?host=localhost:9999&page=0를 브라우저에 로딩하는 것이다. 모두 제대로 동작했으면 크롬 개발자 도구가 보일 것이다. 실제로 쓸 수 있는 탭은 **Profiles** 탭이다. **Collect JavaScript CPU Profile**(자바스크립트 CPU 프로파일 수집)을 선택하겠다. 라디오 버튼이 선택된 것을 확인하고 페이지 하단의 **Start** 버튼을 클릭하겠다. 그리고 나서 사이트를 몇 번 재로딩하겠다. 마지막으로, **Stop** 버튼을 클릭한다. 왼쪽 칼럼에서 **CPU PROFILES** 아래 아이템이 있는 것을 볼 수 있다. 프로세스 처리에드는 시간의 퍼센트 단위를 분석할 수 있다. 이 예제에서는 애플리케이션이 CPU를 많이 쓰지 않기 때문에 거의 아무것도 하지 않은 것으로 보인다. 이제 이것을 바꿔보겠다.

app.js에서 `CPUWaster`라는 새로운 함수를 만들고 GET 라우트의 루트에서 실행해보겠다. `CPUWaster`는 다음과 같다.

```
function CPUWaster(){
  var j;
  for(var i=0; i < 10000000; i++){
    j = Math.sqrt(Math.pow(i, i));
```

```
  };
}

app.get('/', function(req, res){
  CPUWaster();
  res.set('Important-Header', 'test-value');
  res.send('hello world<script src="/debug.js"></script>');
});
```

CPUWaster는 루프를 천만 번 돌고 제곱된 카운터의 제곱근을 갖는다. CPU를 낭비하는 함수다. 응답과 비동기적으로 발생한다는 점에 주의하라. 예제를 실행해도 CPU가 루프를 계속 처리할 것이다.

노드를 정지하고 재시작한다. **Profiles** 탭은 타겟에서 분리된Detached from the target 메시지를 보여줄 것이다. 그러면 새로운 프로세스를 만들었으므로 시그널을 재전송하고 프로파일 탭을 재로딩한다.

모두 재로딩된 후에 CPU 프로파일을 재시작하고 루트 페이지를 10~20번 로딩한다. 프로파일에 제2의 함수인 CPUWaster가 있을 것이다. 실제 퍼센트는 다양하지만 CPUWaster가 약 25~35%를 차지하는 것을 알 수 있다. 함수 이름, 파일, 라인 넘버도 보일 것이다. 이는 다음 그림과 비슷하게 보인다.

Self ▼	Total	Aver...	Calls	Function	
64.85%	64.85%	64.85%	0	(program)	
34.98%	34.98%	34.98%	0	▶ CPUWaster	/Users/jjohanan/django/finalChapters/debug/requests/app.js:7

10장의 다른 예제들처럼 이 함수는 매우 인위적이지만, 확실하게 보여준다. CPU 점유는 Node.js에서 이벤트 루프를 만들어 놓았듯이 문제를 발생시킬 수 있다. 이는 Node.js가 다른 클라이언트들을 받지 못하게 하거나 요청 생성 속도를 매우 느리게 한다. 속도 저하나 CPU 점유를 알아내는 도구도 있다. CPU를 많이 쓰는 태스크를 꼭 수행해야 할 때는 프로세스를 다른 곳으로 넘기는 메시지 큐 시스템을 사용하면 된다.

힙 스냅샷 생성

자바스크립트에서 힙 스냅샷에는 가비지 컬렉터가 처리하지 않은 객체들이 있다. 이는 메모리 누수를 측정하기에 딱 좋다. '6장, 바우어를 사용한 프론트엔드 의존성 관리'에서 잠시 메모리 누수를 설명했다. 이제 백엔드와 프론트엔드에서의 메모리 누수는 어떠한지 알아보기 위해 메모리 누수를 만들어 보겠다.

먼저 Node.js에 메모리 누수를 만들어 보겠다. leak.js란 파일을 만들고 다음 코드를 추가한다.

```
var agent = require('webkit-devtools-agent');
var express = require('express');
var app = express();
var http = require('http');
var server = http.createServer(app);

server.setMaxListeners(1000000);
app.use(express.static(__dirname + '/static')) ;

app.get('/', function(req, res){
  //no-op listener
  for(var k=0; k < 1000; k++){
    server.on('request', function(e){var t = express;});
  }
  res.set('Important-Header', 'test-value');
  res.send('hello world<script src="/debug.js"></script>');
});

server.listen(3000);
```

위 코드는 app.js와 매우 비슷하다. app.js와 차이점은 각 GET 요청이 서버의 요청 이벤트에 1000개의 이벤트 리스너를 추가한다는 점이다. 리스너를 그냥 추가하는 것보다 안 좋은 것은 각 리스너가 클로저를 만드는 익명의 함수라는 것이다. 리스너로 익명 함수를 추가하면 함수를 참조할 수 없기 때문에 제거하는 것이 매우 어렵다. 클로저는 유용한 방법이지만 위험하기도 하다. 주의하지 않으면 가비지 컬렉터가 수집할 수 없는 객체를 만들기도 한다.

위 코드를 실행하기 위해 Node.js를 실행하고, USR2 시그널을 보내고 크롬에 프로파일링 도구를 로딩하겠다. 이번에는 Take Heap Snapshot(힙 스냅샷 찍기)을 CPU 프로파일링 대신 선택하겠다. 라디오 버튼을 선택한 후 Start 버튼을 누르겠다. 스냅샷을 클릭하면 여러 타입의 오브젝트들이 있는 것을 볼 수 있다. 지금 스냅샷 크기는 7.2MB이다. 크롬이 로딩하는 익스텐션에 따라서 크기는 더 커질 수 있다. 지금은 메모리 사용량을 확인하고 싶기 때문에 실제 스냅샷 크기는 중요하지 않다. 오른쪽의 테이블이 7.2MB가 어떻게 사용됐는지에 대한 정보를 보여준다. 다음 그림과 같다.

Constructor	Di...	Objects Count		Shallow Size		Retained Size ▼	
▶ Object	2	529	1%	16 248	0%	5 835 520	77%

첫 번째 칼럼은 로우가 요약하고 있는 객체의 타입을 보여준다. 예제에서는 통합된 객체를 보여준다. 그다음은 길이$_{distance}$이다. 길이는 가비지 컬렉터 루트에서 얼마나 떨어졌는지를 뜻한다. 그다음은 객체 개수고 설명은 생략한다. 그다음은 Shallow Size이다. Shallow Size는 객체가 차지하는 메모리 크기를 뜻한다. 마지막으로 Retained Size가 있다. Retained Size는 가비지 컬렉터가 객체들을 수집하고 나서 해제되는 메모리 크기를 뜻한다. 객체가 다른 객체를 참조하고 있으면 해제 공간이 더 커진다. 참조는 가비지 컬렉터가 참조 대상인 객체(the other object)를 수집하는 것을 막아준다. 이번 예제에서는 첫 번째 로우를 선택했는데 529개의 객체들이 메모리의 77퍼센트를 차지한다.

메모리 누수 탐지는 이전 스냅샷과 방금 찍은 스냅샷으로 작업하는 과정을 포함한다. 탐지하기 위해서 브라우저에 루트 페이지를 로딩하겠다. 그다음에 스냅샷을 찍고 무엇이 바뀌었는지 확인하겠다. 메모리 누수가 없으면 보유된$_{retained}$ 객체들이 없어야 한다. 객체들이 더 있으면, 탐지할 때 무언가 참조되고 있기 때문이다. '6장, 바우어를 사용한 프론트엔드 의존성 관리'에서 썼던 말을 반복하면, 이벤트 리스너가 메모리 누수의 주요 원인이고, 이 예제에서의 원인도 이벤트 리스너다. 한 번 확인해보겠다.

브라우저에 사이트를 세 번 로딩한다. 그리고 나서 개발자 도구에 들어가 왼쪽 하단에 있는 레코드 버튼을 눌러 힙 스냅샷을 찍어보겠다.

스냅샷 크기는 점점 커지는데, 이는 별로 좋지 않은 현상이다. 메모리가 점점 커지는 게 괜찮은 경우도 있다. 예를 들어, 데이터베이스 연결을 레이지 로드lazy load하는 경우가 있다. 첫 스냅샷은 연결에 할당된 메모리를 포함하지 않는다. 그러면 요청이 더 많은 메모리를 할당하면서 데이터베이스 연결을 로딩할 수 있다. 하지만 각 요청이 점점 더 많은 메모리를 할당하면 안 된다. 리소스가 한 번 로딩되고 나서 더 이상 메모리를 차지하면 안 되기 때문이다.

전체 스냅샷에서 메모리 누수를 찾는 것은 불가능하다. 이전과 현재 스냅샷을 비교하면서 무엇이 바뀌었는지 확인해야 한다. 페이지 하단에 Summary의 드롭다운 메뉴가 있다. Summary을 클릭하고 Comparison으로 바꾸겠다. 스냅샷이 더 있었으면 어떤 스냅샷과 비교할지 선택할 수 있지만 스냅샷이 두 개면 서로 비교하면 된다.

비교 보기comparison view를 하면 칼럼이 바뀐다. Delta라는 칼럼이 있다. Delta는 두 스냅샷에서 카운트 수의 차이를 보여준다. 칼럼 헤더를 클릭하면 테이블이 Delta를 기준으로 내림차순으로 정렬된다. 이는 메모리 누수를 확인할 때 보기 편하게 해준다. 객체들 중에서 가장 큰 변화가 있었던 객체가 어디에 있었는지 알 수 있다. 예제에서는 3028델타인 클로저를 보여준다.

그다음엔 로우와 첫 번째 객체를 펼쳐 볼 수 있다. 이를 펼치면 객체가 익스프레스와 서버 변수에 의존하는 익명 함수라는 것을 알 수 있다.

▼ (closure)	3 031	3	+3 028	218 232	216	+218 016
▼ function() @98237	•			72		
▶ express :: function cre						
▶ server :: Server @6262						
▶ shared :: (shared func						
▶ 64 :: function() @1039						
▶ __proto__ :: function						

아래 테이블은 보유 트리_{retaining tree}를 가진 객체의 리스트를 보여준다. 보유 트리
는 조사 중인 오브젝트를 참조하는 객체의 리스트다. 예제에서는 다음 그림처럼
서버 객체의 _events에서 만든 요청에서의 Array를 보여준다.

```
Object's retaining tree
Object
▼ [1386] in Array @98461
  ▼ request in @62623
    ▶ _events in Server @62621
```

이것이 바로 메모리 누수 지점이다. 각 요청에 1000개의 리스너를 추가하고 3번
의 요청을 했었다. 예제는 약 3,000여개의 클로저들의 델타를 잘 보여주고 있다.
실제 운영에서는 이렇게 쉽게 메모리 누수를 추적할 수 없을 것이다. 메모리 누수
탐지는 가비지 컬렉터에 의해 수집됐어야 할 객체의 힙을 찾는 것이다. 메모리 누
수 탐지는 어떤 객체가 힙에 있어야 하는지 알려 준다.

메모리 누수를 방지하는 방법 중에 익명 함수를 최대한 적게 쓰는 방법이 있다. 각
객체에 이름이 있으면 객체를 추적하는 게 수월할 것이다. 대부분의 경우, 메모리
누수가 생길 때마다 1,000개의 객체가 추가되지는 않는다. 매우 적게 혹은 1개 정
도의 객체가 추가된다. 몇 천 번의 메모리 누수가 일어나야 검색할 정도의 데이터
가 생성된다는 뜻이다.

프론트엔드 메모리 누수

프론트엔드 메모리 누수는 문제가 아니다. 예전으로 돌아가면 웹 페이지는 한 번
방문할 때마다 여러 번 페이지를 재로딩해야 했다. 재로딩은 메모리 누수를 초기
화한다.

최근에는 싱글페이지 애플리케이션(우리가 만든 애플리케이션 같은)들이 많아서 한 사용자가 여러 번 방문해도 페이지가 재로딩되지 않는다. 이로 인해 메모리 누수량이 커지고 문제가 발생한다.

이제 프론트엔드에서 메모리 누수를 발생시켜 보겠다. 같은 서버를 사용해서 정적 자바스크립트 파일을 만들겠다. static/feleak.js 파일을 만들고 다음 코드를 추가한다.

```
var badArray = [];
var body = document.body;

function createLeak(){
  var div = document.createElement('div');
  body.appendChild(div);
  div.addEventListener('click', function(){body.innerText='HEY!';});
  badArray.push(div);
  body.removeChild(div);
}

function bigLeak(){
  for(var i=0; i<10000; i++){
    createLeak();
  }
}
```

이 코드는 매우 악랄하게 누수를 발생시킨다. 생성된 div에 대한 레퍼런스를 유지할 뿐만 아니라 각 div에 대한 클로저도 유지하고 있다. 이제 이 스크립트를 페이지에 로딩하겠다. leak.js의 GET 라우트를 다음과 같이 수정한다.

```
app.get('/', function(req, res){
  res.set('Important-Header', 'test-value');
  res.send('hello world<script src="/feleak.js"></script>');
});
```

이제 브라우저에 페이지를 로딩하고 크롬에 내장된 프론트엔드 도구를 사용하겠다. 페이지 로딩 후 개발자 도구를 열어서 Profiles 탭으로 가 보겠다. Take Heap Snapshot(힙 스냅샷 찍기)을 선택하고 Take Snapshot(스냅샷 찍기)를 클릭한다. 첫 번째 스냅샷 크기는 매우 작아서 2MB 정도 될 것이다. 어떤 익스텐션이 로딩되느냐에 따라서 더 커질 수도 있다. 이제 누수를 발생시킨다. Console을 클릭해서 다음 코드를 서너 번 실행시킨다.

```
bigLeak()
```

또 스냅샷을 찍는다. 이번 스냅샷 크기는 몇 메가바이트가 더 추가돼 있을 것이다. Summary 탭에서 Comparison 탭으로 뷰를 바꾸면서 무엇이 바뀌었는지 알 수 있다. 아까 했던 것과 마찬가지다. 스냅샷들 간에 생성된 객체들로 정렬하면 배열 array, 클로저closure, HTMLDivElement, 분리된 DOM 트리를 상단에서 확인할 수 있다. 다음 그림과 비슷하게 보일 것이다.

Comparison ▼ Class filter			Snapshot 1 ▼		
Constructor	# New ▼	# Delet...	# Delta	Alloc. Size	Freed Size	Size Delta
▶ (array)	62 282	544	+61 738	2 451 860	66 988	+2 384 872
▶ (system)	34 466	1 800	+32 666	326 584	30 460	+296 124
▶ (closure)	32 226	926	+31 300	1 160 136	33 336	+1 126 800
▶ Object	30 187	76	+30 111	485 832	2 240	+483 592
▶ HTMLDi...	30 001	0	+30 001	600 016	0	+600 016
▶ Detache...	30 000	0	+30 000	0	0	0

배열은 각 div에 대해서 레퍼런스를 유지하고 있다. div를 DOM에서 제거한다고 해도 계속 남아있게 된다. 이것을 분리된 DOM 트리라고 한다. 분리된 DOM은 좋지 않다. 분리된 DOM은 요소를 제거했지만 계속 참조되고 있는 상황을 뜻한다. 클로저는 클릭 리스너가 외부 범위의 변수를 참조하고 있기 때문에 유지되고 있다. 각 리스너는 익명 함수이기 때문에 클로저를 갖고 있다.

대부분의 경우, 큰 메모리 누수를 경험하지 않을 것이다. 제거되지 않은 레퍼런스 하나가 메모리 누수의 전부다. 예를 들어, jQuery를 사용할 때 여러 요소를 선택하고 잊어버리기 쉽다. 요소를 제거하거나 대체해도, 메모리상에 유지되고 있는 것이다. 메모리 누수는 잘못된 클로저 관리에 기인하기도 한다. 자바스크립트는 여러 범위에 있는 변수들을 참조할 수 있게 한다. 함수가 남아 있으면 함수에 사용된 변수의 다른 범위들도 계속 살아있게 된다.

`badArray`를 제거해 누수를 막을 수 있다. 콘솔을 켜서 다음 커맨드를 실행하겠다.

```
badArray = null;
```

이제 스냅샷을 찍으면 모든 요소와 클로저가 사라져 있을 것이다.

메모리 누수 요약

메모리 누수를 찾는 것은 쉽지 않다. 찾는 방법에 지름길은 없다. 자바스크립트 몇 줄만 실행해도 힙에 수천 수만 개의 객체가 생성된다. 메모리 누수를 탐색할 때 수천 번 스냅샷을 찍으면 도움이 된다. 그러면 작은 메모리 누수는 분명하게 보일 것이다. 누수가 감지되면, 코드가 실행된 로직과 각 레퍼런스가 필요한지 생각해 봐야 한다. 클로저를 참조하는 대신 값을 인자로 넘길 수는 없는가? 필요한 변수들만 남길 수는 없는가? 애플리케이션에 대해 깊이 생각하지 않고서는 이런 질문에 답할 수 없다.

요약

글을 쓰는 이 시점에는 크롬이 개인적으로 최고의 개발자 도구를 제공하고 있다.

웹페이지를 캡처하고 추적하고 어떤 것이든 검사할 수 있다. 파이어폭스와 오페라, 사파리, 익스플로러는 몇 년 전에 개발자들에게 매우 유용한 개발자 도구를 제공했었다. 이제 유용한 브라우저가 많이 생겨나고 있으니 웹 개발자가 되려면 지금이 매우 좋은 시기이다.

10장에서 브라우저와 서버간 네트워크 통신에 대해 살펴보고, 디버깅에 대해서 알아봤다. 서버와 브라우저상에서 자바스크립트를 디버깅할 수 있게 됐다. 마지막으로, CPU와 메모리 프로파일링에 대해 살펴봤다. CPU와 메모리는 자바스크립트 애플리케이션이 점점 커지고 생명 주기가 길어지는 만큼 점점 더 중요해지고 있다.

이로써 여정을 마무리 짓게 되었다. 여러 주제를 다뤘다. 각 주제를 완전히 이해하기는 매우 어려웠을 것이다. 각 주제별로 개발자가 알아야 할 부분을 다뤘다. 이 책에서 배운 지식은 이제 더 이상 새로운 지식이 아니므로 더 발전될 수 있다. 애플리케이션을 만들기 시작해서 배포판까지 만들어 보았다. 이 경험과 지식을 통해 애플리케이션을 더 많이 만들 수 있을 것이다.

찾아보기

에이콘출판의 기틀을 마련하신 故 정완재 선생님 (1935-2004)

acorn+**PACKT** Technical Book 시리즈

클라우드 시대 웹 서비스의 확장성을 높이는
Redis와 Node.js를 사용한 웹 애플리케이션 개발

인   쇄 | 2015년 6월 23일
발   행 | 2015년 6월 30일

지은이 | 조슈아 조하난
옮긴이 | 김 기 성

펴낸이 | 권 성 준
엮은이 | 김 희 정
　　　　 이 순 옥
　　　　 오 원 영
표지 디자인 | 한국어판_이승미
본문 디자인 | 이 순 옥

인   쇄 | 한일미디어
용   지 | 한승지류유통

에이콘출판주식회사
경기도 의왕시 계원대학로 38 (내손동 757-3) (437-836)
전화 02-2653-7600, 팩스 02-2653-0433
www.acornpub.co.kr / editor@acornpub.co.kr

이 도서의 국립중앙도서관 출판시도서목록(CIP)은 서지정보유통지원시스템 홈페이지(http://seoji.nl.go.kr)와
국가자료공동목록시스템(http://www.nl.go.kr/kolisnet)에서 이용하실 수 있습니다.(CIP제어번호: CIP2015017052)

책값은 뒤표지에 있습니다.